JN215547

CURRICULUM MANAGEMENT AND QUALITY ASSURANCES OF LESSONS

Comparison of the Cases in Each Country

原田信之［編著］

カリキュラム・マネジメントと授業の質保証

各国の事例の比較から

北大路書房

はじめに

2017/2018 年 3 月に公示された学習指導要領は，1951 年に実施された戦後初の試案改訂から数えると，第 8 次改訂に相当する。コンテンツ・ベースからコンピテンシー・ベースへの転換を謳って改訂されたこの 2017/18 年版学習指導要領の特質は，これまで文部科学省が施策に用いることに敬遠しがちであった横文字由来の 2 つのカタカナ語に象徴されている。

今回の改訂論議の中で提起された新学習指導要領のポイントは，「アクティブ・ラーニング」と「カリキュラム・マネジメント」である。これらは，授業改善や組織運営の改善など，学校の全体的な改善を行うための鍵となる 2 つの重要な概念として位置づけられ，相互の連動を図り実質機能化させることが求められた。そこには，各学校における教育計画づくりを中核にして，自律的に教育活動の質を向上させていく組織文化の形成を図り，学び続ける学校，極みを追究し続ける教師の実現を果たそうとする願いが込められている。

改訂議論の途中，アクティブ・ラーニングの視点からの授業改善のほうは，知識理解の質を高め資質・能力を育む「主体的・対話的で深い学び」と読み替えられたが，カリキュラム・マネジメントのほうは残った。

そのカリキュラム・マネジメントの重要性は次の 3 つの側面にまとめられている。

1．各教科等の教育内容を相互の関係で捉え，学校の教育目標を踏まえた教科横断的な視点で，その目標の達成に必要な教育の内容を組織的に配列していくこと。

2．教育内容の質の向上に向けて，子供たちの姿や地域の現状等に関する調査や各種データ等に基づき，教育課程を編成し，実施し，評価して改善を図る一連の PDCA サイクルを確立すること。

3．教育内容と，教育活動に必要な人的・物的資源等を，地域等の外部の資源も含めて活用しながら効果的に組み合わせること。

（文部科学省 HP「学習指導要領等の理念を実現するために必要な方策」より）

最も重要な点は，各学校が自校の教育目標に従って教科横断的な視点でカリキュラムづくりを行うことを強調したところである。従前より教育課程とは，各学校において総合的に立案する教育計画であると説明されてきたが，今回は教育課程全体を有機的に結びつけ，機能させることで，トータルに資質・能力を育成するところに，教育政策のインプットとして，授業改善（教育活動の改善）という質向上の仕掛けを施していると解することができる。学習指導要領総則の解説でこのことは，「学校教育に関わる様々な取組を，教育課程を中心に据えながら組織的かつ計画的に実施し，教育活動の質の向上につなげていくこと」と説明されている。まさにクオリティ時代の幕開けである。

本書の各章は，各国における「カリキュラム・マネジメントと授業の質保証」の現状について，それぞれの国をフィールドにする研究者が執筆している。担当は，日本（田村知子），アメリカ（森　久佳），イギリス（冨田福代），ドイツ（編者:原田信之），フランス（細尾萌子），フィンランド（渡邊あや），香港（野澤有希），シンガポール（池田充裕）である。これらのうちヨーロッパ各国の担当者が共通に報告していることとして，「カリキュラム・マネジメント」の用語そのものは，ほとんど普及していないということである。とはいえそれらの国においても，カリキュラム・マネジメント的な教育の質を高める活動は，形は異なれど何らかの方法で実施されており，クオリティ・マネジメント，授業の質開発，学力調査結果のフィードバックとそれに基づく改善，PDCA サイクルの普及，全国学力テストの廃止と教員個人レベルでの質改善の取り組みへの回帰（仏）など，クオリティへの関心は高いと言えるだろう。各章で報告されているのは，各国における組織的・計画的なこの教育の「質向上」の取り組みについてである。

各国における教育活動の質向上の動きは，今後も引き続き進化を遂げていくに違いない。大工の個人技から工務店の組織的経営の仕事への変化にも似た大きな構造転換は，いつの日か職人技を懐かしむ時代を迎えるかもしれない。職人技をも継承する工務店経営のような，融合コンセプトを基盤にすることは理想論で終わらせたくはないところである。

2018 年 2 月

原田 信之

もくじ

序章

日本のカリキュラム・マネジメントの現状と課題

● 田村知子 ●

1. 日本における学力改革

高度経済成長期，国民は経済的な豊かさを追求し高学歴高収入をめざし，受験競争が激化した。国は経済発展を支える人材の能力開発をめざし（1962年，文部省教育白書『日本の成長と教育：教育の展開と経済の発達』），学校教育は，戦後最大の標準授業時数で実施され（1968/1969/1970年改訂学習指導要領），それは「詰め込み」教育と批判された。1977年学習指導要領改訂（以下，改訂）では，教育課程基準の大綱化，授業時数の削減と「学校が創意を生かした教育活動を行う時間」の導入などが行われ，「ゆとりあるしかも充実した学校生活」が志向された。1989年改訂では，「ゆとり」志向が継承されるとともに，生涯学習社会への移行の認識のもと，自己教育力を強調する「新学力観」が打ち出された。そして，「生きる力」[*1]の育成を目的とし，総合的な学習の時間を新設した1998/1999年改訂学習指導要領は，学校週5日制（2002年完全実施）を受けて標準授業時数は戦後最小となり，教育内容も3割程度削減された。1977/1978年の改訂時にはむしろ社会的に歓迎された「ゆとり」路線は，1998/1999年改訂時には学力低下が懸念され，厳しい批判の対象となった。本章で取り上げる「学力向上」政策が全面展開されるのは，この後である。

1998年，大学入試センターによって国立大学学部長を対象とした「学生の学力低下に関する調査」が実施され，大学生の学力低下が議論された*[2]。

2002 年，遠山敦子文部科学大臣（当時）は「確かな学力向上のための 2002 アピール『学びのすすめ』」を公表し，「確かな学力」の向上のために，きめ細やかな指導，発展的な学習，学ぶ楽しさの体験，学習習慣の育成，特色ある学校づくりという，5 つの方策を提唱した。翌 2003 年 3 月 27 日，1998/1999 年改訂学習指導要領は，小中学校における一部先行実施開始直前に，総則を中心に異例の一部改正が行われた。続いて，「確かな学力」向上のため個に応じた指導の充実」として「学力向上アクションプラン」が打ち出された。関連する事業として，拠点校実践研究*[3] や学習指導カウンセラー派遣事業などが展開された。学習指導要領一部改正は，学習指導要領が「最低基準」であることを確認し*[4]，これを踏まえた「一層の充実」が唱われたものであったが，これは先述の一連の政策とともに，「ゆとり教育」から学力向上への「転換」と受け止められた。

2001 年 12 月，初めての PISA 調査（Programme for International Student Assessment，PISA2000）の結果が公表された。その結果は，良好（読解力 31 か国中 8 位，数学リテラシー同 1 位，科学リテラシー同 2 位）といえるものであったが，「フィンランドや韓国の後塵を拝するものと受け止められ」（志水・山本，2012，p.9），学力低下論に拍車をかけることとなった。特に，その後の PISA2003，PISA2006 の結果はふるわず，なかでも読解力について「テキストの解釈」，「熟考・評価」，とりわけ記述式の問題を苦手としており，これらは，「まさに自ら学び自ら考える力など『生きる力』に直結」する課題として「学校の教育活動全体で」能力を身に付けさせるため，2008/2009 年改訂で「言語活動の充実化」が重点とされることにつながった。

その後，教育基本法改正（2006 年），学校教育法改正（2007 年）が行われた。学力改革上，注目されるのは，初めて義務教育の目標が示された点と，同法第三十条二項において，「生涯にわたり学習する基盤が培われるよう，基礎的な知識及び技能を習得させるとともに，これらを活用して課題を解決するために必要な思考力，判断力，表現力その他の能力をはぐくみ，主体的に学習に取り組む態度を養うことに，特に意を用いなければならない」と，いわゆる「学力の三要素」が法的に明示された点である。同年，小学校６年生と中学校３年生を対象とする全国学力・学習状況調査が開始された。調査問題は，①主として「知識」に関する問題（A 問題）と，②主として「活用」に関する問題（B 問題）の二部構成で，調査問題という形で，国がめざす学力が具体的に示された。そして，2008/2009 年学習指導要領改訂時には，「生きる力」を育むという前回の改訂の理念を引き継ぎ，「改正教育基本法等を踏まえた学習指導要領改訂」「『生きる力』という理念の共有」「基礎的・基本的な知識・技能の習得」「思考力・判断力・表現力等の育成」「確かな学力を確立するために必要な授業時数の確保」「学習意欲の向上や学習習慣の確立」「豊かな心や健やかな体の育成のための指導の充実」という７つの要点が示された。文部科学省からは「『ゆとり』か『詰め込み』かではなく，基礎的･基本的な知識･技能の習得と思考力･判断力･表現力等の育成との両方が必要」という基本的な考え方が示され，基礎基本か活用か，「ゆとり」か「詰め込み」かといった二項対立の論争に対して，政策的には終止符が打たれた形となった。この改訂では，「習得」「活用」「探究」という３つの学習過程が示され，各教科等において「言語活動の充実化」が推進された点に特徴があり，各教科等における授業改善の大きな指針が示された。

そして，今次の学習指導要領改訂に至る（中央教育審議会 2014.11 諮問，2016.12 答申，学習指導要領 2017/2018 年告示）。今次改訂の議論は，コンテンツ・ベースからコンピテンシー・ベースのカリキュラム改革を世界的な潮流と捉えたうえで，「育成すべき資質・能力を踏まえた教育目標・内容と評価の在り方に関する検討会」(2012.12 ～ 2014.3）による，どのような資質・能力を育成するべきかとの検討から始まった。続く，中央教育審議会教育課程部会においては，「学校教育を通じて身に付く資質・能力」として，「生きて働く知識･技能の修得」「未知の状況にも対応できる思考力･判断力・表現力等の育成」「学びを人生や社会に生かそうとする学びに向かう力・人間性の涵養」の三本柱を提示した。当部会では，「学習指導要領全体の構造的な見直し」までを射程とした議論が展開され，指導内容（何を学ぶか）の見直しだけでなく「どのように学ぶか」「何ができるようになるか」の観点から学習指導要領を検討し，「アクティブ・ラーニングの視点から学習過程を質的に改善」することがめざされた。結局，新学習指導要領においては，「アクティブ・ラーニング」の用語の使用は見送られ，「主体的・対話的で深い学び」とされたが，従来，教育目標と教育内容を示してきた学習指導要領が教育方法にまで明確に踏み込んだ点は特筆される。

なお，今次改訂は，小中学校との比較において，「言語活動の充実化」が遅れた高等学校をターゲットとして授業改革を迫るものだという見方が優勢である。それは，今次改訂に合わせて大学入試改革が行われることからも，明らかである。

以上，この半世紀にわたるわが国の学力政策を概観した。この間，「ゆとり」対「詰め込み」論争，学力の定義をめぐる議論が行われた。このようなプロセスを経て，現在のわが国の学力政策の特徴は，次の３点に要約されよう。

①「学力の三要素」の総合的な育成をめざす教育課程全体の改革。
②言語活動の充実化やアクティブ・ラーニングの観点からの授業改革。
③全国学力・学習状況調査や大学入試改革などのテスト政策の改革。

このような学力政策は，次節で述べるように，教育課程基準の大綱化・弾力化により「入り口管理」を緩めた一方，アカウンタビリティ政策により「出口管理」「成果主義」が強化されたものといえる。また，教育課程の基準は，教育内容（コンテンツ）から，到達目標（コンピテンシー）と学習過程・指導方法への基準性へ重心を移しつつ拡大したとみなされる。

2. わが国の教育改革とカリキュラム・マネジメント論の展開

(1)「第三の教育改革」とカリキュラム・マネジメント研究の創設

わが国のカリキュラム・マネジメント（Curriculum Management，以下 CM とする）論は，欧米のカリキュラム論や学校に基礎を置くカリキュラム開発（School Based Curriculum Development: SBCD）論，学校改善論等の影響を受けつつも，独自の展開をみせた。すなわち，55 年体制以降の中央集権型の教育行政，法的拘束力をもつ学習指導要領，学習指導要領を踏まえた検定教科書，教育課程は「教育計画」としてのみ捉えられがちであり，「何を教えるか」よりも「いかに教えるか」についての関心が高い教師文化といった固有性を背景とし，CM の実践と研究は遅れていた。

わが国の CM 研究は，この 30 年ほどの教育改革と連動して進展した。1984 年中曽根康弘首相が招集した臨時教育審議会以降，わが国はいわゆる「第三の教育改革」が継続している[*5]。1980 ～ 90 年代前後をおよその境として，「第一の近代」から「第二の近代（ポストモダン社会）」へ移行，情報化やグローバル化が世界的かつ急速に進展し，近代化の重要な装置の 1 つとして成立した近代学校制度そのものが問い直されている。わが国においては少子高齢化や国際的な経済的地位の相対的低下なども同時に進行している。「第三の教育改革」に着手されたゆえんである。

臨時教育審議会の 4 次にわたる答申（1984 ～ 87 年）は，その後の教育の方針となり，それに基づいて多くの教育改革が行われてきた。改革は，他の分野と同様に，規制緩和と市場主義の影響を受けながら，上意下達から，より現場主義ともいえる，自律的学校経営へと基調を転換するものである。特に 1998 年は，教育課程基準の大綱化・弾力化（学校で目標や内容を定める総合的な学習の時間の新設や中高の選択履修幅の拡大など）と学校経営の自主性・自律性の担保（中央教育審議会答申「今後の地方教育行政の在り方について」）が「ワンセット」（中留, 2005）として，教育活動面・

経営活動面においても学校の裁量権が拡大される契機となった年である。

(2) カリキュラム開発と教育課程基準の大綱化・弾力化

本項では，教育の内的事項（教育内容・方法）面からCMが必要とされるに至った経緯を論じる。教育課程の大綱化・弾力化への大きな契機は，OECD（経済協力開発機構）の内部機関（CERI：教育研究革新センター）と文部省（当時）が協力して開催した「カリキュラム開発に関する国際セミナー」（於：1974東京）における，「学校に基礎を置くカリキュラム開発（SBCD）」の紹介である。当時の一般的な認識は,「教育課程とは指導要領」「展開とは指導要領の各学級での具体化」「カリキュラムを上から与えられたもので，教師たちが自らつくってゆくものとはみない」というものであった[*6]。スキルベック（Skilbeck, M.）が紹介した「カリキュラム開発」の概念は，その後のカリキュラム開発の実践と研究に大きく寄与した[*7]。法的には，1976（昭和51）年学力調査最高裁での教育課程基準の大綱化合憲判決も大綱化への進展に寄与した。

このような背景のもと，1977/1978年学習指導要領改訂前後，「教育課程経営論」の理論が形成された。その特徴は次のように整理される（高野，1989)。①学校の教育目標の実現化を目的とする。②単位学校を主体とした組織的な取り組みである。③教育課程をPDSサイクルによって動態化する。④教育活動と条件整備（経営）活動とを対応関係として捉える。⑤教師を授業経営者及びカリキュラム・メーカーとして捉える。「教育課程経営」は，「教育方法学と教育経営学との交差する部分の活動であり教育方法学の成果を学校において具体的に実体化させる活動」である。これは「学校経営のなかにおける最重要の中枢的な部分」と期待された（安彦，1983)。「教育課程経営」は，従前の「教育課程管理」「教育課程行政」等の用語が示す行政主導の教育課程観からの脱却と，学校の自主的な取り組みの実現を意図して，「経営」の用語を使った点で画期的であったが，その当時は，各学校が教育課程経営を自律的に行うための行政的な条件確保が十分ではなく（高野，1989)，教育課程経営は理念型にとどまり実践は形式化したと批判された。

わが国では「カリキュラム・マネジメント（カリキュラムマネジメント）」というカタカナ表記は,「教育課程の大綱化・弾力化」と「学校経営の自主性・自律性」が「ワンセットになった」（中留，2005），1998年前後から文献にみられるようになった*8。わが国のCM論は，教育課程経営論との異同をあえて論じることで，カリキュラム観の転換を求める意図も含みつつ展開された（後述3（1）参照）。

CM論の特徴は，カリキュラムに能動性や課題解決性を見出し，その開発とマネジメントを学校の経営戦略の中核に位置づける点にある。その理論を中留（1998，2001，2002，2005）により整理すると次のように要約される。

①マネジメント・サイクルの中では，実施段階にあたる授業経営を重点的に論じた教育課程経営論に比して，評価段階への関心が高く，評価から始まる「SPD」サイクルの発想を提案した。
②教育活動を支える条件整備系列を，協働体制（学校の組織）と協働文化（学校文化）とに分類し，これらを相補関係とした。
③目標・内容系列の連関性，条件整備系列の協働性をCMの2基軸とした。
④CMを学校改善に向けての中核的な概念および方法論として提示した。

CM論は教育課程経営論を基盤とし，学校の裁量権拡大という行政上の改革を背景とし，カリキュラム研究や学校組織文化論等の新たな知見を加えて創出されたといえる。

教育行政のCMへの着目は早く，2003年の中央教育審議会答申「初等中等教育における当面の教育課程及び指導の充実・改善方策について」では,「校長や教員等が学習指導要領や教育課程についての理解を深め，教育課程の開発や経営（カリキュラム・マネジメント）に関する能力を養うことが極めて重要である」と述べられている。2008年の中央教育審議会答申「幼稚園，小学校，中学校，高等学校及び特別支援学校の学習指導要領等の改善について」および2008/2009年改訂「学習指導要領解説　総合的な学習の時間」にその必要性が明記された。さらに各教科における言語活動，道徳教育，キャリア教育の指導資料などにおいてCMの必要性は繰り返し強調された。

CMの普及のため，各地で教員研修が行われてきた。国レベルでは，2004年度より，独立行政法人教員研修センターにおいて「喫緊の課題に関する指導者養成研修」の1つとして，「カリキュラム・マネジメント指導者養成研修」が開始され，毎年1回5日間の日程で開催されてきた。当研修プログラムは，CMの必要性，基本概念と展開方法，実践事例，教科横断的な課題に応じたCM，事例分析と改善策策定，教員研修開発（内容，方法，資料）などを内容とし，講義･演習が構造化されている。当研修は，各地のCM研修のモデル・プログラムとしての役割も果たしている。しかし，CM概念の学校での認知度は低く，意識的に実践されている割合はさらに低いという実態が続いた*9。

今次学習指導要領改訂に向けた中央教育審議会「今後の初等中等教育における教育課程の基準等に関する在り方について」の議論においては，CMは学習指導要領等の理念を実現するための鍵概念として大きく取り上げられ，2017/2018年3月告示の新しい学習指導要領「総則」には明確に位置づけられた。2016年度からは，中央研修のすべてのプログラムの中にCMの講義が導入されたほか，各地の教員研修センターや学校現場においてもCMへの注目が高まりつつある。

なお，学習指導要領「総則」では，CMは，「各学校においては，生徒や学校，地域の実態を適切に把握し，教育の目的や目標の実現に必要な教育の内容等を教科横断的な視点で組み立てていくこと，教育課程の実施状況を評価してその改善を図っていくこと，教育課程の実施に必要な人的又は物的な体制を確保するとともにその改善を図っていくことなどを通して，教育課程に基づき組織的かつ計画的に各学校の教育活動の質の向上を図っていくこと」と定義された。

(3) 授業改善を求める教育改革とカリキュラム・マネジメント

わが国の学校におけるCMは，少数の先進的実践校以外は一般的には不活発で，いわば理論先行の状態が続いた。一方，わが国の教員は，他国に類をみない授業研究の伝統を持ち，授業技術の面では高い評価を得てきた。しかし，近年の学習指導要領においては，「言語活動の充実化」や「アクティブ・ラーニングの視点からの学習過程の質的改善」といった指導方法にまで言及される傾向が強まり，教員は授業観や授業の転換を迫られている。特に，今次改訂に関わる議論では，「アクティブ・ラーニング（主体的・対話的で深い学び）」とCMがセットで論じられた。

確かに，学習の主要な目標が，教科の内容を記憶することであれば，教科書や教材，筆記試験が主要なマネジメント・ツールとして機能する。しかし，構造的で深い知識理解や思考力・判断力・表現力等の発揮，学びに向かう態度などを培うことをめざせば，教科書に知識を網羅するだけでは事足りない。教室レベルの個々の授業や単元における，各学校のカリキュラム開発力・マネジメント力と教師の授業力がよりいっそう重要となる。「本質的な問い」に基づく問題解決的な学習過程，そのなかで児童生徒が思考・判断・表現する学習過程などの実現については，授業者である教員の意志や力量に負うところがますます大きくなる。子どもに育てたい資質・能力は何か，なぜ授業改善が必要なのか，めざす授業像はどのようなものか，といったことを授業者自身が理解・納得し，指導内容・方法の研究開発に臨めるようにするマネジメントが必要なのである。

(4) 自律的な学校経営と組織的なカリキュラム・マネジメント

最後に，自律的学校経営の文脈からCM実現化の基盤に言及する。1998年中央教育審議会「今後の地方行政の在り方について（答申）」において，「各学校の自主性・自律性の確立と自らの責任と判断による創意工夫を凝らした特色ある学校づくりの実現のためには，人事や予算，教育課

表 0-1　学校管理規則で，学校の各種取り組みについて許可・承認による関与を行わないこととしている教育委員会の割合（下線は，筆者）

		教育課程	補助教材	修学旅行	休業日の変更	学期の設定
都道府県指定都市	平成10年(1998年)	55.0%	68.3%	38.3%	30.0%	10.0%
	当年（2014年）	86.6%	94.0%	80.6%	71.6%	46.3%
市町村	平成10年(1998年)	47.5%	42.2%	27.0%	21.3%	16.1%
	当年（2014年）	81.8%	83.2%	66.0%	57.5%	17.3%

出典：文部科学省　教育委員会の現状に関する調査（平成26年度間）に加筆

程の編成に関する学校の裁量権限を拡大するなどの改革が必要である」と，行政から学校への権限委譲の勧告がなされた。これを受け，地方教育行政の組織および運営に関する法律の改正（2002年施行），学校教育法施行規則等の改正，地方における学校管理規則の改定，学校評議員制度・学校運営協議会の導入，学校の自己点検・評価の制度化（学校評価は2007年に法制化）などにより，「文科省－教委－学校という関係における権限の再配分」「学校－児童生徒－保護者－地域住民の関係の変容ないし再編」（佐古，2003）が進展した。例えば，表0-1に示すように，教育委員会による学校の教育課程への関与の状況は1998（平成10）年と2014（平成26）年では，大きく異なる。横浜市「横浜版学習指導要領」や上越市「上越カリキュラム」のように，市町村教育委員会がより積極的に設置校の教育課程に関与する例もあるが，そのような市町村は多くない。中留（2005）らの調査によると，各学校や市町村教育委員会の自主性・自律性担保を理由として，指導計画書を作成する都道府県教育委員会の割合もこのときを境に減少した。

こうした自律的学校経営をめざす基調に加え，アカウンタビリティ政策が推進され，学校自らが目標を設定し，特色ある教育活動を展開し，自らの活動に対して責任を果たす能力が問われている。ただし，学校の裁量権の拡大が直線的にCMを実体化するものではない。この間，職員会議の補助機関化による校長の権限強化や新たな職の導入による階層的組織構造化といった学校内部の管理強化とも解釈される制度改革も進行した。このような諸条件を，規制と捉えるばかりでなく，カリキュラム開発や授業力向上に積極的に活用することはCMの課題である。

3. 各学校が作成する教育課程・指導計画の捉え方

（1）カリキュラムの概念とマネジメント・サイクル

カリキュラム・マネジメントとは，端的にいえば，各学校が，学校の教育目標をよりよく達成するために，組織としてカリキュラムをつくり，動かし，変えていく，継続的かつ発展的，そして戦略的な課題解決の営為である。カリキュラム（教育計画および日々の授業，それらの評価・改善）を通して行う学校づくり，カリキュラムを主たる手段としたマネジメント手法といってもよい。より学問的には，学校の裁量権の拡大を前提として，「学校の教育目標を具現化するために，評価から始まるカリキュラムのマネジメントサイクルに，組織文化を含めた学校内外の諸条件のマネジメントを対応させ，これを組織的に動態化させる課題解決的な営み」と定義される（中留・田村，2004；田村，2005など）。

ここで，「カリキュラム」の概念について確認しておく。学校では通常，「カリキュラム」よりもcurriculumの訳語である「教育課程」の語が使用される。どちらも学校の教育計画を想起させるが，両者はニュアンスが異なる使い方をされることがある。「カリキュラム」の語源（ラテン語のcurrere）は，競争路などの「コース」を意味し，「人生の来歴」の意味も含む。カリキュラムは教育計画だけを指すのではなく，教育計画の実施段階である授業や，子どもが実際に学んだことまでを含む概念であり，最も広義には「学校で経験する学びの総体」と定義される。学校のカリキュラムを計画しても，その実施（授業）は最終的には授業者と教室の子どもたちに委ねられる。さらに，同じ授業を受けても，一人ひとりの子どもの中の学びは異なり，結果として個別のカリキュラムが形成されることになる。「カリキュラム」を，「子どもの学びの総体」という広義の意味で捉えると，

「計画して終わり」ではなく，「子どもが本当に何を学んだか（学んでいないか）」という結果に注意を払い，評価することが不可欠である。「カリキュラム」という概念自体が，計画－実施－評価のマネジメント・サイクルと不可分のものである。

(2) 教育課程とは

教育課程は，教育課程基準である学習指導要領に基づいて，各学校が編成する「教育計画」である。戦前は，「教科課程」「学科課程」等とよばれていたが，戦後，教科だけでなく学校行事等を含めて「教育課程」とよばれるようになった（学校教育法施行規則)。その用語は，1951 年の学習指導要領一般編（試案）以降に用いられるようになったが，そこでは教育課程は，「学校の指導のもとに，実際に児童生徒がもつところの教育的な諸経験，または，諸活動の全体を意味している」とされ，「カリキュラム」の最も広義の定義とほぼ同様に示されていた。しかし，現在では，「学校において編成する教育課程は，教育基本法や学校教育法をはじめとする教育課程に関する法令に従い，各教科，道徳，外国語活動，総合的な学習の時間及び特別活動についてそれらの目標やねらいを実現するよう教育の内容を学年に応じ，授業時数との関連において総合的に組織した各学校の教育計画である」(2008 年小学校学習指導要領解説・総則編）と示され，年度初めに各学校で作成し教育委員会に提出する「計画」の意味合いで理解されるのが一般的である。

教育課程に関する事項は，学校教育法の規定に従い，「文部科学大臣が定める」(学校教育法第三十三条）とされ，教育課程基準である学習指導要領は，文部科学大臣が公示する（1958 ～)。教育課程の要素である，内容（各教科，領域等）や標準時数，合科的な授業が可能であること，教育課程の特例措置などついては，学校教育法施行規則に定められている。各学校は，教育基本法及び学校教育法その他の法令並びに学習指導要領の示すところに従って，教育課程を編成するものとされている。

各学校の教育課程は，通常，「数年間の教育活動を視野に置いて編成」（吉冨，2016，p.14）される。その基本的な要素は，学校の教育目標の設定，指導内容の組織，授業時数の配当である。各学校では，それをもとに，より具体的な指導計画（全体計画，年間指導計画，月案，週案，単元指導計画など）を作成する。CM を年間レベルのサイクルで捉えた場合，通常，年間指導計画作成までが編成段階，単元指導計画・学習指導案作成などの立案と授業は実施段階とみなされるが，吉冨（2016，p.15）が指摘するように，編成と実施は画然と分かれているというより両者は重なり合うように接続している（図 0-1）。

（3）立案項目，書式事例

教育課程は，教育の目標の設定，指導内容の組織，授業時数の配当がその重要な要素である。しかし，教育課程の立案項目や様式は全国一律に定められているわけではない。

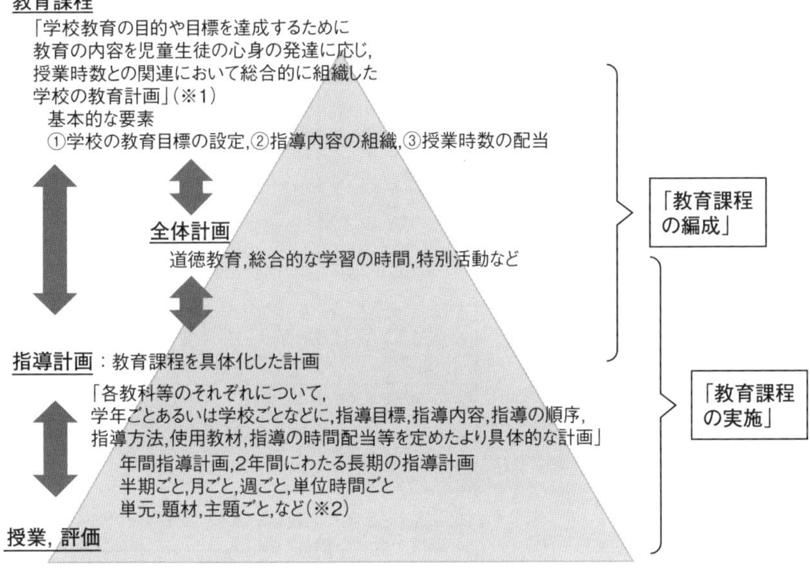

図 0-1　「教育課程」の「編成」と「実施」（出典：吉冨，2016，p.15）

(2) 学力の向上を図る取組　　No.3－(2)　①

学力向上推進教師	ア　教務主任 イ　研究推進委員長（学習部長） ウ　校長・教頭 エ　その他	主な役割

■児童生徒一人一人に「学力」を付けるために

項　目	重点(◎·○)	具体的な取組
(1)児童生徒の実態把握の方法及び個々の学習状況に配慮した指導の工夫		
(2)単位時間における基礎的・基本的な知識及び技能の確実な定着を図る場の確保		
(3)つまずきや習熟の程度に応じたきめ細かな少人数指導の実施		
(4)つまずきや習熟の程度に応じた指導に活用する教材・教具の工夫		
(5)保護者との連携による家庭学習や生活習慣の定着		

■中学校区における小学校および中学校の連携

連携方法	重点(◎·○)	具体的な取組
子ども同士の交流活動		
教職員の交流		
教育課程の編成 指導方法の工夫		

■自校における「指導改善サイクル（PDCA）」

月	4	5	6	7	8	9	10	11	12	1	2	3
具体的な取組・内容等												

(3) 各教科・領域等の計画授業時数一覧（中学校）　　No.4－(3)　②

項目		学年 1	2	3
年間授業日数				
年間授業時数　①+②+③				
教科A	国語（書写）	（　）	（　）	（　）
	社会			
	数学			
	理科			
	音楽			
	美術			
	保健体育（保健）	（　）	（　）	（　）
	技術・家庭			
	外国語			
B	道徳（道徳科）			
C1	学級活動			
D	総合的な学習の時間（特活の学校行事の代替）	（　）	（　）	（　）
①　小　計				
特活C2	生徒会活動			
	学校行事			
②　小　計				
E	③　選択教科			

(4) 選択教科履修の取扱い

○中学校第1学年の選択教科の履修の取扱いについて　　No.4－(4)

開設の名称	授業時数	国語	社会	数学	理科	音楽	美術	保体	技家	外国語	コース数合計
授業時数・コースの種類の計											

（教科毎の開設コース数：国語〜外国語）

【選択教科履修の取扱い】
生徒が履修する教科数・授業時数（　　教科・　　時間）

図 0-2　岐阜市教育委員会作成，中学校「学校教育計画」様式（2016年度・一部抜粋）

図 0-2 は, 2016（平成 28）年度の岐阜市教育委員会「学校教育計画（様式）」の一部である（中学校）。様式だけで 13 頁にわたり，きめ細やかに立案項目が示されている。立案項目内容は，下の資料に示す通り，1 ～ 4 は当該年度の計画，5 は前年度の実施状況である。

1　学校規模等　（1）学校規模，（2）地域・学校・生徒の実態
2　学校経営の全体構想
3　研修計画　（1）主題研究，（2）学力の向上を図る取組（図 0-2 ①を参照），（3）現職研修
4　学校運営諸表　（1）学校運営機構，（2）学校評価について，（3）各教科・領域等の計画授業時数一覧，（4）選択教科履修の取扱い（（3）（4）は図 0-2 ②を参照），（5）学校の特色ある活動や取組，（6）土曜授業の実施，（7）週時程表及び 1 単位時間，（8）2 学期制・3 学期制，入学式・始業式・終業式・卒業式，（9）宿泊を伴う学校行事，（10）体育大会（体育祭），（11）特別支援学級の教育課程（設置している学校のみ記載）
5　平成 27 年度の実態　（1）各教科・領域等の実施状況，（2）宿泊を伴う学校行事　（学校内で実施したものも記載する），（3）体験活動の実施状況，（4）学校評価結果の公表状況，（5）小学校との連携，（6）土曜授業の実施状況

資料：岐阜市教育委員会 中学校「学校教育計画」様式（2016 年度）の項目一覧

この様式は毎年見直されており，例えば 2015 年度には「中学校区における小学校および中学校の連携」「土曜授業の実施」が，2016 度には「学力向上推進教師」が追加された。岐阜市においては，小学校は各学年，中学校は各教科の『岐阜市版 指導と評価の計画』が作成され，単元ごとの「評価の計画」と単位授業時間ごとの本時指導計画が示されるなど，教育課程編成および授業実施に対して，手厚い支援が行われている。

上越市教育委員会では，各教科・領域等を 1 枚に収めた年間指導計画のひな形を「視覚的カリキュラム表」と称し，表計算ソフトを利用した作成用ソフトウェアを市立の小中学校に配布し，作成・提出を義務づけている。同市教育委員会が学校を対象に実施したアンケート調査（2009 年）によれば，この「視覚的カリキュラム表」は「単元の重要度がわかりやすい」「教科間の関連をおさえることができた」「年間の大きな枠で教育活動を進めたり，教科で育みたいものを明確にしようとしたりする気運の芽生えが感じられる」「各教科を横断する内容が明確になる」などのメリットが指摘された。一方，デメリットはコンピュータ操作や様式に関わる記述，全職員で協議する時間の確保の難しさなどが挙げられたが，学校による取り

組みに多少の差はあるものの，全学校に定着しているという*10。このようなすべての教科・領域の一覧性に富む書式を定めた教育委員会も漸増している。平成 28 年度全国学力・学習状況調査（学校質問紙）結果によれば，実に 8 割以上の小中学校が「教育課程表（全体計画や年間指導計画等）について，各教科等の教育目標や内容の相互関連がわかるように作成」している，と回答している。ただし，作成されたカリキュラム表が十分使いこなされているかどうかこそが問題である。カリキュラム表作成自体が目的化する可能性も否定できず，今後の動向を注視する必要がある。

4. 評価を核とした（エビデンス・データを活用した）カリキュラム・マネジメント：全国学力・学習状況調査と連動させた CM の構図

(1) 評価から始めるマネジメント・サイクル：学校レベル

CM 論は，評価を起点とするのが特徴の 1 つである。わが国の学校においては，「PDPDPD…の繰り返しだった」と自嘲気味に語られることがあるほど，カリキュラム評価は不活発であった。このため，CM 論の提唱者たちによって，「評価から始める」マネジメント・サイクル（「PDS から SPD へ」（中留，1998，p.23），「PDCA から CAPD へ」（田中，2001，p.39）が主張されてきた。

しかしながら，筆者も分析を担当した中留らの調査研究（中留，2005，調査は 2003 年実施）によれば，評価はカリキュラム計画段階や実施段階に比べて不活発であった。筆者が 2007 年にある教育事務所管内の教務主任対象に，カリキュラム・マネジメント上の課題を尋ねる調査を実施したところ,「評価から改善につなげること」「具体的で有効な改善策」「PDCA サイクルにかかる時間の長さ」「評価の実施の不十分さ」「評価の規準や方法，体制の不十分さ」など，「評価から改善段階」での推進の困難さを指摘する回答が多く挙げられた。近年では，2007 年学校教育法改正により学校評価が法制化されたため，以前よりカリキュラム評価が行われているが，まだまだ「評価は難しい」という声は多い。しかし，次項で述べる全国学力・学習状況調査の実施は，学校におけるカリキュラム評価の契機となっている。

(2) テスト政策がつくり出す国レベルのマネジメント・サイクル

2007年に全国学力・学習状況調査が開始され，義務教育においては，国レベルにおいても評価を重視したサイクルが形成されたと解釈される。長い間，大学入学試験が変わらないので授業も変わらないと指摘されてきた高等学校段階でも，今次指導要領改訂に合わせ，大学入試改革が行われる。入試改革が高等学校現場に及ぼすインパクトは大きいと考えられ，高等学校段階においても，大学入試という評価を核とした国レベルの新たなマネジメント・サイクルが創出されようとしている。しかし，現段階では大学入試改革は，議論・準備段階であるため，本章では，すでに実施から10年を経た，全国学力・学習状況調査を議論の対象とする。

全国学力・学習状況調査は，2007年に悉皆調査として開始された。これは，「学テ闘争」による1966年の全国学力テストの中止以来，40年ぶりの悉皆調査である。政権の交替や東日本大震災の影響等により，2010年度，2012年度は抽出調査及び希望利用方式にて実施されたが，その際，参加費用を負担して自主的に参加した自治体も多くみられるなど学校教育現場に定着してきている[*11]。2013年度以降は悉皆調査に戻された。

全国学力･学習状況調査は，小学校6年生と中学校3年生を調査対象とし，学力調査と学習状況調査の二部構成である。学力調査は毎年実施される国語，算数・数学，3年に1度実施の理科が調査対象であり，現在は，中学校3年生における外国語（英語）の学力調査について検討されているところである。学習状況調査は，児童生徒を対象とした質問紙調査と学校代表者を対象とした質問紙調査から成り，児童生徒の家庭学習の様子や，自尊感情や学習方略，学習状況，学校の基本情報（児童生徒数や教職員の経験年数，就学援助率等）や指導状況，組織的な取り組みの状況など多岐にわたった質問がされている。

(3) 全国学力・学習状況調査の２つの目的

全国学力・学習状況調査の目的は次のように設定されている。

- 義務教育の機会均等とその水準の維持向上の観点から，全国的な児童生徒の学力や学習状況を把握・分析し，教育施策の成果と課題を検証し，その改善を図る。
- そのような取り組みを通じて，教育に関する継続的な検証改善サイクルを確立する。
- 学校における児童生徒への教育指導の充実や学習状況の改善等に役立てる。

これらの目的は，２つの側面に大別される。１つは，国が実態を把握し教育政策改善に生かす，という目的である。２つ目は，各教育委員会が域内の教育の改善に向けた取り組みの改善に活用することと，各学校が教育指導等の改善に生かすということであり，学校レベルのCMと関係が深い。調査が２つの目的を持つことについては，「調査としての全国学力テスト」と「教育実践としての学力テスト」は「原理的に両立しない」という批判がある（志水・高田，2011，p.12）。仮に前者の目的のみを追究すれば，全国学力・学習状況調査は悉皆である必要はなく，抽出調査によっても，その目的を達成される。しかし，この調査は調査設計の段階から，各学校の指導改善に生かす，という目的が重視されており，それが悉皆調査の理由とされている。

「全国的な学力調査に関する専門家会議」の「全国的な学力調査の今後の改善方策について」（まとめ 2017.3.29）には，「全ての教育委員会・学校・個々の児童生徒に対する教育施策・教育指導の改善・充実を図るためには，全国的な学力調査を悉皆，かつ，毎年度実施することが必要」として，次の４つの理由が示されている（文部科学省 HP より*[12]）。

①調査問題や質問紙調査項目をすべて公開することにより，すべての教

育委員会・学校・児童生徒に対して具体的なメッセージを示すこと。すなわち，調査問題を通して，学校が学習指導上特に重視される点や身に付けるべき力を理解したり，各設問の誤答の状況などから課題の有無を把握したりすることや質問紙調査項目から指導方法や学習に対する関心・意欲・態度などを理解することが期待されている。

②推計値を用いることなく，調査としての信頼性を確保することが可能なため，教育に関する様々な分析の基盤となる調査として，国や教育委員会，大学等の研究機関等が行う他の調査と組み合わせることにより，新たな知見を導くことができる。実際，お茶の水女子大学受託研究による保護者の社会経済的背景による学力格差の確認（『平成 25 年度全国学力・学習状況調査（きめ細かい調査）の結果を活用した学力に影響を与える要因分析に関する調査研究』）等複数の研究が実施されてきた。

③教育委員会・学校における教育に関する継続的な検証改善サイクルの基盤を提供する。実際に，教育委員会や学校の中には，教育施策や学校運営における目標値として，全国学力・学習状況調査の平均正答率や質問紙調査項目の回答割合を掲げているケースがある。

④各学校が，一人一人の児童生徒の学力や学習状況を把握し，全国的な状況と比較するなどにより，学校全体や各学級の指導改善・充実を図ることができる。

このように，学校における指導改善に生かす，という趣旨が強調されており，調査開始時より一貫して，調査問題は正答例や解説と共にすべて公開されている。全国的に誤答の多かった問題に対応した指導改善資料等（授業アイデア例など）が，国立教育政策研究所によって作成・公開されている。

(4) 全国学力・学習状況調査が発する実践へのメッセージ

全国学力・学習状況調査の実施は，確かに学校のマネジメント・サイクルに方向性を与えた。第一に，国として求める学力を学力調査問題として

表 0-2　全国学力・学習状況調査等の活用状況（2016 年度 中学校 学校質問紙 一部）

質問事項（一部抜粋）	1	2	3
平成 27 年度全国学力・学習状況調査の自校の結果を分析し，学校全体で成果や課題を共有しましたか。（設問 59）	43.7	52.6	3.5
平成 27 年度全国学力・学習状況調査の自校の分析結果について，調査対象学年・教科だけでなく，学校全体で教育活動を改善するために活用しましたか。（設問 60）	35.9	57.4	6.4

注　1: よく行った　2: 行った　3: ほとんど行っていない

示した。第二に，児童生徒の学習態度や国が求める指導の在り方を質問紙調査によって示した。特に 2 種類の問題区分，なかでも「B 問題」を設けたことにより，いわゆる「活用型」の学力のモデルを示した。この学力調査の結果は，平均通過率や分散だけでなく，問題の種類による回答傾向を分析し，特に課題のある問題に関する解説と共に公表される。学力調査と同時に合わせて実施される質問紙調査（対児童生徒，対学校）の質問項目は，項目レベルでの相関や三重クロス分析により，学力との関係性が分析され，公表されている。これらにより，例えば，「総合的な学習の時間」では，自分で課題を立てて情報を集めて整理して，調べたことを発表するなどの学習活動に取り組んでいる（児童生徒質問紙）」「学級の友達との間で話し合う活動を通じて，自分の考えを深めたり広げたりすることができている（児童質問紙）」「調査対象学年の児童生徒に対して，前年度までに，発言や活動の時間を確保して授業を進めましたか(学校質問紙)」といった，「主体的・対話的で深い学びの視点による学習指導」は教科の正答率と相関があること等がエビデンスとして示されている（2016 年度『全国学力・学習状況調査 調査結果のポイント』)。質問紙調査には，(3) で示した通り，関係者に対するメッセージ性が政策的に折り込まれている。また，同調査の質問紙調査の回答によれば，表 0-2 の通り，学校に利用されている。そして，経年変化を確認できる質問項目においては，肯定的な回答割合が高まる傾向にある。数値の上では，全国学力・学習状況調査からのメッセージは，教育委員会や学校によって受け止められているといえよう。

さらに，都道府県や政令指定都市の中には，独自の学力調査・質問紙調査を実施している教育委員会も多く，全国学力・学習状況調査と関連づけた学力向上策を展開している。このように，近年は国が行うテスト政策が，学力モデルを示し学校の授業実践を規定する方向で機能している。この「入り口管理」から「出口管理（結果責任)」という流れは，経済政策や社会政策といったより広い文脈における，市場主義，規制緩和政策と重なるものがある。

しかし，調査時期が4月であるため，当該年度の実践の調査結果への影響は小さく，質問紙調査は前年度の取り組みを回顧的に回答しなければならない。また，文部科学省が調査結果をフィードバックする時期が8月下旬であるため，当該学年の指導改善に生かすという目的と照らし合わせると，遅きに失するという指摘もある。このタイムラグを埋めるために，調査実施直後に各学校の教員による採点を促している教育委員会や自主的に採点する学校も存在する。

5. 診断（評価）に焦点化したカリキュラム・マネジメントの実際

(1) カリキュラム・マネジメントのサイクルにおける評価の対象と位置づけ

本節では，評価に焦点化したCMの実際について述べる。それに先立ち，CMにおける評価の考え方を簡単に整理する。CMにおける評価対象の特徴は，①単位時間，教師個人，個別教科の内容・方法に留まらず，年間指導計画など教育課程全体を評価対象とする点，②教育内容・方法面だけでなく，実践を支える組織的な条件整備面までを評価対象とする点である。

図0-3は，①の特徴に関わるものである。大きいサイクルは年間レベルのサイクル，小さいサイクルは単元や授業レベルのサイクルである。年間レベルのサイクルを回す，つまり年度を越えてカリキュラムを発展的に更新していくためには，計画（P）段階に評価計画を組み込むこと，実践（D）段階における気づきや修正記録を書き残す仕組みをつくること，評価・改

善・計画（CAP）を連続的に行うこと，計画段階や評価段階に教職員の参画の機会を設けることなどが有効と考えられる（田村，2016，p.76）。

図 0-4 は，②の特徴に関わる。CM をシステムとして捉え，その全体構造を示したモデル図である。国内外の先行研究の理論的検討と量的・質的な実証研究を経て，筆者が構築したものである（田村，2005，2011 他）。共通の分析枠組みを提供することにより，CM の全体像を示すとともに，多様な実践を整理し，共通点や個別性を析出できるようにすることをねらっている。図 0-4 には，「ア．教育目標の具現化」「イ．カリキュラムの PDCA」「ウ．組織構造」「エ．学校文化」「オ．リーダー」の要素を包含した学校内のシステムが，学校外の「カ．家庭・地域社会等」「キ．教育課程行政」の要素との相互関係にあるオープンシステムとして描かれている。

なお，両図の特徴として，C が PDCA の一番上に位置づけられている。これは，評価を強調し，さらには「ア．教育目標」と評価の連動を表現

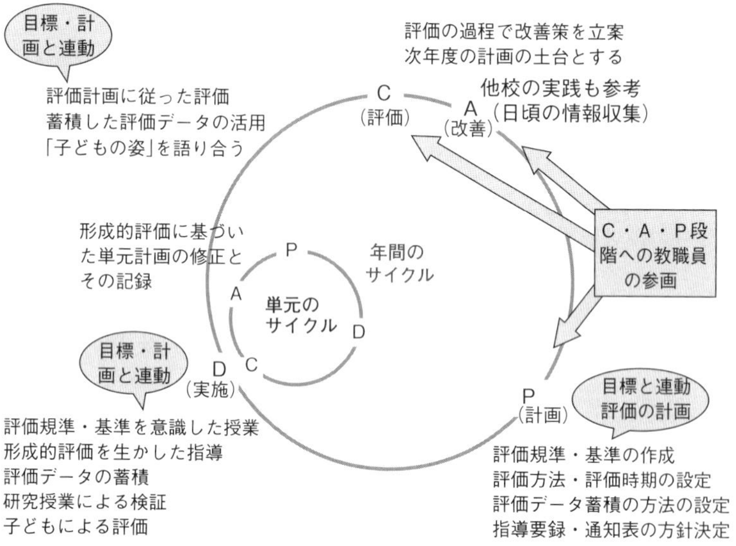

図 0-3　カリキュラム・マネジメントのサイクル（筆者作成）

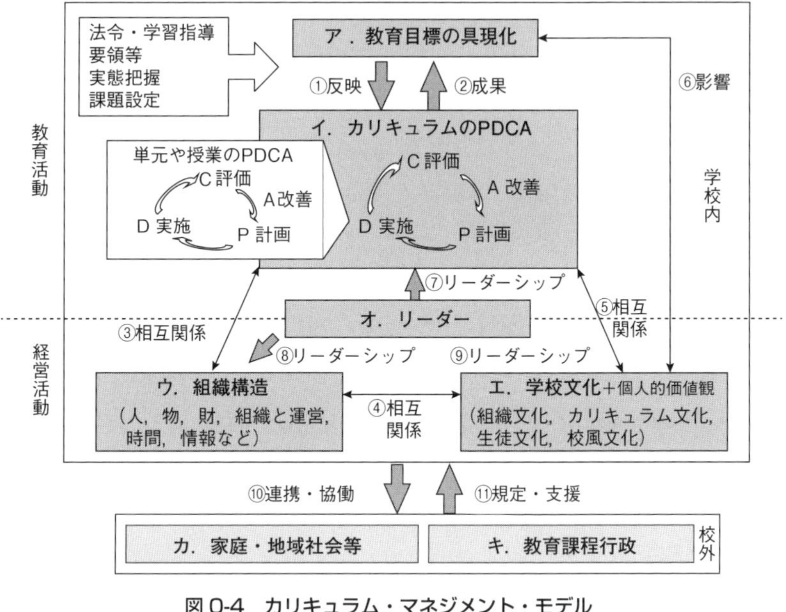
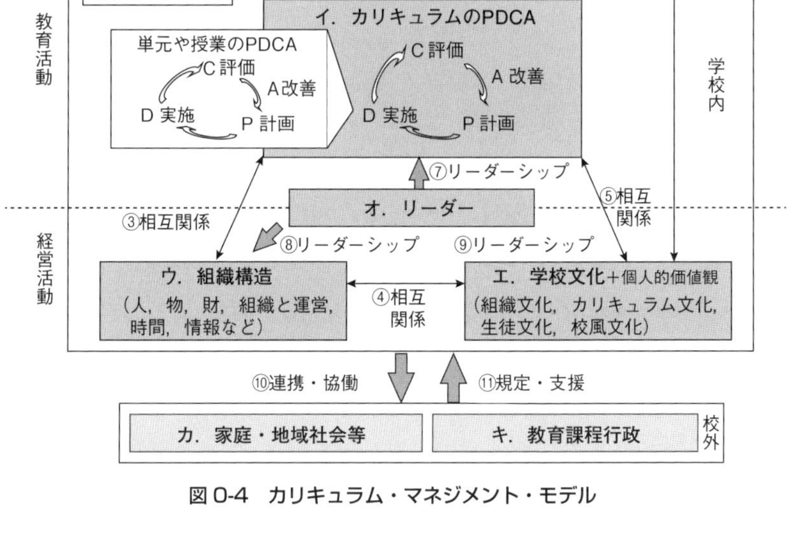

図 0-4　カリキュラム・マネジメント・モデル

している。さらには評価と改善案策定を同時的に進行し，確実に計画につなげる「CAP-D」の発想が表現されている。なお，わが国の教育現場では「PDCA」が広く用いられているが，他に，調査・診断（Research）を加えた「R-PDCA サイクル」や，それにビジョン（Vision）策定を加えた「RV-PDCA」も提唱されている[*13]。このように，評価の重要性の強調，その位置づけなどがCM研究で論じられてきた。

では，カリキュラム評価はどのような考え方に基づき，何をどのように行うものなのか。以下，根津（2006，2009）に依拠して論じる。カリキュラム評価は，学習者評価とは連動はするが，異なるものであり，明確に峻別するべきである。いずれの評価にも formative evaluation と summative evaluation があるが，学習者評価の場合は形成的評価／総括的評価，カリキュラム評価の場合は構成的評価／総括的評価と訳す。カリキュラム評価における構成的評価は，カリキュラムの開発や運用の進行中の改善を目的とした評価である。同じく総括的評価は，実施後のカリキュラムに対して善し悪しを判断する評価である（根津，2006，pp.92-101）。根津は，カリキュラム評価のアプローチを，客観性の観点から工学的接近と羅生門的接近に大別しその特徴を論じた*14。工学的接近は「量的な客観性」を追求し，評価の視点の一元化，評価の専門家による分析，事象の反復可能性に基づいた条件の統制および変数の操作，を要件とする。対して羅生門的接近は，「質的な客観性」の確保のため，様々な評価の視点の設定，多様な人々による記述，具体的な事実の重視，を要件とする。そしてこれらは，相互補完的だが代替不可能である（根津，2006，pp.46-48）。

今一度，CMのサイクルに戻ろう。PDCAサイクルの起源は品質管理にあり，CM論には工学的発想が多分に含まれる。また，マネジメントは，教育目標を定めて行うのが基本である。ただし，教育の特質として，教室の実践において，教員があらかじめ設定した目標に収束しえない豊かな学びや育ちが生み出される可能性もあり，ゴール・フリーな評価にも開かれている必要がある（田村，2011）。さらには，目標設定こそ重要なマネジメント要素である。各学校のカリキュラムの目標は，法令や学習指導要領に従いながらも，子どもや学校の実態に応じて，さらには校長はじめ学校成員の教育哲学や学習観などを反映させて，各学校が設定するものである。この点も物づくりにおける品質管理とは異なる。

(2) 評価を核としたカリキュラム・マネジメントの手法とその普及策

わが国における，カリキュラム評価における工学的接近は，全国学力・学習状況調査や都道府県・政令指定都市等が実施する学力調査，各種の検定・検査に代表されるだろう。これらは，目標達成度を量的客観性に基づいて確認し，要因を探索する。一方，羅生門的接近としては，根津がスクリヴァン（Scriven, M.）研究を参考に「カリキュラム評価のためのチェックリスト（Checklist for Curriculum Evaluation in Japan: CCEJ，図0-5）を提案したほか，カリキュラム評価にまで連動させた授業研究，CMモデルを利用した実践分析（CMMA，田村・本間，2014），SWOT分析やKJ法を利用したカリキュラム評価等が挙げられる。CCEJは，「はい」「いい

1 評価しようとするカリキュラム（実践）は，どのようなものですか。
2 どうしてこの実践を行おうとしたのですか。
3 この実践は，誰に直接働きかけるのですか。また，間接的には誰に影響を及ぼしますか。
4 この実践を行う上で，必要な「もの」「こと」（場所や機材，知識等も含む）は何ですか。
5 この実践の目標（ねらい）は何ですか。
6 「5」で示した目標を達成するため，カリキュラム上（学校経営上），どのような工夫や手続きを行いましたか。
7 この実践の結果はどうでしたか。また，どのような手だてで明らかにしましたか。
8 この実践に，どのくらい〈お金，時間，人手，会議，場所，手間〉等をかけましたか。
9 この実践の代替案はありますか。また，他校の実践等と比べてみましたか。
10 他の学校でこの実践を行えると思いますか。また，それはなぜですか。
11 1～10の評点を足すと，何点ですか。
12 この実践はどこをなおすとよくなりますか。また，どこが優れていますか。
13 この実践は，どのように外部に報告・発信されますか。
14 以上の1～13の評価結果を，他に評価する人は誰ですか。

図 0-5　CCEJ の評価項目（根津，2009）*15

え」で答えられるような「閉ざされた問い」ではなく，評価者が「問い」を生み出すことができる「開かれた問い」である点が特徴である（根津，2006，pp.191-193）。

評価手法は多様であり，目的や状況に応じて選択することが期待されるが，いずれの場合にも，評価の営みには，評価者の「価値判断（良いか悪いか）」とその「根拠の明示」が必須である（根津, 2006, 2009）。特に「質的な客観性」を担保する羅生門的接近の場合，「持ち寄ること」「コミュニケーションを通した診断」が肝要となる。

先述の「カリキュラム・マネジメント指導者養成研修」においても，CM 実践の分析・評価・改善は重要な研修内容である。カリキュラム評価に特化した講義・演習が設定されている。2013 年度からは，異なる 3 手法を体験し評価手法自体を 4 観点（良さ，問題点，用途，必要な支援）からメタ評価する活動が導入され，カリキュラム評価の力量形成が図られている。3 手法とは，①1 問 1 答式の評価項目とレーダーチャートによる「学校を基盤としたカリキュラム開発と評価のための調査項目」（水越，1986）。②自由記述による「カリキュラム評価のためのチェックリスト」（根津，2009 改，図 0-5），③構造モデル（図 0-4）に直接記入する「カリキュラム・マネジメント・モデル分析シート」（田村・本間，2014）である。

これら3手法は，独立した特徴を有しており，評価目的や評価時期，評価主体・評価組織等に応じた選択や組み合わせをすることが推奨される（田村ら，2017）。

(3) 評価を核としたカリキュラム・マネジメントの実践事例

最後に，CMの典型的な2つの事例を述べる。いずれも，研究開発学校等の特例を受けない一般的な小学校における事例で，上述の「カリキュラム・マネジメント指導者養成研修」においても，特色ある実践事例として複数回紹介された。両校とも，授業研究およびカリキュラム評価の両方を連動させて実践してきたが，前者は特に授業研究に，後者は特にカリキュラム評価にあるため，それらに焦点化して紹介する。

1) 事例①：ワークショップ型授業研究を核とした授業改革

わが国の学校現場では，明治時代より授業研究が伝統的に実践されてきた。教員の力量形成や授業改善，カリキュラム開発，そして専門的な学習コミュニティ（Professional Learning Community: PLC）形成の場として機能してきた。授業研究はLesson Studyと翻訳され，現在では世界授業研究学会（World Association of Lesson Studies）も設立・開催されるに至るほど，国を越えて評価されている。しかし，すべての学校で，効果的に実践されているとはいえず，制度化や形骸化など様々な課題も指摘されてきた。

東村山市立大岱小学校の実践（2004年から2011年まで）は，CMの考え方と適合した授業研究開発を核としたもので，学力向上に大きな成果をあげた。西留安雄校長（当時）は，教員が授業開発や子どもに向き合うことに集中できるよう，会議の全廃や実践直後に評価・改善・次年度の計画まで行うDCAPサイクル開発など，組織・条件整備面の改革を断行した上で，授業改革に着手した。詳細は同校の著書（村川ら，2011）に譲り，ここでは，評価を核とした授業改革に焦点化して4つの特徴を述べる。

大岱小学校の実践の特徴の1点目は，学力調査の分析結果を授業改善に着実に連関させた点である。全国学力・学習状況調査および東京都の学力調査の結果は，必ず観点別に分析し，成果と課題を特定，その要因を考察した。それぞれの結果・要因に対して，今後の対策として，めざす子どもの具体的な姿と授業改善の視点を明確化した「授業改善プラン」を立案した。また，独自開発の学習指導案の様式には，その冒頭に，学力調査の分析結果とそれに基づいた授業改善の方向性を記載する欄が設けられた。つまり，授業研究と日々の授業は，学力調査の分析と常に連動して考える仕組みが整えられたのである。

特徴の２点目は，課題解決型の授業研究である。研究授業は，当然，先述の「授業改善プラン」と連動して行われた。提案授業は，学力調査から明らかになった課題の解決だけでなく，前回研究授業で残された課題の解決もめざして行われた。全教員参加のワークショップ型協議を採用し，小グループでの検討を経て全体協議での議論へとつなげた。そこでは，研究授業の課題と改善策が検討された。最後に授業者は，自身の授業の課題と改善策を示した。これは授業者当人の授業改善課題となっただけでなく，次の授業者へも引き継がれて，組織的な授業改善サイクルとなった。

３点目は，教師の授業診断能力を多様な方法で培った点である。研究授業後のワークショップ型協議会では，「グループごとに発表して終わり」ではなく，課題と改善策について全体の議論を深めた。協議の後には，外部から招聘した講師による講評だけでなく，「大岱指導修自」（同校の造語）という役割（持ち回り制）を担った教員が，当該授業に対して，指導主事のように講評を行った。そのために，担当教員は，授業者よりも先行して当該授業を研究した。また，授業改善協議会終了後には，授業者は改善策をまとめた「課題論文」を，参観者の１名（持ち回り制）は「参観者論文」を書いた。それらは論文集としてまとめられた（以下の資料参照）。これらから得た授業のポイントは，同校開発の校内研究用手引き『Professional Teacher’s Notebook』の改訂に反映された。

私が日々の授業で大切にしていることは，「なぜ？」「どうして？」と

> 子どもが自ら進んで追究したくなる課題を設定することである。(中略) 今回の授業ではＳ教諭（仮名），Ｔ教諭（仮名）の課題を受け，「子どもたちの課題意識を高め，学習への必然性をもたせる」こと。そして私自身の課題として，「何もしない子をつくらない学び合いの場をつくる」こと。この２点の達成をめざして取り組んだ。(中略)（本時の課題の原因は：筆者補足）発問の精選である。発問を何度か言い直すことで，子ども達は課題をどのように解決すればよいのか混乱していた。(中略) さらに，全体での話し合いで一つの材料をもとに全員で加筆修正できるような工夫も必要だった。(中略) これからも，子どもと日々勝負し，鍛え続ける。「学びのきっかけ」「学びの方法」を探り続ける。子どもの学び合いが，指導案以上の展開になるような授業をめざして。
>
> 資料：東村山市立大岱小学校『平成21年度 課題論文・参観者論文』より一部抜粋

4点目は，授業評価に多様な人々の視点やデータを導入した点である。大岱小学校の研究授業には，児童による授業評価シートが参考にされていた。教員を直接批評するような項目ではなく，当授業のねらいに従って，自己評価する評価シートである。また，保護者や地域の人にも，児童の様子を観点別および自由記述で評価するシートを用いて，研究授業の参観を依頼した。このように，教員，児童，保護者等の見方をデータとして持ち寄り，価値判断をしたのである。

このような過程を経て，同校は問題解決型の授業モデルを協働的な実践と省察を通して，開発・実践・改善し続け，児童の学力を大きく伸ばした。

2）事例②：年間指導計画表の評価を核としたカリキュラム改革

A小学校は，年間指導計画（以下，同校による「年間カリキュラム表」の呼称を用いる）の評価を核としたCMを行った。「年間カリキュラム表」は，学年ごとに作成される。縦軸に教科・領域，横軸に月（4月～3月）をとるA3版のマトリックス表である（表計算ソフトで作成。日常的には印刷された紙媒体を使用）。表の左上には学校の重点教育目標が，表中には取り扱う全単元名や行事名が記入される。重点教育目標達成に特に寄与する単元には目印が付される。そして，目標，内容，方法等の観点から，教科・領域を越えて相互関連が見出される単元間が線で結ばれる。

同校熊谷節子校長(当時)によると,「年間カリキュラム表」作成の目的は，①教職員がカリキュラムの目的や意味を理解し，見通しをもった上で，教育目標を意識した授業を行えるようにすること，②カリキュラムにおける重点化，③無駄な重複の削減，④効率的・効果的な推進である。1年間のCMの過程をまとめると次の通りである。

①計画段階：全教職員参画による，課題と教育目標の共有，計画作成
年度始めの校内研修会で，全教職員で子どもの教育課題と「育てたい力」を確認する。市教育委員会の施策と同校の前年度の教育活動を照合し，全教職員で学校要覧の内容を検討する。各担任が協力して担当学年の「年間カリキュラム表」を作成する。

②実施段階：実践過程における即時的な評価・改善と記録化
各学級担任は,「年間カリキュラム表」を確認しながら授業実践に取り組み，その過程における気づきをこれに書き込む。週1回の学年研修会で,「育てたい力」の観点よりその週の実践を協働的に振り返る。要修正点は「年間カリキュラム表」に朱筆を残す。即実践可能なことは実行する。「年間カリキュラム表」は職員室および校長室にも掲示され，随時手書きで加筆修正される。授業研究も「育てたい力」の育成をめざして実施する。

③評価・改善：定期的な評価・改善，次の計画につなげる校内研修会
長期休業中（8月,12月）および学年末（3月）に校内研修会を実施し，日常的に加筆された「年間カリキュラム表」を囲んだ検討を行う。研修会のタイトルは「ああ，こうすればよかった，を形に残そう」である。日々の実践から得た教師の気づき実感に基づき，成果，課題，改善策が検討・記録される。次学期や次年度の計画にも修正が加えられる。研修会直後には,「年間カリキュラム表」が表計算ソフトのデー

タ上でも修正される。この「年間カリキュラム表」は次年度へと引き継がれる。

この過程で，例えば6学年の「年間カリキュラム表」は1年間に3～5回修正され，次のようにカリキュラムが変容した。「育てたい力」の一層の明確化と具体化。「育てたい力」と対応する単元の明確化。総合的な学習の時間，各教科，領域間をつなぐ線の出現・増加。新たな単元の開発。単元の順序の入れ替え，時期の変更，単元の授業時数の増減。学習指導と学年経営の連関と統合。

そして，学力調査等の経年比較において，学力の向上，児童による自己評価得点の向上がみられた。保護者・地域と学校が協働する実践も開発された。校長や教職員は，見通しをもった指導，教科・領域間を関連させた指導等，授業力の向上を実感した。校長の交替後も実践は引き継がれ，次の段階として，最も課題のある児童の学力向上をめざし，学力が高まらない要因，解決策，解決を担当する分掌について全教職員で検討し，一人ひとりの教員が学力向上のための重点目標を定めて実践に取り組んだ。

同校の教職員へのアンケートを実施したところ，このような評価・改善を促進する要件としては，つけたい力を明確に意識すること，実践しながら修正すること，そして定期的かつ協働的な見直しの時間の設定が挙げられた。特に，教員の約半数が経験10年未満の若年者であった同校においては，「年間カリキュラム表」の計画・振り返り・修正のための校内研修会は，若年教員がベテラン教員から支えられ学ぶ場として不可欠であった。他にも，研究推進組織においては，若年教員を責任者にして活躍の場を与え，ベテラン教員が補佐する体制をとった。また，授業研究の協議会（ワークショップ型）では，若年教員とベテラン教員を意図的にグルーピングした。これらの協働過程が戦略的に設定されたことが，教員の実践に基づいた診断能力を鍛え，CMの機能化を支えた。

以上，2校の事例はそれぞれの特色を強調する形で検討したが，両校とも授業研究と実践過程における年間指導計画への加筆・修正は実践していた。さらに，全国学力・学習状況調査をはじめとしたデータの分析，教員相互の協働的な評価・改善・計画という一連のプロセスが明確にマネジメントの中核に位置づけられていた点は共通する。

最後に，両校とも，児童が他学級の授業を参観したり，自学級の授業を振り返ったりする，学習者による授業評価（児童にとっては学習活動評価）の機会を設けていたことを特筆しておく。これまでのCM研究は教員の営みを対象としたものであり，学習者の学習観や行為，影響は本格的な研究対象とされてこなかったが，教員と生徒は学習指導の「台本を共有している」(Stigler & Hiebert, 1999) という指摘もある。CMにおける学習者要因の解明の研究も今後必要ではないだろうか。

CMの「総則」への位置づけにより，CMの普及化・実践化はこれから本格化し，実証段階に移行するだろう。一方，「総則」に示されたCMの「三側面」のみに着目化し形式化した実践が行われる可能性は否定しがたい。CM理論が内包する課題解決性，戦略性がどれだけ実践化されるか注視する必要があるだろう。

【注】

＊1　1996年教育課程審議会第一次答申において提唱された。

＊2　鈴木規夫・荒井克弘・柳内晴夫（2000）大学生の学力低下に関する調査結果99' 大学入試フォーラム，No.22，50-56.
翌年，岡部らによる『分数ができない大学生』（岡部恒治・戸瀬信之・西村和雄（編）(1999) 東洋経済新聞社）が出版されて以降，学力低下論に「一気に火がついた」（倉元直樹（2008）「近年の学力低下論争の経緯と問題点」荒井克弘・倉元直樹（編著）『全国学力調査 日米比較研究』金子書房　p.1.)。

＊3　小中学校の学力向上フロンティア事業，高校では学力向上フロンティアハイスクール事業，スーパーサイエンスハイスクール，スーパーイングリッシュハイスクール。

＊4　いわゆる「歯止め規定」削除。教科書に発展的な内容の記述が認められるようになった。

＊5　「第一の教育改革」は1972年の「学制」以降の近代学校制度の構築，「第二の教育改革」は戦後の教育改革を指す。

＊6　文部省（1975）『カリキュラム開発の課題：カリキュラム開発に関する国際セミナー報告書』大蔵省印刷局より。

＊7 「教育課程の改善に資する実証的資料を得る」目的で，1976年より研究開発学校制度が開始された。学界では1990年に日本カリキュラム学会が創設された。

＊8 学術書の場合，筆者の著作も含め，カリキュラムとマネジメントをつなぐことに積極的意義を見出し,「・」のない表記が多く使用されている。管見の限り初出は1997年。行政文書では，2003年の中央教育審議会「初等中等教育における当面の教育課程及び指導の充実・改善方策について（答申）」以降，「カリキュラム・マネジメント」と表記され，これが一般化してきている。

＊9 例えば，2008年に筆者がある政令指定都市で実施した調査によると，CMを意識的に実践している割合は，校長で32.1%，教務主任で8.0%であった。学年主任の42.0%は用語を知っているが内容はわからず,同22.0%は用語も認知していなかった。

＊10 上越市の実践については文献収集や2009年11月13日，14日に上越市教育委員会を訪問した他,上越市内の小学校の訪問調査(2009年11月14日,2011年2月10日)，メールや電話を通した直接的情報収集を実施した。このアンケート調査結果は，その際に担当者から提供されたものである。

＊11 2011年度は，抽出調査及び希望利用方式で実施予定だったが，東日本大震災の影響等を考慮し，調査としての実施は見送られ，希望する学校等に対して問題冊子等が配布された。

＊12 文部科学省ホームページより。http://www.mext.go.jp/b_menu/shingi/chousa/shotou/ 112/shiryo/__icsFiles/afieldfile/2017/03/30/1383351_1.pdf（20170507確認）

＊13 例えば,田中博之・木原俊行・大野裕己（監修）(2007)『学力向上ハンドブック』ベネッセ教育研究開発センター。

＊14 これらの概念自体は,2(2)で述べた「カリキュラム開発に関する国際セミナー」(1974年）で提示された。

＊15 根津朋実(2009)「カリキュラム評価の理論と方法」田中統治・根津朋実(編)『カリキュラム評価入門』勁草書房（再掲）p.43を根津が一部改編。

【文献】

安彦忠彦（1983）「教育課程の経営」岡津守彦（監修）『教育課程事典　総論編』小学館 pp.368-369.

水越敏行（1986）『学校を基盤としたカリキュラム開発と評価に関する実証研究』（科学研究費一般研究B，昭和58～60年度，研究代表者：大阪大学人間科学部教授 水越敏行）

村川雅弘・田村知子・東村山市立大岱小学校（編著）（2011）『学びを起こす授業改革』 ぎょうせい

中留武昭（編著）（1998）『学校文化を創る校長のリーダーシップ』エイデル研究所

中留武昭（2001）『総合的な学習の時間－カリキュラムマネジメントの創造』日本教育綜合研究所

中留武昭（2002）『学校と地域とを結ぶ総合的な学習：カリキュラム・マネジメントのストラテジー』教育開発研究所

中留武昭（編）（2005）『カリキュラム・マネジメントの定着過程：教育課程行政の裁量とかかわって』教育開発研究所

中留武昭・田村知子（2004）『カリキュラムマネジメントが学校を変える』学事出版

根津朋実（2006）『カリキュラム評価の方法：ゴール・フリー評価論の応用』多賀出版

根津朋実（2009）「カリキュラム評価の理論と方法」田中統治・根津朋実（編著）『カリキュラム評価入門』勁草書房　pp.29-49.

佐古秀一（2003）「変動する学校経営環境と教育経営研究」日本教育経営学会紀要，第45号　第一法規　pp.2-15.

志水宏吉・高田一宏（編著）（2011）『学力政策の比較社会学〈国内編〉：全国学力テストは都道府県に何をもたらしたか』明石書店

Stigler, J. W., & Hiebert, J. (1999) *The Teaching Gap*. New York: Free Press.

高野桂一（1989）「教育課程経営の科学とは何か」高野桂一（編著）『教育課程経営の理論と実際』教育開発研究所　pp.3-96.

田村知子（2005）「カリキュラム・マネジメントのモデル開発」日本教育工学会論文集，29巻Supple号，pp.137-140.

田村知子（編著）（2011）『実践・カリキュラム・マネジメント』ぎょうせい

田村知子・本間　学（2014）「カリキュラム・マネジメントの実践分析方法の開発と評価」日本カリキュラム学会　カリキュラム研究，23，pp.43-55.

田村知子・本間　学・根津朋実・村川雅弘（2017）「カリキュラム・マネジメントの評価手法の比較検討：評価システムの構築にむけて」カリキュラム研究，26, pp.29-42.

田中統治（2001）「特色ある教育課程とカリキュラム・マネジメントの展開」児島邦宏・天笠　茂（編）『柔軟なカリキュラムの経営：学校の創意工夫』ぎょうせい　pp.35-63.

吉冨芳正（2016）「資質・能力の育成を実現するカリキュラム・マネジメント」田村知子・村川雅弘・吉冨芳正・西岡加名恵（編著）『カリキュラム・マネジメント・ハンドブック』ぎょうせい　p.19.

1章

アメリカのカリキュラム・マネジメントと授業の質保証

●森　久佳●

1. はじめに

アメリカでは，1990 年代から，すべての児童生徒の学力を向上させる政策が「ハイステイクス・テスト」，すなわち「テスト結果が個人の将来の教育機会や職業機会に大きく影響するような強い利害関係や重大な結果をもたらす」（北野，2011，p.i）体制の下で展開してきた。その間，アカウンタビリティ（説明責任）が教師と学校に対する外部からの圧力として作用し，「テスト志向の授業」が誘発され，こうした事態が教職の専門性や授業と児童生徒の学習に対して逆流効果を及ぼすものになっているとの指摘がなされてきた（Smith, 2016, p.749）

こうした状況への批判的対応として展開されているのが，「学習のための評価」としての「形成的評価（formative assessment）」[*1]を中心とした授業の質向上の取り組みである。OECD（2005）の *Formative Assessment: Improving Learning in Secondary Classrooms* でも示されたように，今日，各国では学力向上に資する有効な教育方法として形成的評価が注目されている。アメリカにおいても，形成的評価が単なるテスト準備のための評価として矮小化して位置づけられている状況への批判から，その再評価と捉え直しが図られているという（石井, 2015, pp.320-321）。そして近年，アメリカは全米的なスタンダードを策定し，新たな様相が見られつつある。

以上のことを踏まえて，本章では，アメリカのカリキュラム・マネジメントと授業の質保証の取り組みを，形成的評価を軸にして検討する。

2. アメリカにおける学力向上政策の展開過程

(1) スタンダードに基づく学校教育システムの展開と課題

1983年の『危機に立つ国家（*A Nation at Risk*）』を嚆矢として，「アメリカ2000（America 2000）」(1991年）の構想，そして「2000年の目標（Goals 2000）」(1994年）の立法化を経て，アメリカは，それまでめざされていた不利な状況にある児童生徒に特化して連邦資金を提供するインプット重視の平等保障から，すべての児童生徒の学力向上を至上命題とし，初めて全米の教育目標を設定して，学校レベルでの結果を求めるというアウトカム（成果・結果）重視へと政策転換を図っていった（吉良，2012，pp.35-40)。その結果，連邦政府による地方教育行政への介入の様相が明確となり，地方分権的な体制で進めていたそれまでの学力向上政策方針から，スタンダードに基づく学校教育システムの構築への一大転換が図られることになった。

こうした地方教育行政への連邦政府の介入とスタンダードに基づく教育改革の動きは，2002年の「一人も落ちこぼさない法（No Child Left Behind Act of 2001: NCLB法)」の制定によっていっそう加速し強化された。NCLB法は連邦政府により包括的な権限が与えられ，各州に教育目標および内容のスタンダードを設定させ，各州で統一された多肢選択方式のペーパーテストである標準テスト（standardized test）の策定と実施を要請した。また，各州に対しては，「適正年次進捗度（Adequate Yearly Progress: AYP)」を独自に設定し，AYPが定める「習熟（proficient)」レベルへの到達を満たせない学校には，改善に向けて厳格に介入するよう規定が定められた。こうして，アメリカのカリキュラム編成権に関する教育行政組織は，学区主導の地方分権型から連邦教育法に基づく州政府主導の中央集権型に激変した（吉良，2006，pp.237-238）。

(2) 共通コア州スタンダードの策定

しかし，NCLB法に対しては様々な問題や課題が指摘された。例えば，AYPを満たしやすいようにスタンダードの水準を低く設定したり，教育スタンダードに関しては，学力の水準に関する規定の明確さの度合いが州によって差や違いが生じたりして，結果的に全米的な学力の向上には繋がっていないという点が批判された。また，この他にも，テスト科目（読解，算数・数学など）の偏重やテスト対策に終始した授業（指導）実践，それと並行して生じる他教科の軽視やテストの不正等の問題も浮かび上がってきた。

そこで，こうした州間の格差による混乱の収拾と是正を図るために，州をまたいだ全米共通のスタンダードが英語と数学，理科の3教科で開発され，英語と数学は「共通コア州スタンダード（Common Core State Standards: CCSS）」，理科は，「理科に関する次世代スタンダード（Next Generation Science Standards）」として策定されるに至った。共通コア州スタンダードに限定して説明すると，これは「英語言語技術（English Language Arts: ELA）」（英語），「算数・数学（Mathematics）」（数学）の全米的な基準となるものであり，全米州知事会（National Governors Association: NGA）と全米州教育長協議会（Council of Chief State School Officers: CCSSO）が中心となって，各州の協力により約1年の開発期間を経て完成された。共通コア州スタンダードは，「何を児童生徒たちが知り，できる必要があることとは何か」を示し（CCSSI「FAQ」ウェブサイトより），「大学進学・就職への準備（College and Career Readiness: CCR）」として，実社会の文脈に即して，初等中等教育を終えた後の進路である大学や職場で期待される能力の習得に焦点を当てている（文部科学省，2016a，p.53）。

この共通コア州スタンダードの策定には，PISAや21世紀型スキルパートナーシップ（Partnership for 21st Century Skills（P21），2011）に

指導ラウンドによる学力向上の取り組み

アメリカにおける学校をまたいだ学力向上の取り組みとして,「指導ラウンド（Instructional Rounds)」という取り組みを紹介したい。この取り組みは,学区の教育委員会がイニシアチブを発揮し，学区全体の学校を巻き込みながら教育の改善を図る営みである。ハーバード大学の教育学者であるエルモア（Elmore, R.）が中心となって普及を図っており，医師が患者を回診する行為（round）をモデルとして提唱・実践されている（City et al., 2009)。

指導ラウンドが主眼をおいているのは、「教師はもちろん、校長、教育行政担当者など全ての教育関係者に、共通の言語と物の見方、そして改善のための共有された実践法を作り出すために、一定の手順と一連の作業から構成された学校教育の核心機能に基づいて策定された共通の実践法を提示すること」(City et.al., 2009（邦訳 p.5)）である。

また，指導ラウンドでは，教育委員会と数多くの学校がネットワークを組み，チームが構成される（3～4校／チーム)。例えば，学区内に 40 校あるとすると，大体 10 チームが編成されることになる。そして，チーム内で,相互に学校を巡回し，学校をまたいで授業のモデルを共有したり，授業の改善について互いに学び合ったりするシステムになっている。

このチーム内の学校は順番にホスト校となり，他校のラウンドのメンバーに複数の授業を公開する。ラウンドメンバーは，同じチーム内の他校の教

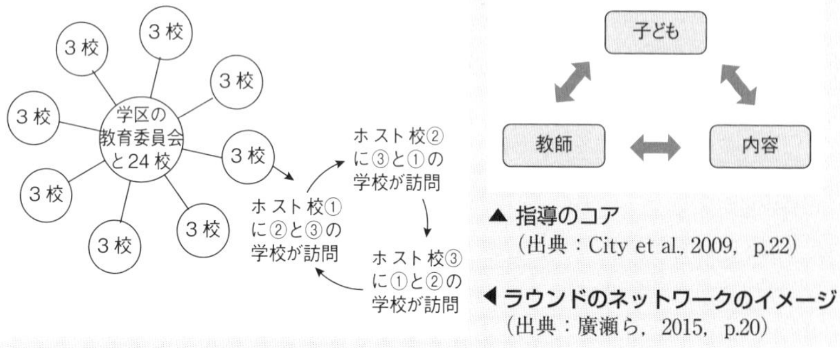

▲ 指導のコア
（出典：City et al., 2009, p.22)

◀ ラウンドのネットワークのイメージ
（出典：廣瀬ら, 2015, p.20)

師だけではなく，学校長といった管理職や行政関係者が加わっている（ネットワークの規模によるが，25名から45名程度の構成）。

また，指導ラウンドでは、ホスト校を訪問する前に，メンバーたちはその学校の実践上の課題や問題を、その学校が属する学区の教育課題等と照らし合わせせながら整理し理解する。そして，ホスト校を実際に訪問するのだが、その際に大事な行為が「観察」である。特に，教室で実際に行われている指導（授業）を改善する上で，観察は主要な位置を占めている。例えば，授業の観察は，「指導のコア（Instructional Core）」，つまり，ある授業内容のもとに展開された生徒の活動と教師の言動，そしてその相互作用に注目して行われ，他校のメンバーがそれらを記述・分析する。その後，観察の結果をホスト校に伝え，今後の改善策について提案する（下表参照）。

こうして，他校の教師や管理職，教育行政担当者たちは，他校でのラウンドの内容や結果を自校や学区に持ち帰り，各チームの改善の営みから学ぶとともに，学校や学区全体の教育計画にそれらを反映することが可能となる。この指導ラウンドは，活動を非常にシステマティックに展開することで，学区全体の教育改善を実現しようとする取り組みで，近年注目を浴びている。

訪問時のスケジュールの例

段階	手順
朝のミーティング	①ファシリテータによる「学習のゴール」の説明。 ②ホスト校のプロフィール，実践上の問題に関するファイルを各自読解 ③ IR の手順の確認 ④学区の行動の理論についてペアで考えを共有後，全体で共有 ⑤実践上の問題に関する質疑応答 ⑥学級観察の規則の確認及び見たものを描写する練習
授業観察	⑦ 4 ～ 5 人の 3 チームで，1 学級につき 20 分の観察（計 4 回実施） ⑧各自が観察した記録のメモ
記述	⑨観察した学級ごとに新たなグループをつくる（4 人） ⑩グループで集まり，各自が教室で得た観察データ を 10 ～ 15 選んで附箋に書く ⑪チャート紙に附箋紙を張る
分析	⑫ラウンドメンバーはチャート紙の周りに集まり，附箋を 1 つひとつ音読 ⑬グループで，附箋を 3 つのカテゴリー（教員，生徒，内容）に分類 ⑭カテゴリーの名前を議論
推測	⑮グループで，生徒の学びについて推測 ⑯グループでの分析や推測を全体に共有させるための準備
展望	⑰グループでホスト校の向上のための提案 ⑱ソフィアが 3 つのグループのプロセスをまとめたスライドを映す ⑲今後の展望（フォローアップ）をどうするか，学校で話し合うよう依頼

出典：廣瀬ら , 2015, p.22, 図表 2 より（一部表記を改変）

よる「21世紀型スキル（21st skills）」も大きく関与している。例えば，PISA2012の結果に関する報告書『アメリカに向けたPISAからの教訓』（*Lesson from PISA2012 for the United States*）では，OECD34か国中，数学が26位で平均以下，読解と理科がそれぞれ17位と21位で平均程度とするデータを踏まえて，算数・数学に関するPISAのフレームワーク及び項目と共通コア州スタンダードにはある程度の共通性が見られるだけでなく，共通コア州スタンダードを誠実に実施すれば，PISAの結果も向上するだろうと述べられている（OECD, 2013, pp.7-9）。また，アメリカでは「21世紀型スキル」の習得をめざす動きもあるが，この21世紀型スキルを共通コア州スタンダードにどのように盛り込むかといった検討も現在なされている（田中，2015，pp.119-123；松尾，2015，pp.117-120）。P21が2011年に発表した報告書では，例えば表1-1のように算数・数学での共通コア州スタンダードとの共通点が示されている。

そして，共通コア州スタンダードの基準と連動した新しい評価システムの開発も同時に進められてきた。この作業を担ったのが，大学進学・就職評価パートナーシップ（Partnership for Assessment of Readiness for College and Career: PARCC）とスマーターバランスト評価コンソーシアム（Smarter Balanced Assessment Consortium: SBAC）である。両団体による新しい評価システムはオンラインで実施され，児童生徒の高次の思

表1-1　算数・数学における21世紀型スキルと共通コア州スタンダードの共通点

21世紀型スキル	共通コア州スタンダード（算数・数学）
批判的思考と問題解決	・問題を理解し，それらの解決に励む ・抽象的・定量的な推論を行う ・数学を援用してモデル化する ・構造を見出し活用する
コミュニケーション・情報リテラシー	・実行可能な議論を構築し，他者の論拠を批判的に検討する ・正確さに注意を払う ・推論を重ねる中で規則性を発見して表現する
ICTリテラシー	・適切な道具を戦略的に活用する

出典：P21，2011，p.8より筆者作成

考等を評価できる記述式問題やパフォーマンス課題を取り入れており，年間を通したフィードバックが可能となっている。また，児童生徒の学力を総合的に評価するだけでなく，教師の指導の改善にも生かせる仕組みづくりもめざされている（遠藤，2016，pp.34-35；松尾，2015，pp.115-121）。

これら共通コア州スタンダードやPARCCとSBACといった教育スタンダード及び評価のシステム自体は法的拘束力を持つものではなく，その導入・採択は，各州の判断に任せられている。共通コア州スタンダード自体は州によってカリキュラムの基準を開発するモデルとして位置づけられるものであり，教科ごとの時間配当や児童生徒の学習量，また，教科書検定制度にあたる規定等はない。そのため，授業時間数の取り決めや教科書・教材等の選定，そして到達目標（学力水準）をめざす指導は，各学校や教員の裁量事項となっており，共通コア州スタンダードの導入・採用を決定した州は，PARCCとSBACのいずれかのコンソーシアムに加盟することが要求されている（文部科学省，2016a，p.50）。

また，これらの採用・導入は，オバマ政権下で制定された「頂点への競争（Race to the Top: RTTT）」プログラムと連動している。RTTTは，2009年に制定された「アメリカ再生・再投資法」（American Recovery and Reinvestment Act of 2009）を原資とする競争的資金事業である。各州は，連邦政府が前もって示しているこの事業の選考基準に則って応募して資金の獲得をめざすが，その選考基準の中に，共通コア州スタンダードの採択とPARCCとSBACといったコンソーシアムへの参加表明が設定されている。また，PARCCやSBAC自体も，連邦教育省から独立した機関とはいえ，連邦政府から資金提供を受けている機関である。そのため，教育の権限が州にあり，参加は各州の判断に任せると謳われながらも，実質的にはほとんどの州が資金を採択するために，共通コア州スタンダード及びPARCCやSBACの採択ないし参加するに至っている（2018年3月時点で，共通コア州スタンダードを導入している州は42州とコロンビア自治区，4つの準州，国防省教育活動：CCSSI「Standard in your State」ウェブサイトより）。

ただし，その一方で，2014 ～ 2015 年度に，SBAC の評価システムに参加したのは 18 州，PARCC の評価システムに参加したのは 11 州とコロンビア自治区だという（“Common Core's Big Test: Tracking 2014-15 Results”，2015）。これは，2014 ～ 2015 年度の評価の本格実施になって，「基準」について批判的になる州やその変更を求める州などが出てきて，半数以上の州が PARCC と SBAC のいずれの評価も利用しないという状況になったからだと考えられている（古橋ら，2014，p.61；遠藤，2016，pp.35-36）。

以上のような展開を経て，2015 年 12 月に，「全ての児童生徒が成功するための法律（Every Student Succeeds Act: ESSA）」が制定された。これは，NCLB 法の改正として位置づけられ，学校評価や学力困難校（低迷校）への支援方法等に関して連邦政府の介入を認めず，各州や学区に委ねる裁量が増大している点が特徴である。そのため，州知事や州教育長，学区教育委員会などの全国団体や教員団体は ESSA を基本的に支持しているという（文部科学省，2016b，pp.26-39）。ただし，ESSA では一方で，州に対する学力テストの実施とそれを軸に据えたアカウンタビリティを重視している点は変わっていないため，こうしたアカウンタビリティと学力向上が連動している点に関しては，各学校現場はこれまでと同様に直面せざるを得ない状況にあるといえよう。

3. 授業の質保証・質向上を求める教育改革の現況

次に，本節では，共通コア州スタンダードとそれに対応した SBAC の評価システムを導入・採択したカリフォルニア州を例として取り上げ，授業の質の向上を求める州レベルの具体的な取り組みを概観する。

(1) 共通コア州スタンダードに対応した評価システム

カリフォルニア州は，1999年に公立学校におけるアカウンタビリティ法(Public Schools Accountability Act）を制定して以来，学校および学区教育委員会に対して子どもの学業成績の向上についてのアカウンタビリティを求めてきた。そして，スター・プログラム（Standardized Testing and Reporting program: STAR program）及び高校卒業認定試験（California High School Exit Examination: CAHSEE）等の評価システムによって学力向上の度合いが毎年測定されてきた（齋藤，2010参照）。

そうした中，カリフォルニア州は2010年8月に共通コア州スタンダードの採択を決定し，2014～2015年度に完全実施している。それに伴い，スター・プログラムは2013年7月1日をもって終了し，現在は，新たなスタンダードとカリフォルニア児童生徒学力進捗状況評価（the California Assessment of Student Performance and Progress: CAASPP）というシステムに移行している。CAASPPは，分析的思考や問題解決能力，コミュニケーションスキルに重点を置いた新たなスタンダードを評価するシステムであり，そのために，SBACの評価システムを主として採用している。

SBACは,「総括的評価（Summative Assessment)」「中間評価（Interim Assessment)」「形成的評価」等を組み合わせた評価のシステムを構成している。「総括的評価」は，パフォーマンス課題で構成されたコンピュータ適応型テストであり，第3～8学年の各学年終了と高校卒業時に，英語と算数・数学に関する児童生徒の達成度（年度の終わりにどの程度知っているのか）と成長（前年からどの程度向上したか）の両方を正確に示すために実施されるものである。これが，プログラムの評価と学校・学区・州のアカウンタビリティのシステムに提供される。また，「中間評価」は，機械的な採点が可能な問題（記述式項目とパフォーマンス課題のようなその場で教師が採点する必要のあるような問題も一部含まれる）で構成され，これらの問題は，「総括的評価」のために活用されるものと同じ手法で開発されている。学校と学区はこのツールを選択的に活用でき，それによっ

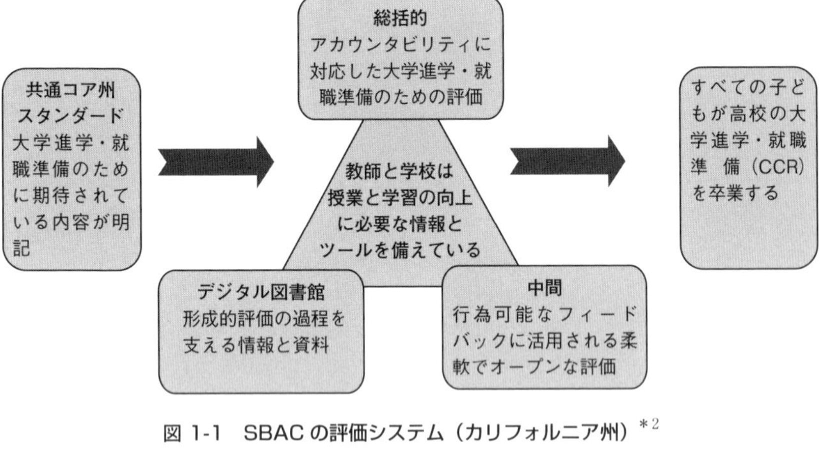

図 1-1　SBAC の評価システム（カリフォルニア州）*2

て，教師は自らの指導の改善に活用できる情報を得るため，年間を通した児童生徒の進捗状況のチェックが可能となっている。そして，「形成的評価」は,「指導の最中に教師と児童生徒が活用する思慮深い過程（deliberate process）」であり，「カリキュラム上の学習の狙い／目標を児童生徒が達成する力を向上させるために，実施している授業と学習方略に合わせるべく活用される行為的フィードバックを提供する」とされている（SBAC「Smarter Assessments 」ウェブサイトより）。

このSBACを取り入れているカリフォルニア州教育局（California Department of Education：CDE）は，SBACの評価システムを図1-1のように捉えている。また，CAASPP実践事例集（CAASPP in Action Series）として随時ホームページにて紹介し，総括的評価や中間評価，形成的評価を巡る学区独自の取り組みの情報提供を行っている（CDE「CAASP in Action」のウェブサイトより）。

(2)「教室を基盤とする評価」としての「形成的評価」への着目

ここでポイントになるのが,「形成的評価」である。石井(2015)によれば，アメリカでは，州レベルで内容スタンダードやそれに基づくテストが整備されたNCLB法制定後，教育現場に対するアカウンタビリティの要求が強まる中で，形成的評価を学習者のニーズや状況に合わせて指導を改善し，学習を支援するための有効な営みとして捉え直すことが注目を集めるようになっていた（石井，2015，pp.320-321）。こうした形成的評価の捉え直しは，教育実践の最後にテストを行い評定するのみであった「学習の評価（assessment of learning)」中心の評価実践から，「教室における評価(classroom assessment)」を基盤に，教師や子ども（児童生徒）へのフィードバックを重視するものとして「形成的評価」を捉えて実践する転換的な動きでもあった（石井，2012，p.245）。

カリフォルニア州がSBACの評価システムを参考に，「形成的評価」の取り組みの普及を図っていることも，このような流れの一環として捉えることができる。例えば，SBACでは「形成的評価のプロセス」を，「目当てとなる学習をはっきりと示す」「学習成果物を引き出す」「学習成果物を解釈する」「学習成果物に基づいて働きかける／改善する」いう4つの観点で整理されている。このプロセスを踏まえて取り組んでいる実際の授業実践及びその解説の映像を，カリフォルニア州教育局は「形成的評価実践ビデオシリーズ」として，ホームページ上に積極的に提供している（CDE「Formative Assessment in Action Video Series 」ウェブサイトより）。

また，カリフォルニア州教育局は，表1-2のようにして，「形成的評価」と「中間評価」，「総括的評価」を区別している。

この表からわかるように，カリフォルニア州では，「形成的評価」を「学習のための評価」，「中間評価」及び「総括的評価」を「学習の評価」として区別して捉えようとしている。この両者は「目的」の捉え方で異なる。まず，「学習のための評価」＝「形成的評価」の目的は，児童生徒たち特有のニーズに合わせて学習の進み具合を保証することを教師たちが継続的に実施できるために，分・時間／日／週ごとの児童生徒たちの学習に関する情報を教師たちに提供することである。「形成的評価」は，児童生徒の学習が進展している一方で，指導（授業）の間といった即時の状況で生じる。他方，「学習の評価」＝「総括的評価」の目的は，学習の期間が過ぎ

表 1-2 「学習のための評価」と「学習の評価」の鍵となる次元（カリフォルニア州）

評価：学習成果物（evidence）*3 から教授と学習を特徴づける論証のプロセス			
次　元	学習のための評価 Assessment for learning	学習の評価 Assessment of learning	
方　法	**形成的評価のプロセス**	**教室単位の総括的評価・中間評価・ベンチマーク評価**	**大規模な総括的評価**
主たる目的	（その瞬間の）直近の学習を支援する	子どもの達成度や進捗状況を測定する（今後の授業と学習を特徴づけることも）	教育プログラムを評価し，複数年度の進捗状況を測定する
焦　点	授業と学習	測定	アカウンタビリティ
基準点	個々の子どもと教室での学習	学年レベル／学区／学校	学校／学区／州
指導のための優先度	高	中	低
学習への近接度	中心	中距離	遠距離
タイミング	**最中に**（During） 直近の指導や一連の授業で	**後で**（After） 教授－学習サイクル→間で（between）：単元／学期	**終わりに**（End） 年度・課程の
関与者	教師と児童生徒 （教師－子ども／子ども－子ども／自己）	児童生徒 （後のカンファレンスで教師－子どもが含まれることも）	児童生徒

出典：CDE, 2015, p.824, Figure 8.3.

た後で児童生徒たちの現時点での学力（到達度）に関する情報を提供することである（CDE, 2015, pp.822-823）。

こうした捉え方は，「バランスのとれた評価」をめざすことともいえる。従来，アメリカでは，「教師の自作の課題などにより，教室で得られるインフォーマルな情報に基づく評価が形成的評価で，標準テストで得られるフォーマルな情報に基づく評価が総括的評価といった具合に，両概念を特定の方法と対応させて捉えがちであった」が，「例えば，レポートをまとめる課題について，課題に取り組む過程で生み出される草稿やメモや指導改善（形成的評価：『学習のための評価』）の資料として用い，その完成作品をアカウンタビリティ（総括的評価:『学習の評価』）の資料として用い，『学習のための評価』と『学習の評価』の『バランスのとれた評価（balanced assessment)』を目指していこう」ということが提示されていた（石井，2015，p.325)。これはまた，「州レベルの評価システムといった，マクロレベルの大規模な評価も，形成的評価や『学習のための評価』の視点から設計する」（石井，2015，p.325）ことにもなるという。

(3) カリキュラム・マネジメントにおける「形成的評価」の重要性

このような点を鑑みると，スタンダードを基盤とするアカウンタビリティの体制が全国的な傾向となっているアメリカにおいては，「学習のための評価」としての「形成的評価」を有効に機能させることが，授業の質保証をめざすという点で大きな鍵となっている。つまり，「形成的評価」を外部による学校評価（evaluation）[*4]としての「総括的評価」に向けた単なる補助的な営みとして捉えるのではなく，「テスト志向の授業」に陥ることなく授業の質の保証をめざし，その授業や児童生徒の学習の改善をめざす中で，「学習のための評価」としての「形成的評価」を有効に機能させる方策が，今日のアメリカにおいて求められているといえよう。

では，この「形成的評価」は，カリキュラム・マネジメントという枠組みにおいてはどのように位置づけられ得るのだろうか。

スタイン（Stein, 2012）は，教科内容領域と指導（授業）そして評価は，より大規模なカリキュラム設計（curriculum design）のすべての側面に関わる概念であり，分離できないものだと捉えたうえで，「意図される（intended）カリキュラム」「実施される（enacted）カリキュラム」「評価される（assessed）カリキュラム」の３つの枠組みを紹介している。まず，「意図されるカリキュラム」とは，州や学区で作成されるスタンダードの文書にあたる。そして，そのカリキュラムを教師が教室の中で指導（授業）という形で実施するのが「実施されるカリキュラム」であり，「意図されるカリキュラム」について児童生徒たちが学んだことを測る（判断する）ために活用されるスタンダードに準拠した評価（の結果）が「評価されるカリキュラム」である。その際，「意図されるカリキュラム」は，教師が教室で指導（授業）をつくり出す際に活用するリソース（資料）となり，また，「評価されるカリキュラム」は，スタンダードに準拠した評価や教師によって生み出される教室での評価に基づくべきであるとされる（Stein, 2012, p.60）。これらを，カリキュラム・マネジメントにおけるカリキュラムのPDCA（Plan-Do-Check-Action）のサイクル（田村，2011, pp.7-8）に当てはめるならば,「意図されるカリキュラム」＝「P:計画」,「実施されるカリキュラム」＝「D：実施・展開」,「評価されるカリキュラム」＝「C 評価」ということになり，「評価されるカリキュラム」を改善して，次なる「意図されるカリキュラム」が開発・編成される＝「A：改善」となるだろう。

こうした点を踏まえると，計画段階の「意図されるカリキュラム」を，指導（授業）という場で実施する教師が，スタンダードに準拠した評価だけでなく，教師自身による教室での評価も行いながら「実施されるカリキュラム」として展開し，そしてそれが「評価されるカリキュラム」として示される中で，授業の質向上をめざす「学習のための評価」としての「形成的評価」がどのように位置づきかつ機能するのか，といった点を吟味する必要があるだろう。

そこで次節では，まず，計画段階である「意図されるカリキュラム」の具体例を検討する。

4. 各学校が作成するカリキュラム：カリフォルニア州の場合

本節では，カリフォルニア州の学区レベルに焦点を当てて検討するため，サンフランシスコ統合学区（San Francisco Unified School District: SFUSD）の取り組みを取り上げる。

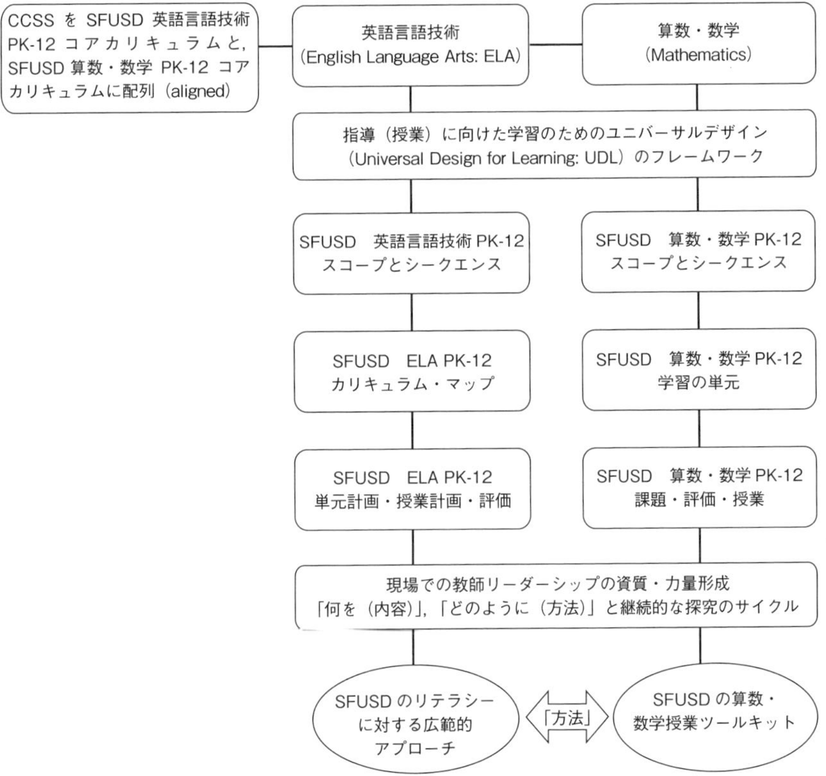

図 1-2　英語言語技術と算数・数学のコア・カリキュラム・アラインメント（サンフランシスコ統合学区） *5

(1) サンフランシスコ統合学区のカリキュラム（教育課程）

サンフランシスコ統合学区は,「アクセスと平等」「児童生徒の学力」「アカウンタビリティ」を共通の目標に掲げて，学力向上の取り組みを行っている（SFUSD,「Strategic Plan」ウェブサイトより)。例えば，2015 年度の SBAC の結果では，カリフォルニア州の大都市にある 7 つの学区（サンフランシスコ統合学区，サンディエゴ統合学区，ロングビーチ統合学区，サクラメント・シティ統合学区，フレズノ統合学区，ロサンゼルス統合学区，オークランド統合学区）でトップの成績を上げている（SFUSD「2015

RESULTS」より；齋藤，2011も参照)。この学区では，共通コア州スタンダードを基に学区独自のカリキュラムを開発し，それを「コア・カリキュラム・アラインメント（Core Curriculum Alignment)」として示している（図1-2)。

「英語言語技術（English Language Arts)」と「算数・数学」ともに，学区によって「スコープとシークエンス」が開発・整備され，英語言語技術はそこから教師が作成する「カリキュラム・マップ（Curriculum Map)」→「単元計画・授業計画・評価」に，また，算数・数学は教師が作成する「学習の単元」→「課題・評価・授業」という流れになっている。なお，評価に関しては，「整備され埋め込まれている（診断的，形成的，中間及び総括的)」とされている。

(2) カリキュラム開発の具体的な流れ

ここで，第3学年の算数・数学を例にして，サンフランシスコ統合学区のカリキュラム開発の流れを検討する。算数・数学の単元は，まずコア・カリキュラムの「概観」(表1-3）から「スコープとシークエンス」(表1-4）で単元内容が目的（Big Idea）と期間も含めて組織化される。そして，「目的」「単元目標」「単元説明」「共通コア州スタンダード：算数・数学（CCSS-M）内容スタンダード」の項目で単元案の形で整理・記述され（表1-5)，その単元の学習内容とそれに費やす期間を踏まえた流れが構成される（図1-3)。この流れは，

「導入課題」(すでに何を知っているのか？）→「入門課題」(学んでいる内容についてどれぐらい理解できているか？）→「発展課題」(これまで学んできたことを新たな状況にどのように適用可能か？）→「目標達成課題」(この単元から期待されていることを学んだのか？）で構成され，それぞれの間は「授業シリーズ」という活動でつながっている。

その後，授業計画へと内容がより細分化・具体化される（表1-6)。この計画を見ると，共通コア州スタンダードの内容の表記は非常に大まかであり，それとの関連や授業の流れが「導入・開始」→「探求」→「まとめ」

表 1-3　コアカリキュラムの一例（SFUSD 数学コアカリキュラム　2016-2017） *6

第３学年　概観（一部）
第３学年では，授業時間は４つの重要な領域に焦点化すべきである。(1) 掛け算と割り算，そして 100 までの掛け算と割り算の方略についての理解を深める。(2) 分数，特に単位分数（分子が１である分数）。(3) 長方形配列と面積の構造についての理解を深める。(4) 二次元の形の描写・分析〔以下省略〕

表 1-4　スコープとシークエンスの一例（第３学年　スコープとシークエンス　2016-2017）

	期　間	目　的	スタンダード
単元 3.0 導入	5 日間	最初の週は，その年度の教師の文化を作り上げ，数学実践のスタンダードの展開を支援するルーティンの開発に力を注ぐ。教師たちは自分が担当する子どもたちのことを知り，子どもたちは数学の学び手として，自分自身のことについて知るだろう。	数学実践のスタンダードに注目
単元 3.1 基本的な数と計算の習得	14 日間	十進法の記数法がそれぞれの値に沿って数を組織している。十進法の体系から導き出されるパターンと演算の特性が，柔軟に計算するために活用されうる。〔以下省略〕	3.OA.9 3.NBT.1 3.NBT.2

表 1-5　単元案の一例（単元 3.1　基本的な数と計算の習得）

目　的
十進法の記数法がそれぞれの値に沿って数を組織している。十進法の体系から導き出されるパターンと演算の特性が，柔軟に計算するために活用されうる。
単元の目標
・子どもたちは，すべての数を十の位と百の位に概算するために，位取りについて理解していることを活用する。 ・子どもたちは，足し算・掛け算表で計算の法則を確認し，演算の特性を用いながらそれらについて説明する。 ・子どもたちは，1000 までの数の足し算と引き算を，組み合わせやアルゴリズム，演算の特性，そして／もしくは足し算と引き算の間にある反比例関係を用いながら行う。
単元の説明
この単元は，千の位までの十進法の位取りを復習することから始まる。これらの概念を，子どもたちは，千の位までのすべての数を読む・書く・比べる・並べるために応用する。子どもたちは，組み合わせや操作，アルゴリズム，計算を使って，すべての数の足し算及び引き算を含む問題を解く。子どもたちは，足し算と引き算の解答を予測し検算するために，四捨五入（概数による見積もり）を活用する。
共通コア州スタンダード：算数・数学内容スタンダード
演算と代数的思考 ・四則演算を含む問題を解き，計算における法則を確認し説明する。 3.OA.9.〔Grade 3. Operations & Algebraic Thinking. 9.〕：計算の法則（足し算表や掛け算表にある法則も含めて）を確認し，演算の特性を用いながらそれらについて説明する。例えば，4 × ある数は常に偶数であることに気づき，ある数に 4 を掛けたものが 2 つの等しい加数へと分解できることを説明する。 **十進法を基本とする数と計算** ・位取りについて理解していることと演算の特性を，多数桁の計算を行うために活用する。 3.NBT.1.〔Grade 3. Number & Operations in Base Ten. 1.〕：すべての数を十の位と百の位に概算するために，位取りについて理解していることを活用する。 3.NBT.2.〔Grade 3. Number & Operations in Base Ten. 2.〕：位取り，演算の特性，そして／もしくは足し算と引き算の反比例関係に基づいて，組み合わせとアルゴリズムを用いながら，1000 までの足し算と引き算を問題なくできる。

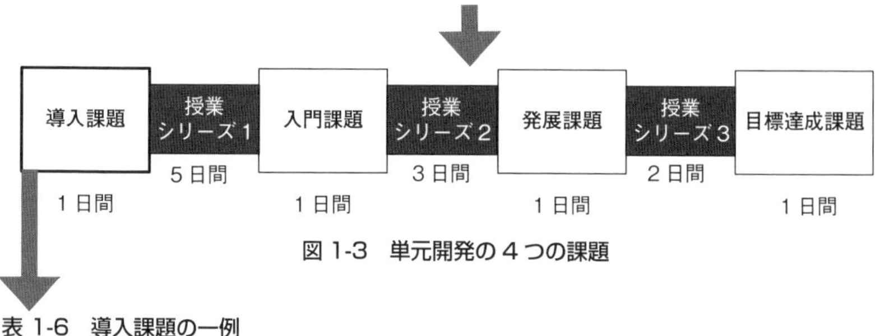

図 1-3　単元開発の４つの課題

表 1-6　導入課題の一例

説　明	子どもたちは，3桁の数にするための位取りについて理解していることを活用し，最大ないし最小の3桁の数を見つける方法を説明する。また，子どもたちは数直線上に数を位置づけることも行う。
コア数学	位取りを理解していることによって，数を並べることや，最大や最小の数を確認しやすくなる。
CCSS-M スタンダード	〔省略：表 1-5 の表記内容と同じ〕
資料と準備	・数字カード　　・位取りマット（ペアで1枚） ・十進法ブロック　・ポスター用紙
宿　題	導入課題 HW
授業計画 1　導入・開始 2　探求 3　まとめ	今日の授業（クラス）は，足し算と引き算をテーマとする新しい単元に入ることを伝える。昨年の2年生の時に習った2桁と3桁の数の足し算と引き算の方法について思い出してもらう。･･･〔以下，省略〕

という点が意識されているのがわかる。

(3) カリキュラム・アラインメント

ここで注目したいのが，先述した「アラインメント（alignment）」という用語である。サンフランシスコ統合学区では，「カリキュラム」は「すべての子どもたちが時間をかけて，学年を超えて思慮深く歩む中で学習してほしいとされている内容の知識と技能を明記した，一貫性のある系列的な一連のガイドライン」であり，「教科書を提供することや日常の指導計画，もしくは教授法等を厳密に規定した類のものではない」，と捉えられている（SFUSD「ELA PK-12 Core Curriculum History & Implementation」より）。ここで触れられている「一貫性（coherence）」がカリキュラムに関する「アラインメント」という概念では重視されており，いわゆるスタンダードを基礎とする改革において重要な要素とされている。すなわち，アライメントには，児童生徒たちがカリキュラムと関わり合う究極の点は教師であり，その教師自身が，スタンダードの意図と内容を適切に踏まえて整序（アライン）し，教室で指導（授業）することが質の高い教育の展開につながる，という意味が込められている（Stein, 2012, p.59）。さらに，このアラインメントの概念は授業時での説明だけでなく，児童生徒の学力の到達度をスタンダードに基づいて評価することや，教科書をはじめとする教材にも適用され，さらには，授業のレベルを超えた学校内外のカリキュラムのレベルにも及ぶ（Stein, 2012, p.59）。これは，テスト問題の妥当性の検討等，目標実現に向けて教育方法や学校経営を効果的に組織化する上で検討すべき課題として考えられている「目標と評価の一貫性」（石井，2015，p.338）ということでもあるだろう。

以上，本節では，「意図されるカリキュラム」にあたるカリキュラムの計画的側面指導計画を中心に検討してきた。次節では，「実施されるカリキュラム」，「評価されるカリキュラム」の側面も踏まえて，「形成的評価」をマネジメント・サイクルの視点から検討する。

5. 評価を核としたマネジメント・サイクル

(1)「形成的評価」の観点から見た指導計画の特徴

まず，前節で検討したサンフランシスコ統合学区の指導計画の特色を，「形成的評価」の観点から整理しておく。

算数・数学の場合では，指導計画等に直接「形成的評価」という項目や文言は登場していないが，単元を中心とした計画全体が，「形成的評価」と密接に関連しているとされている。すなわち，「導入課題」→「入門課題」→「発展課題」→「目標達成課題」の4つの課題すべては，児童生徒たちが何を知っていて，また，何をすることができるのかに関する情報を収集しながら，形成的評価のために活用されるのであって，テストではない。特に，「導入・入門・発展」の３つの課題によって，児童生徒たちは，習得の期待値に基づいて成績評価されることなく，協働することと個人のアカウンタビリティを行うことができ，最後の「目標達成課題」のみが，個人の成績評価のために活用される，と考えられている（「SFUSD Math Core Curriculum Unit Plans」ウェブサイトより）。

持続的に理解していること：＿＿＿＿＿＿＿＿

単元を始めるに先だって管理・分析するための診断的／事前評価：＿＿＿＿＿＿＿＿

児童の学習の成果(SFUSD ELA PK-12 スコープとシークエンスから)	教えのポイント／学習の経験	指導テキストとアンカー・チャート	形成的評価
この学習のシークエンスが終わるまでに，児童たちが知るべきこと，また／もしくはできることは･･･ ある作品の本筋（本旨）と，論点を補強する例証を確認する。(CCSS RI.2) 本筋（本旨）を裏付けるために，著者は論点を補強する例証と事例をどのように活用しているかを説明する。(CCSS RI.2) 〔以下省略〕	相互交流的音読／読み合い： 教師たちは，この学習のシークエンスを展開している間に，以下に項目として挙がっている教えのポイント〔teaching point〕を，相互交流的音読と読み合いを通して提供する学習の経験へと組み込むだろう。 リーディング・ワークショップ・ミニレッスン： 日付：10／19 教えのポイント：情報関連テキストによくあることは，本筋（本旨）が論点を補強する例証や裏付けとなる証拠に沿っているか取り囲まれているという点。読者は，鉛筆を手にして読むことで，本筋（本旨）と論点を補強する例証を確認しやすくなるだろう。あなたは，本筋（本旨）の箇所をを四角で囲み，例証や裏付けとなる証拠に下線を引くことができる。〔以下省略〕	指導テキスト：『地球と空の子どもたち』（ステファン・クレンスキー著） アンカー・チャート：〔省略〕 〔以下省略〕	児童たちは，学習の成果として理解したことを，以下の手段を使って示すだろう･･･ 四角で囲むことと，（箇条書きにする文の前につける）黒点のフォーマットを使って，ある作品の本筋(本旨)と論点を補強する例証を自分の読書ノートに書く。 〔以下省略〕

本質的な問い：＿＿＿＿＿＿＿＿

総括的評価／最終課題〔Culminating Task〕：自分たちが理解したことを示すために，児童たちが行うことは何か？

＿＿＿＿＿＿＿＿

図 1-4　サンフランシスコ統合学区の英語の単元計画（Unit Plan）の一例（第３学年）*7

また，英語の場合では，例えば，第３学年の単元計画のイメージ（抜粋）を見てみると，計画の時点で，「形成的評価」の文言が見られるものがある（図 1-4）。図の書式の右側に「形成的評価」の欄があり，児童たちが学習の成果として理解したことを示すであろう事柄を記入する形になっている。加えて，末尾には「総括的評価／最終課題」として，「単元の終わりに，自分たちが理解したことを示すために，児童たちが行うことは何か？」を記入するようになっている。

以上ことから窺われるのは，「形成的評価」という営みが，「児童生徒」の立場から，何かしらの具体的な情報や事物等に基づいて評価（アセスメント）することとして，指導計画等の段階で意識されていることである。

(2) 目的に応じた評価サイクルと「形成的評価」

次に，「意図されるカリキュラム」の段階で意識されている形成的評価が，評価のサイクル全体においてどのように位置づけられるのかを，カリフォルニア州教育局が示している「目的に応じたサイクル」を活用して検討する（図 1-5）。

児童生徒が起点となって，「形成的」→「中間・ベンチマーク」→「大規模総括的」と評価活動が展開され，それが「スタンダード」につながっている。ここでめざされているのは，年間を通して教師たちに絶えず情報を提供するような包括的・一環的・連続的な評価のシステムである（CDE,

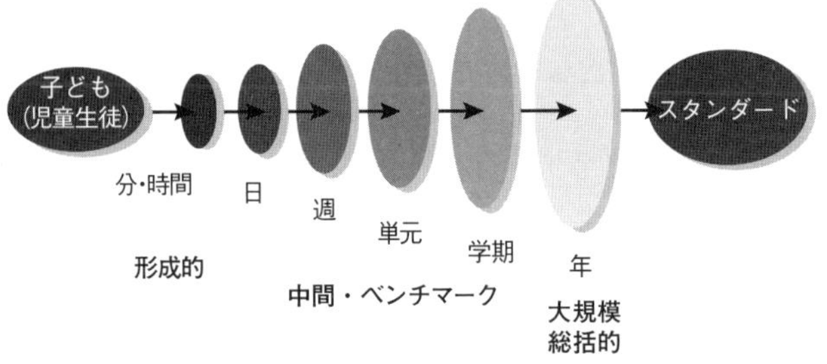

図 1-5　目的に応じた評価サイクル（カリフォルニア州）（出典：CDE, 2015, p.826, Figure 8.4）

表 1-7　評価サイクル内の各評価のタイプ（カリフォルニア州）

短期	分・時間／１日の授業／週間	形成的評価
中期	単元・プロジェクト終了時／学期・中間・ベンチマーク	中間評価
長期	年間	総括的評価

出典：CDE, 2015, p.827-828 より内容を抜粋して筆者が作成

2015, p.827)。また，各評価の時期的な区分けは，表 1-7 のように整理されている。

こうした評価のシステムは，児童生徒の学びを互いに補足し合う観点を提供し，このサイクルの中にある評価活動がスタンダードの達成という同じ究極の目的に焦点を当てることを保証する。そうすることで，共通の方向の下で指導（授業）と学習を後押しすることになると考えられている（CDE, 2015, p.827)。

ただし，先に述べたように，「学習のための評価」としての「形成的評価」と，「学習の評価」としての総括的（中間）評価は，その目的に応じた展開が必要となってくる。両者は，単に時期的なものだけで区分けされるものではない。教師の立場からすれば，スタンダード下の教育システムで実践する状況であっても，そうしたスタンダードの内容をメリットとしてうまく生かし，それでいて，目の前の児童生徒たちとの授業の中で専門性を発揮して「テスト志向の授業」に陥らないことが，カリキュラム開発やカリキュラム・デザイン（設計）の営みの中で重要となる（Jones, 2012, pp.22-23)。

(3)「形成的評価」の鍵となる特徴

こうしたサイクルの中で求められる形成的評価とは，教師たちと児童生徒たちが指導中に活用する過程のことであり，展開している授業の動きと学習の方策に合わせるためにフィードバックを提供するものである。また，この形成的評価は道具や出来事ではなく，テスト項目やパフォーマンス課題の塊でもない。児童生徒をよく見取ることによって得られた「学習成果

表 1-8　形成的評価の鍵となる特徴（カリフォルニア州）

1. 明確な授業－学習目標と成功基準	児童生徒は何を目標にしているのかを理解する
2. 学習の成果物（evidence）	授業中に集めて，児童生徒たちが目的とどこで関連しているのかを判断する
3. 記述的なフィードバックも含めて，〔学習〕成果物に対して教育方法学的に対応する	児童生徒たちの回答を手助けすることで学習を支援する（私はどこへ向かっているのか？　私は今どこにいるのか？　次の私の段階は何か？）
4. ピア評価・自己評価	児童生徒の学習・効力感・自信・自律性を向上させる
5. 協働的な教室文化	児童生徒たちと教師たちが，学習においてパートナーである場所

出典：CDE, 2015, p.823 より筆者が作成

物（evidence）」で十分に裏づけされているため，形成的評価は，ねらいとされている指導上の成果を達成するための，そしてやがては児童生徒の学習を向上させるための営みとして捉えられている（CDE, 2015, p.823）。すなわち，「学習のための評価」としての形成的評価は，児童生徒の特有のニーズを満たして進捗状況を保証するために，教師が絶えず指導（授業）を組み替えていく営みであって，教師の指導（授業）や児童生徒の学習の改善を図っていくことを主眼としている。こうした形成的評価の鍵となる特徴を，カリフォルニア州教育局は表 1-8 のように示している。

ここで，「ピア評価・自己評価」が挙がっていることに注目しておきたい。児童生徒自身も，自分たちの学習の進捗状況を，授業の目標と照らし合わせて把握し評価することが，形成的評価では重要である。教師だけでなく児童生徒も学習成果物を集めて解釈する参画者であり，欠かすことのできない役割を担っているのである（Harlen, 2016, p.699）。

6. 診断・評価に焦点化したカリキュラム・マネジメントの実際

前節で踏まえた知見を基にして，本節では具体的なケース（イメージ）

を題材に，形成的評価の具体的な営みを検討する。

(1)「学習のための評価」としての「形成的評価」の実際

次のイメージ事例は，カリフォルニア州教育局が作成した，『英語言語技術／英語言語開発フレームワーク（*English Language Arts/ English Language Development Framework*）』に掲載されているものである（CDE, 2015, pp. 832-833）。

【A】５年生の児童たちは，CA CCSS for ELA/Literacy に沿って活動している。
(a) 読解のスタンダードを情報テキストに適用している：テキスト内のある点を立証するために，どの論拠と根拠がどの点を立証しているかどうかを確認しながら，著者はどのようにして論拠と根拠を活用しているか（RI.5.8）。(b) ライティングのスタンダード：展開と組織が課題，目的，聴衆にふさわしくなっているような明確かつ一貫したライティングを構成している（W.5.4）。(c) 言語スタンダード：語彙の活用（L.5.4-6），特に論理的に展開する作文の助けとなるような語の転換。児童たちは，読者が自然環境によりいっそう配慮することを促すために主張を書いている。リーディングの指導では，児童たちは主張，反論，そして裏付けとなる論拠の位置づけを確認するためにテキストを分析した。ライティングでは，自分たちの主張を効果的に組織する方法について学んでいる。

授業中，個人でライティングの作業に取り組んでいる際に，ハットウォル先生はボビーのそばに座り，彼の書き具合について話し合った。【B】先生はリングのバインダーファイルを持っており，開くと，**子どもの氏名／日付，調査，褒め言葉，授業のポイント，この子どもに対する次の手立ては？**といった標題が上部にあるページがある。ページのさらに下には，ボビーの名前も含めた５人の児童の指名がリストされているノート（すでに糊付けされているタイプ）がある。先生は，今日のライティングのセッションの間に，この５名のそれぞれと面談する予定だ。

ボビーに関するハトウォル先生の最初の目的は，【C】２日前の学習成果物に基づいてボビーに提供したフィードバックに沿うことである。この学習成果物を，先生はボビーとのやり取りの中から引き出していた。そのやり取りのなかで，ボビーに必要なことは，自分の主張を裏付けるようなもっと強固な論拠を示すことだと先生は判断していた。今回，先生は自分が以前に示したフィードバックを，ボビーがどのようにして活用しているのかを知ろうとしている。

ハトウォル先生：「論拠について取り組んでいるのね？話してみて。」

ボビー：「環境保護団体の本とインターネットに良い情報があったんです。」

ハトウォル先生　「じゃあ，これまで見つけてきたことについて，あなたはどんなことを考えているの？あなたの主張を裏づけることにあると考えているの？」

ボビー　「そうだと思うんですが・・・。」

この点で，【D】先生は，自分の主張を裏付けるという論拠の目的を思い出すようボビーに働きかけている。先生は，5年生に理解できるようなやり方で，「主張を裏付けること」の意味を説明している。つまり，彼に次のことを伝えているのだ。「テキストに示されていることを使って，そのことを証明しなければならない。さもないと，読み手はあなたのことを信用しなくなるかもしれない」と。先生はボビーに，自分の主張を声に出して読むよう求める。ボビーの主張の焦点が，「私たちが目にする動物たちすべてが絶滅しつつあるため，海を汚すことを止めなければならない」ということが判明したので，

ハトウォル先生　「だったら，その意見，もし汚すのを止めないとすべての動物が死んでしまう，という意見だったわね，それを裏付けるために，あなたが見つけた論拠はどんなものかしら？あなたが見つけたどんな論拠が，その主張を補強するのに役立ったり，読者に証明することになったりするのかしら？」

ハトウォル先生は，それから，ボビーが位置づけたどの情報が信頼できる出典から引き出したもので，自分の主張を裏付けるのに効果的なのかを理解できるよう手助けする。ボビーが自分の論拠を取り込んで自分で先に進むことができたので，自分の主張の構成・組織を見直して，その論拠をどこに位置づけるつもりなのかをボビーに教えてほしいと先生は頼む。【E】ボビーがこれを行うと，彼が全体の構成についていくらか迷いがあり，彼のライティングには再構成が必要だということが先生にとって明らかとなる。そうしたやり取りの最中のこの瞬間こそが，ボビーにとっての教えのポイント（teaching point）をターゲットにするときだ。先生はボビーと一緒に組み立てを見直し，糊付けしたノートに組み立てに必要な要素を書いて，流れをよくするために論拠を設けたり，とりあえず作成した文章を付け加えたりして，特有の指導上の支援を行う。

こうしたやり取りを通して，【F】ハトウォル先生は自分のリングバインダーファイルにメモをする。**研究・褒め言葉**の下には，ボビーは自分が見つけた出典の信頼性を理解している，と書く。**教えのポイント**と銘打たれたところには，自分の主張をどのようにして論拠が裏づけるのかを説明した，と書く。**この子にとって次に必要なことは？**という標題の下には，「組み立てととりあえず作成する文章」と書き，ボビーは読者に自分の主張を効果的に伝えるにあたって，ライティングの組み立てで少しつまずいている，とメモもしている。【G】このやり取りの過程で学習成果物を集めることによって，ハトウォル先生は，個々の児童のニーズに自らの授業（指導）のポイントを合わすことができる。加えて，この種のやり取りをいくつか経ることによって，ある程度の児童たちに存在する共通

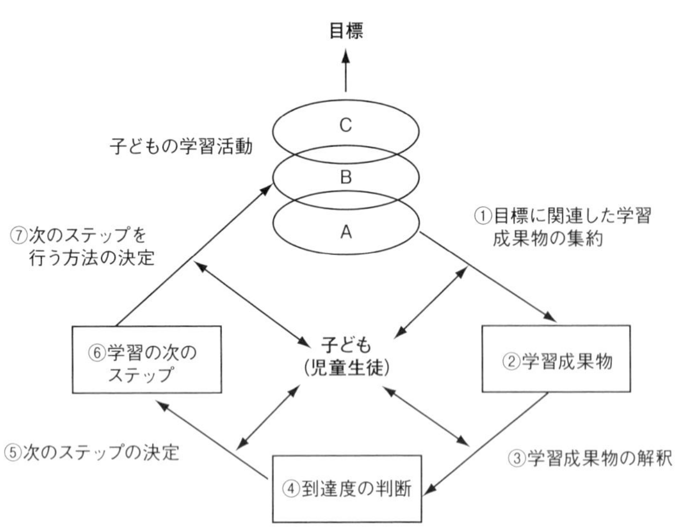

図 1-6　ハーレンによる「循環的プロセスとしての形成的評価」
（出典：Harlen, 2016, p.698, Figure 43.2 より）＊8

のニーズを見出し，その子たちを集めてミニレッスンを行おうと判断する。

上記の事例を題材にして，また，ハーレンによる形成的評価の図（図1-6）に依拠しながら，形成的評価に関連する諸特徴を見出してみたい。

まず，【A】からは，（3. で検討したように）計画の段階で，共通コア州スタンダードが意識されていることがわかる。

次に【B】・【F】・【G】では，教師は，前回の授業の際に集めた児童の学習成果物を活用して（図 1-6 ①「目標に関連した学習成果物の集約」→②「学習成果物」），ボビーにとって必要な手立てを判断している（③「学習成果物の解釈」→④「到達度の判断」）。また，教師は児童たちが学習を展開するという文脈の中で，児童の様子をよく観察し，項目に分かれたノート等を活用している。なお，ハーレンによれば，こうした学習成果物は「テスト」の形式ではなく，丁寧な調査を実施して集められていて，その集め方も様々であり，そうした学習成果物を集める手法としては主に次の５つがあるという（Harlen, 2016, p.700）（表 1-9）。上記のケースでは，とりわ

表 1-9　形成的評価における学習成果物を集める主な手法

質問（発問）	「正しい解答」が期待されるような限定的なクイズタイプよりも，児童生徒たちをやる気にさせ，自分が考えたことを説明してもらうような自由回答式のもの
児童生徒の観察	通常の活動中の児童生徒たちの話を聴いたり，議論をしたりしながら観察する
作成物の研究	通常の活動の中で書いたもの，描いたもの，制作したもの，行為，ノートなど
特別な活動と観察	コンセプトマップや診断的課題のような活動を取り入れ，児童生徒を観察し，そして／もしくはその成果物を研究
コンピュータプログラムの活用	綿密に作成した質問と課題に児童生徒たちがどう答えるかを分析する

出典：Harlen, 2016, p.700 より筆者が作成

け「質問」と「児童の観察」が存分に発揮されていることを見取ることができる。

そして，【C】・【D】・【E】を見てみると，こうして集めた学習成果物を通して，ハトウォル先生はボビーへのフィードバックも含めて，この児童の学習が先に進むような次の段階を判断している（⑤「次のステップの決定」→⑥「学習の次のステップ」→⑦「次のステップを行う方法の決定」）。こうした行為は，「教育方法学的行為（pedagogical action）」，つまり，教師が活動しながら集められた学習成果物は教育方法と統合され，さらに先の学習へのフィードバックとして教師はそれらの学習成果物を活用する行為とみなすことができる（Heritage, 2012, p.180）。また，このような，言わば「教師が自前で集めたデータ」が，児童生徒たちの次の段階にふさわしい内容を判断し，授業がそれによって組み替えられていくために活用される時にのみ，ここで展開される評価活動は「学習のための評価」としての「形成的評価」となる（Harlen, 2016, p.700）。

(2)「形成的評価」の観点から見たカリキュラム・マネジメントに求められる教師の資質・能力

以上の整理を踏まえて，「形成的評価」の視点でカリキュラム・マネジ

メントに求められる教師の資質・力量を探る際のポイントを示したい。

まず，「学習の対話」の実施である。スミス（Smith，2016）は，「評価」を意味する“assessment”の語源が，“sit beside”（傍らに座る）ことを意味するラテン語の“assidere”であることを受けて，「学習者の傍らに座る」こと，そして，学習のプロセスの足場を作る（scaffolding）ことで学習者（児童生徒）を支えることを仕事とする教師の意義を確認する。そして彼は，「学習のための評価」と「学習の評価」のいずれにも，学習者と教師との間で展開される「学習の対話」が本質的なものだと述べている（Smith, 2016, p.742）。対話を通して学習者の側から自発的に生じた情報を，教師はその学習者たちの現時点での理解水準を評価するために活用し，学習者たちと一緒になって，学習のプロセスにおける次の目標達成課題への道筋を計画する。両者の抱く世界は異なっているからこそ，真の学習の対話が発展するような共有空間を創出することが互いに必要になってくるのだ（Smith, 2016, p.742）。

この観点から「学習のための評価」としての「形成的評価」を検討すると，教師と児童生徒は授業（指導）中に互いに関わり合い，対話しながら学習成果物を集め，記録し，教師が児童生徒の学習の様子を見取ることが何よりも重要だということになる。また，そうした行為は，教師だけでなく，学習者である児童生徒にとっても自己効力感を伸ばすことにも大きく寄与する。なぜなら，教師は単なる外部の存在として学習の達成度の可否を裁定する他者ではなく，児童生徒のニーズや状況に合わせて指導（授業）の改善を展開するため，その空間においては児童生徒にとって「重要な他者」であるからだ（Smith, 2016, pp.743-744）。「学習のための評価」としての「形成的評価」は，教師と児童生徒が積極的に関わり合う学習共同体（learning community）を押し進める行為ともいえよう（Hill, 2016, p.773）。

そして，この重要な他者としての教師に求められるのが，「評価リテラシー（assessment literacy）」である。先のケースでいえば，様々な関わりを通して，ボビーのライティングの構成について見直しが必要だと看取ったハトウォル先生は，ボビーと一緒に組み立てを見直しながら彼に必要な指導上の支援を行った。こうしたボビーの状況に対する「教えのポイント」を見出し実施するのも，教師自身が発揮した評価リテラシーだともいえよう。また，このような評価リテラシーは，幅広い見識と配慮に満ちた専門的な行為であり，そうなるためには，教師自身が学び，専門的な力量を向上させることが必要となってくる（Smith, 2016, p.743）。

もちろん，評価リテラシー自体は「総括的評価」においても求められるものである。ただし，学習者（児童生徒）とその学習そのものが，評価にとっては何よりも焦点化すべきことであり，最終的な目標として外部に見える形で示すことを主眼とする「学習の評価」としての「総括的評価」は，無視されるのではなく，学習のプロセスにおいては二次的に焦点化されるものとして位置づけられることになる。その意味では，「学習のための評価」としての「形成的評価」は，「学習の評価」としての「総括的評価」のために児童生徒たちが取り組む際の，主要な教育方法学的ツール（pedagogical tool）である。両者は大きく異なるものだが，評価と学習が一体，すなわち，「学習としての評価」と考えれば，特定の課題について取り組んでいるその時点での学習を短期間で充実させることをめざす形成的評価は，外部の機関等による試験も含めた総括的評価によって評価される学習の成果の改善を促す可能性もある（Smith, 2016, p.746）。

さらには，こうした評価リテラシーを主軸とする教師の専門的な力量形成にとって，学校全体で評価活動に取り組むことも欠かすことはできず，この点はカリフォルニア州でも意識されている。アカウンタビリティの要請が高まっている今日，スクール・リーダーの立場にある校長等の管理職にとって，「学習の評価」としての「総括的評価」や「中間評価」のほうが直接的に関わる度合いが強い。しかし，「形成的評価」のプロセスを十分に理解して実施するためには，実際にその作業を担う教師への支援が必要であり，そうした支援は管理職によって，また，現職研修の形を通してなされる。その際に，学校に関わる教育関係者たちは指導（授業）を計画し，児童生徒の学習が生じている状態に教育学的に対応するために，評価の学習成果物を解釈することが重要となる。こうした協働的な専門的環境といった実践の共同体（community of practice）こそが，教師と児童生徒の学習の中核であり（CDE, 2015, p.825），「専門職による学習共同体（Professional Learning Community: PLC）」の創出・発展につながるともいえるだろう。

7. 総括：アメリカの特徴とわが国の今後への示唆

以上，本章では，カリフォルニア州を１つの事例として，アメリカにおける授業の質向上をめざしたカリキュラム・マネジメントの取り組みを検討してきた。アメリカでは，共通コア州スタンダードを州や学区の状況に応じて計画として構成し，それらを指導（授業）の場で実施･展開する際に，「テスト志向の授業」に陥ることなく，「学習のための評価」としての「形成的評価」を駆使して，児童生徒の学習の実態を踏まえた授業の質向上に腐心する様相が見受けられた。

実のところ，わが国にとってこうした「形成的評価」の営みは珍しいことではないかもしれない。むしろ，過去の教育実践家らの授業実践をひもといていけばわかるように，児童生徒の学習の実態を丁寧に見取り，それをもとにしてその子やクラス全体に応じた形で授業を組み立てていくという授業実践の営みは連綿と積み重ねられ，充実･発展してきたといえよう。

しかし，このような「形成的評価」による授業の質向上の取り組みが，アメリカでは学区や州全体で共通のビジョンを設定する中で展開されていることは見逃せない。本章で検討したカリフォルニア州のように，州や学区が基本的なビジョンや仕組みづくりを行い，情報等を共有するための資料（リソース）も積極的に提供し，州・学区全体で取り組みながら，各学校の状況に応じたカリキュラムの計画・実施・評価を行っていく様相が見受けられるのである。その上で，PLC のネットワーク化が企図され，それが「ネットワーク化された学習共同体（Networked Learning Communities）」（Katz et al., 2009）の構築に展開する可能性を秘めているともいえよう。

とはいえ，やはり課題もある。ここでは，アカウンタビリティの点を挙げておく。いかに児童生徒の学習と教師の指導（授業）の改善を視野に入れた「形成的評価」を中軸に据えようとも，それだけで，ハイステイクス・テストによる負の影響が払拭されるわけではない。学校は児童生徒たちの学習に対するアカウンタビリティを保持する必要があるが，それは，その学校が置かれている多様な状況や学校に入学してくる児童生徒たちの様子も考慮に入れる必要がある。また，21 世紀型スキルで示されているようなコミュニケーション能力や問題解決能力といった，非常に広範な領域にわたる能力を身につけることが今日の社会では求められている。そうした能力は簡単に測定が可能なものでないため，各学校の成果を示す評価には量的・質的含めた多様なデータが求められる（Harlen, 2016, p.706）。

こうした課題に対応するためには，アカウンタビリティの概念と実践そのものを捉え直すことが何よりも求められるだろう。アカウンタビリティを「契約の論理（logic of contract）」，つまり，事前に特定されているやり方で行為することが義務として期待され，実行に移すことに先行して期間や条件が設定されていると想定すると，自由裁量の余地はほとんど残されていない（Smith, 2016, p.49）。また，学力の向上の指標をテストの成果（結果）を重視する形で，学校や教師に対する外的な圧力が強まれば，深い学習と時間をかける「学習のための評価」としての「形成的評価」の取り組みは，教師個人や教室のレベルで実践・展開される余地がなくなり，「テスト志向の授業」へと変貌してしまうおそれが多分にある（Smith, 2016, p.749）。学区・州から全米的な段階に至るまで，アカウンタビリティという行為と概念を問い直すことと連動することなしに，形成的評価を軸とする授業の質向上をめざしたカリキュラム・マネジメントの取り組みが発展し得ないことを，今日のアメリカの取り組みは投げかけているといえる。

【注】

＊1 “formative assessment” の邦訳の表記は，従来の「形成的評価（formative evaluation)」と区別して「形成的アセスメント」とされる場合もあるが，本章では「形成的評価」と表記する。

＊2 CDE「Smarter Balanced Assessment System Graphic」ウェブサイトより。

＊3 この訳語は，二宮（2015，2016）に依拠した。

＊4 “evaluation” は，“assessment” と区別して用いられる場合，「“assessment” を通して収集された学習者に関する情報をもとに，成績づけなどの値踏み（評定）を行う意味で用いられる傾向にある」（石井，2015，p.21）という。また，ハーレンは，評価（assessment）の側面を “Formative” “Summative” “Evaluative” の3つに分類し，“Evaluative Assessment” を，学校や自治体及びその他教育機関の個別の活動を評価や報告する手段と位置づけている（Harlen，2016, p.697)。

＊5 SFUSD「SFUSD English Language Arts & Mathematics Core Curriculum Alignment」より作成（一部省略)。

＊6 表1-3～表1-6，及び図1-3は「SFUSD Math Core Curriculum Unit Plans」ウェブサイトより作成。

＊7 SFUSD「SFUSD ELA PK-12 Core Curriculum Unit Plan for ELA and ELD: READING」より作成。

＊8 邦訳に関しては，二宮（2016，p.188，図3-3-2）に依拠した。ただし，①～⑦の数字は引用者による。

【文献・ウェブサイト】

Common Core State Standards Initiative (CCSSI).「FAQ」(http://www.corestandards.org/about-the-standards/frequently-asked-questions/）2016年9月29日確認

Common Core State Standards Initiative (CCSSI).「Standard in your State」(http://www.corestandards.org/standards-in-your-state/）2016年9月29日確認

“Common Core's Big Test: Tracking 2014-15 Results.” (2015, November 16). in Education Week.（http://www.edweek.org/ew/section/multimedia/map-common-core-2015-test-results.html）2016年9月29日確認

遠藤貴広（2016)「第2節　アメリカにおけるスタンダード運動の重層的展開」田中耕治編『グローバル化時代の教育表改革：日本・アジア・欧米を結ぶ』日本標準

古橋昌尚・コリーン・ダルトン・市澤正則（2014)「共通学習基礎州基準（CCSS）導入計画：アメリカ合衆国教育改革の新たな賭け」『清泉女学院大学人間学部研究紀要』11.

Harlen, W. (2016) “Assessment and the curriculum.” in D. Wyse, L. Hayward, & J. Pandya (eds.). *The sage handbook of curriculum, pedagogy and assessment. Vol.2.* Sage.

Heritage, M. (2012) “Gathering evidence of student understanding.” in J. H. McMillan (ed.), *Sage handbook of classroom assessment.* Sage.

Hill, M. F. (2016) “Assessment for learning community: Learners, teachers and policymakers." in D. Wyse, L. Hayward, & J. Pandya (eds.), *The sage handbook of curriculum, pedagogy and Assessment. Vol.2*, Sage.

石井英真（2012）「教室の内側からの評価改革：『学習のための評価』論とネブラスカ州の評価システムに焦点を当てて」北野秋男・吉良　直・大桃敏行編『アメリカ教育改革の最前線：頂点への競争』学術出版会

石井英真（2015）『〔増補版〕現代アメリカにおける学力形成論の展開：スタンダードに基づくカリキュラムの設計』東信堂

Jones, J. (2012) "Should teachers have a voice in statewide curricula decisions?" in A. J. Eakle (ed.), *Curriculum and instruction: Debating issues in american education, Vol.2*. Sage.

Katz, S., Earl, L. M., & Jaafer, S. B. (2009) *Building and connecting learning communities: The power of networks for school improvement.* Corwin Press.

吉良　直（2006）「どの子も置き去りにしない法」『現代アメリカのキーワード』中央公論社（中公新書）

吉良　直（2012）「第2章　アウトカム重視への政策転換」北野秋男・吉良　直・大桃敏行（編）『アメリカ教育改革の最前線：頂点への競争』学術出版会

北野秋男（2011）『日米のテスト戦略：ハイステイクス・テスト導入の経緯と実態』風間書房

松尾知明（2015）『21世紀型スキルとは何か：コンピテンシーに基づく教育改革の国際比較』明石書店

文部科学省（2016a）『諸外国の初等中等教育』明石書店

文部科学省（2016b）『諸外国の教育動向：2015年度版』明石書店

二宮衆一　（2015）「第2章　教育評価の機能」『新しい教育評価入門：人を育てる評価のために』有斐閣

二宮衆一（2016）「イギリスにおける『学習のための評価』による形成的評価の再構築」田中耕治編著『グローバル化時代の教育評価改革：日本・アジア・欧米を結ぶ』日本標準

OECD (2005) *Formative assessment: Improving learning in secondary classrooms.* OECD Publishing.（有本昌弘（監訳）（2008）『形成的アセスメントと学力：人格形成のための対話型学習をめざして』明石書店）

OECD (2013) *Lessons from PISA 2012 for the United States, strong performers and successful reformers in education.* OECD Publishing.

Partnership for 21st Century Skill (P21) (2011) *Common core toolkit: A guild to aligning the common core state standards with the framework for 21st century skills.*

Phillips, C. A. (2015) "Common core state standards: Challenge and collaboration." *The Educational Forum*, 79, Kappa Delta Pi.

齋藤　桂（2010）「アメリカにおける学力テスト結果の比較分析研究：カリフォルニア州ロサンゼルス統合学区を事例に」『京都大学大学院教育学研究紀要』56.

齋藤　桂（2011）「サンフランシスコ統合学区における学力向上政策：Balanced Scorecard

に焦点をあてて」『京都大学大学院教育学研究紀要』57.

San Francisco Unified School District (SFUSD)「ELA PK-12 Core Curriculum History & Implementation」（http://www.sfusd.edu/en/assets/sfusd-staff/curriculum-and-standards/files/Humanities/SFUSD_ELA_CoreCurrImpandHistory.pdf）2016 年 9 月 29 日確認

San Francisco Unified School District (SFUSD).「SFUSD ELA PK-12 Core Curriculum Unit Plan for ELA and ELD: READING」（http://www.sfusdhumanities.org/uploads/1/7/5/8/17589979/excerpt_sample_grade_3_spiral_2_uplan_for_video.doc）2016 年 9 月 29 日確認

San Francisco Unified School District (SFUSD).「SFUSD English Language Arts & Mathematics Core Curriculum Alignment」（http://www.sfusdmath.org/uploads/2/4/0/9/24098802/_morealikethankdifferent_sfusd_ela_math1.pdf）2016 年 9 月 29 日確認

San Francisco Unified School District (SFUSD).「SFUSD Math Core Curriculum Unit Plans」ウェブサイト（http://www.sfusdmath.org/core-curriculum-unit-plans.html）2016 年 9 月 29 日確認

San Francisco Unified School District (SFUSD).「Strategic Plan」（http://www.sfusd.edu/en/about-sfusd/strategic-plans-and-projects.html）2016 年 9 月 29 日確認

San Francisco Unified School District (SFUSD).「2015 RESULTS: SMARTER BALANCED ASSESSMENT CONSORTIUM (SBAC) 」（http://www.sfusd.edu/en/assets/sfusd-staff/curriculum-and-standards/files/assessment-office/2016%20files/2015%20SBAC%20Results_BOE_Present_9%2029%2015final.pdf）2016 年 9 月 29 日確認

篠原岳司（2012）「『頂点への競争』の展開：ブッシュ政権の遺産とオバマ政権の教育政策」『アメリカ教育改革の最前線』学術出版会

Smarter Balanced Assessment Consortium (SBAC)「Smarter Assessments 」"Learn more about the Formative Assessment Process" (PDF))（http://www.smarterbalanced.org/assessments/）2016 年 9 月 29 日確認

Smith, K. (2016). "Assessment for learning: a pedagogical tool." in D. Wyse, L. Hayward & J. Pandya (eds.), *The sage handbook of curriculum, pedagogy and assessment. Vol.2,* Sage.

Smith, P. (2012). "Will standards and accountability enhance innovation and change? counterpoint." in T. J. Lasley Ⅱ (ed.), *Standards and accountability in schools (Debating issues in American education, Vol.9.)* Sage.

Stein, M. L. (2012). "Should standardized student assessments guide curriculum and instruction in schools? point." in A. J. Eakle (ed.), *Curriculum and instruction. (Debating issues in American education, Vol.2.)*. Sage.

田中義隆（2015）『21 世紀型スキルと諸外国の教育実践：求められる新しい能力育成』明石書店

田村知子編著（2011）『実践・カリキュラムマネジメント』ぎょうせい

The California Department of Education (CDE). (2015) *English language arts/ English language development framework for California public schools kindergarten through grade twelve.* The California Department of Education.

The California Department of Education (CDE)「CAASP in Action」(http://www.cde.ca.gov/ta/tg/ca/caasppinaction.asp) 2016年9月29日確認

The California Department of Education (CDE)「Formative Assessment in Action Video Series」(http://www.cde.ca.gov/ta/tg/sa/fainaction.asp) 2016年9月29日確認

The California Department of Education (CDE)「Smarter Balanced Assessment System Graphic」(http://www.cde.ca.gov/ta/tg/sa/documents/sbacgraphic.pdf) 2016年9月29日確認

【コラム文献】

City, E. A., Elmore, R. F., Fiarman, S. E., & Teitel, L. (2009) *Instructional rounds in education: A network approach to improving teaching and learning.* Harvard Publishing Group.（エリザベス, A. シティ他（著）, 八尾坂修（監訳）(2015)『教育における指導ラウンド：ハーバードのチャレンジ』風間書房）

廣瀬真琴・宮橋小百合・木原俊行・森　久佳・深見俊崇・矢野裕俊（2015）「新たな専門的な学習共同体のネットワーク化としてのInstructional Rounds：授業分析に基づいた学区の教育及び学校改革」『教育学論集』大阪市立大学教育学会4（通号41）

2章

イギリスのカリキュラム・マネジメントと授業の質保証

● 冨田福代 ●

1. イギリスで進められている学力改革

(1) イギリスのカリキュラム・マネジメント

イギリスにおける「カリキュラム・マネジメント」を考えるとき，まずそれが特定の内容を示す用語として，学校教育現場で共通の概念となっているのかどうかを検討する必要がある。「カリキュラム・マネジメント」自体は，イギリスでは一般的な内容として誰もが理解できる。しかし，日本の2017年改訂学習指導要領で示されている「カリキュラム・マネジメント」は，イギリスの視点からすると一般的な内容ではない。文部科学省は「学習指導要領等の理念を実現するために必要な方策」の中で，「学習指導要領等を受け止めつつ，子供たちの姿や地域の実情等を踏まえて，各学校が設定する教育目標を実現するために，学習指導要領等に基づきどのような教育課程を編成し，どのようにそれを実施・評価し改善していくのかという『カリキュラム・マネジメント』の確立が求められている」として，カリキュラム・マネジメントを次の3つの側面で説明している。

1. 各教科等の教育内容を相互の関係で捉え，学校の教育目標を踏まえた教科横断的な視点で，その目標の達成に必要な教育の内容を組織的に配列していくこと。

2. 教育内容の質の向上に向けて，子供たちの姿や地域の現状等に関する調査や各種データ等に基づき，教育課程を編成し，実施し，評価して改善を図る一連の PDCA サイクルを確立すること。
3. 教育内容と，教育活動に必要な人的・物的資源等を，地域等の外部の資源も含めて活用しながら効果的に組み合わせること。

学習指導要領の改訂の議論が進むにしたがって「カリキュラム・マネジメント」が次期改訂内容の重要な柱であることが明らかになり，研究者や教師といった教育関係者によってその具体的な内容の研究が進められている。本書においてもその内容は多角的に議論されているところである。

その視点でイギリスの教育現場に目を移すと，これまでのイギリスの教育関係者の話や論文等を通した筆者の経験では，「カリキュラム・マネジメント」という言葉を目にすることや耳にすることはなかった。その一例として，2016 年 9 月の学会で出会ったイギリスエクセターカレッジの副校長であるエマ・フィールディング氏は，筆者の「カリキュラム・マネジメント」に関する質問に対して，「内容はある程度わかるが，特定の用語では聞いたことはない」と話しており，やはりイギリスの教育界ではこの用語になじみがないと思われる。

このようにイギリスで「カリキュラム・マネジメント」という用語が使われていないからといって，その内容自体がイギリス教育に存在しないというわけではない。同様の内容を示すものとして，例えば「カリキュラム・プランニング」や「カリキュラム・デベロップメント」がある。実際イギリスの多くの学校では，「カリキュラム・プランニング」や「カリキュラム・デベロップメント」として，先に記載した文部科学省のカリキュラム・マネジメントの説明内容にあたる取り組みが広く行われており，本章においてはカリキュラム・マネジメントとして取り上げていく。まず，学力改革に関わるカリキュラム・マネジメントとして，最も重要だと思われるイギリスのカリキュラム制度から説明を始めたい。なお，本章ではイギリスのイングランド地方を取り上げている。

(2) イギリスのカリキュラム制度

イギリスの学力改革は，遡ること30年前の「1988年教育改革法（The Education Reform Act 1988)」に始まっている。ナショナル・カリキュラムとナショナル・テストで広く知られる同法は，当時の保守党政権が推進した新自由主義の中央集権化と市場原理を柱とする改革政策を，教育分野で推し進める根拠となったものである。言い換えれば，1980年代の激動する国際情勢とイギリス政府の財政の逼迫を背景に，教育界にも国際競争に打ち勝つ人材養成が求められて実施した数々の施策の柱であり，現在に至る学力向上をめざす教育改革の始まりの象徴でもある。

歴史的にも地方分権が広く浸透しているイギリスでは，それまでの教育内容は広域で統一されておらず，また国レベルでカリキュラムの基準も決められていなかった。各地域や教育行政区ごとに学校カリキュラムが決められ，学校ごとに運用されていた。その制度環境の下で，学校現場の教育内容における多様性と自主性が認められていたことになる。そこに，国レベルで教育内容を統一するインプットとしてのナショナル・カリキュラムが導入され，さらにアウトカムとしてのナショナル・テストが質保証の仕組みとして導入された経緯がある。日本の学習指導要領や文部科学省の全国学力・学習状況調査は，学校現場の実態把握や実践にどの程度直接の影響を与え，活用されているのであろうか。イギリスの学力改革では，日本の教育委員会にあたる地方教育当局（Local Education Authority: LEA）レベルはもちろん，それ以上に各学校においてナショナル・カリキュラムとナショナル・テストの具体的な位置づけは大きい。

本章では上記の歴史的背景を踏まえて，イギリスの中心となっているイングランド地方を対象に，「1988年教育改革法」から約30年を経た現在のナショナル・カリキュラムとナショナル・テストを主な内容として取り上げ，カリキュラム・マネジメントの視点で学力改革を具現化するカリキュラムと評価について具体的な教育実践レベルでみていきたい。

世界の学校を見てみよう！

英国（グレートブリテン及び北アイルランド連合王国）

● 学校の種類

学校の種類は，公立学校と独立学校（国営でないという意味。いわゆるパブリックスクールに該当する）に分かれている。公立学校の授業料は原則無料で，初等教育では無試験でいずれかの公立学校に入学できるが，中等教育以降では，個別の選考試験やナショナル・カリキュラム（全国カリキュラム）に応じたナショナル・テスト（全国試験）の結果等が重視される。一方，パブリックスクールは英国一流大学への進学を前提とした学校で，長い歴史を有し，入学基準が厳格で，入学後は全寮制生活を送るなど，エリート育成教育が実施されている。

● 学校生活（公立・私立共通）

英国の小学校の授業は，通常，月曜日から金曜日までで，時間は朝８時30分から午後３時過ぎまで。学期は年間３学期制で，９月から12月中旬が第１学期，１月上旬から４月上旬が第２学期，４月中旬から６月下旬が第３学期となる。学期の途中にハーフタームという１週間程度の休暇があるほか，学期と学期の間にはクリスマス休暇，春休み，夏休みの長期休暇がある。

制服を着用する学校が多く，私服の学校はまれで，パブリックスクールでは昔ながらの燕尾服等を採用している学校もある。

英国の小学校では，教科書を使わず，配付されるプリントをノートに貼り付けて学習することが多い。また，宿題はインターネットを使って調査するものなど，児童の自主的な学習が求められる。学校には文房具が準備されているので，児童はノート，体操着，上履きを用意する。給食は選択制で，事前に代金を払って食べたい日の給食を申し込んでもよいし，弁当を持参してもよいことになっている。（省略）

（出典：外務省ホームページより）

2. 授業の質保証・質向上を求める教育改革の現況

(1) ナショナル・カリキュラムとナショナル・テスト

コラム2「世界の学校を見てみよう！」で紹介されたナショナル・カリキュラム（全国カリキュラム）とナショナル・テスト（全国試験）は，イギリスにおける教育の質保証の柱といえる重要な位置づけにある。日本の学習指導要領にあたるイギリスのナショナル・カリキュラムが，日本の状況と大きく異なる点の1つに，導入当初からナショナル・テストと連動して実施されてきたことがある。教育課程と教育評価はコインの両面にあたり，常に切り離すことはできないとされるが，イギリスでは全国規模のナショナル･カリキュラムを導入し実施した結果を質保証する仕組みとして，当初から全国規模のナショナル・テストが実施されてきた。教育課程であるナショナル・カリキュラムと教育評価としての学力調査であるナショナル・テストは，現在までそれぞれに改訂が繰り返され変遷してきたが，双方の内容はまさにコインの両面と表現できるような密接なつながりで構成され，実施形態は連動してPDCA（Plan, Do, Check, Action）として運用されてきた。その基本的な考え方は，全国レベルの教育課程であれば，全国レベルの学力調査で確認して改善を図って質保証を行うというものである。

(2) ナショナル・カリキュラムの構造

表2-1に示すとおり，イギリスのナショナル・カリキュラムの教科は，中核教科（Core subjects）3科目と基礎教科（Foundation subjects）9科目に区分されている。それぞれの教科は，表2-2にあるように複数学年を括りとして捉えたキーステージ（Key Stage: KS）にそれぞれ位置づけられている。中核教科3科目はすべてのKS段階で学ぶことになっており，また基礎教科は体育以外については各KSで限定されている。例えば，アートとデザインはKS1～3で学び，シチズンシップはKS3～4で学ぶと

表 2-1　ナショナル・カリキュラムの教科

	教科	KS1	KS2	KS3	KS4
中核教科 (Core subjects)	英語	○	○	○	○
	算数・数学	○	○	○	○
	理科	○	○	○	○
基礎教科 (Foundation subjects)	アートとデザイン	○	○	○	
	シチズンシップ			○	○
	コンピュータ	○	○	○	○
	デザインと技術	○	○	○	
	言語		○ (外国語)	○ (現代外国語)	
	地理	○	○	○	
	歴史	○	○	○	
	音楽	○	○	○	
	体育	○	○	○	○

出典：イギリス教育省ホームページ 「ナショナル・カリキュラム」

いったように，生徒の発達段階を考慮して履修するステージが決められている。すべての教科を全 KS の全学年で学ぶわけではない。

それでは，複数学年で構成されている各 KS では，ナショナル・カリキュラムの KS 単位で規定されている学習内容を，各学年の年間計画の中でどのようにカリキュラム編成するのであろうか。それこそが，まさに各学校に委ねられたカリキュラム・マネジメントということになる。コラム 2 にあるように，イギリスの学校には日本のような教科書制度がないため，決められた教科書がないばかりか，使用の有無も決められていない。いくつかの出版社によって，ナショナル・カリキュラムに準拠した内容で，教科書として使用が期待できる書籍が出版されており，各学校や担当教員によって，また必要に応じて使用されている。そのため各学校には，教育実践に向けて，全教科のカリキュラム編成から具体的な教材開発と指導方法の決定までが求められている。おしなべて考えると，日本の学校に比べて，イギリスの学校におけるカリキュラム・マネジメントの必要性はきわめて高く，学校組織や教員に求められるカリキュラム・マネジメントの力は，その重要性を強調されるまでもなく必要不可欠のものだといえよう。

(3) ナショナル・テストの特徴と機能

前述のように，イギリスには日本の「全国学力・学習状況調査」にあたる，一般的にナショナル・テストと呼ばれる制度がある。正式名称を「ナショナル・カリキュラム評価（National Curriculum Assessments)」という，全国レベルで児童生徒の学力を測定することを目的とした評価制度である。この名称は，ナショナル・カリキュラムそのものを評価するという意味ではなく，ナショナル・カリキュラムで指導された学習成果を全国的に測定することを表していると考えられ，その名称には指導と評価の一体化というメッセージが明確に示されているといえよう。

ナショナル・カリキュラムの大きな特徴である，中核教科と基礎教科といった区分による教科間の軽重は，そのままナショナル・カリキュラム評価にも反映されている。表2-2に示すように，ナショナル・カリキュラム評価の実施はナショナル・カリキュラムの学年ブロックであるKSの最終学年の5月に総括的評価として位置づけられ，また，実施科目はナショナル・カリキュラムの科目区分で最も重要とされる中核教科「英語，算数（数学)，理科」の3教科に絞られている。

位置づけられたナショナル・カリキュラム評価の実施時期を見ても，指導した内容を評価するシステムとして，ナショナル・カリキュラムとナショナル・カリキュラム評価が直結していることが理解できる。統一した筆記試験としてのナショナル・カリキュラム評価は，KS1の最後である第2学年とKS2の最後の第6学年で実施される。同時に授業担当者による「教員テスト」が実施され，ともにテスト結果として報告されて評価内容に組み込まれる。教員テストは，スタンダードおよび試験庁（Standards and Testing Agency）が作成した評価基準やガイドブックに従って授業担当者である教員が日常の指導活動の中で実施するものであり，単に外部の筆記試験というだけでなく，直接の指導者の評価判断も加味される仕組みである。とりわけ，英語の発音やプレゼンテーション，数学の図形や理科の

表 2-2 ナショナル・カリキュラムのKSと評価制度

キーステージ（ＫＳ）	年齢	学年	評価制度（全国学力試験および資格試験）
アーリーイヤー	3～4		
	4～5	レセプション	教員テスト （任意：スタートテスト）
KS1	5～6	1学年	フォニックステスト
	6～7	2学年	ナショナル・テスト＋教員テスト（英語，算数，理科）
KS2	7～8	3学年	
	8～9	4学年	
	9～10	5学年	
	10～11	6学年	ナショナル・テスト＋教員テスト（英語，算数，理科）
KS3	11～12	7学年	
	12～13	8学年	
	13～14	9学年	
KS4	14～15	10学年	中等教育修了資格 （General Certificate of Secondary Education: GCSE）
	15～16	11学年	中等教育修了資格 または全国資格試験

出典：イギリス教育省ホームページ 「ナショナル・カリキュラム」

実験といったパフォーマンスとして確認が必要な学習や，筆記試験ではうまく評価できない4～5歳のレセプションの児童を対象にした，聞き取りによる評価などが教員テストの内容になっている。課題と思われる評価結果の客観性や信頼性の担保として，詳細な基準や具体的なマニュアルを活用して実施する指導教員によるテスト結果と，標準化された筆記試験との組み合わせは，より多面的な学力の測定という点できわめて有効だと思われる。

日本の制度と大きく異なる点として，ナショナル・テストの結果を個別の学校レベルで全国的に公開するという，おおよそ日本では考えられない施策を導入当初から実施していることがある。現在では，新聞で詳細なデータが報道されるだけでなく，教育省や各地方教育当局のホームページで常時公開されており，これまでのデータを含めて誰でも検索することができる仕組みになっている。しかしながら，公開されるデータは素点としてローデータでなく，経年変化や類似の学校群での位置づけといったような統計的に処理された数値として示され，環境条件の状況とともに情報提供が行われている。異なる学校環境や社会的状況によってどの学校も不利になることがないように，公開される情報が教育成果として適格に判断できるような情報処理や公開方法の工夫と改善が図られている。

各学校レベルにおいても同様の情報公開が広く行われている。ほとんどの学校が，それぞれのホームページに毎年のナショナル・テストの結果とその分析や改善策を掲載し，保護者や地域に向けて情報提供を行っている。また，イギリスでは日本のような学校区制度がないため，通学時間や収容人数といった個別の条件が許せば国内で自由に学校が選択できる仕組みになっており，このような情報公開は，保護者にとっても学校選択の基準として機能していると考えられる。

(4) 外部評価制度による質保証

イギリスには，教育一般の質保証を行う教育水準局（Office for Standards in Education, Children's Services and Skills: Ofsted）がある。1992年教育法で設置された，いわゆる教育分野の公的な独立査察機関である。教育水準の向上と好事例の波及を主な目的として，イングランド全域に8か所の拠点を設けて展開している。大学などの高等教育機関を除き，公教育である学校と民間教育を含めたすべての教育機関を対象として，専門的な教育を受けて資格を取得した専任および契約の調査官1,500人がチームを組んで定期的な査察を行い，個別の結果や全体的な分析を報告し公開している。

Ofstedの査察対象は広範囲にわたるが，なかでも初等学校や中等学校の査察はその中核的役割であり，査察結果の報告内容は学校評価の重要な資料として活用されている。日本における学校評価が自己点検評価を中心とした当事者または関係者評価によるピアレビューとして実施され完結していることと異なり，イギリスにおける学校評価は自己点検評価を基礎資料として，専門家によって実施され判定される外部評価制度である。査察項目や内容は，ナショナル・カリキュラムの内容を枠組みとして，各学校が作成する自己点検評価に基づき実地調査が行われる。ナショナル・テストの結果は査察の基礎的情報として実地調査の結果と合わせて分析され，それらが総合的に盛り込まれた報告書が作成される。3年周期の定期的な外部評価として客観性と信頼性が高いとされるOfsted査察報告書は，中央および地方の教育行政の施策に生かされ，また各学校の教育計画改善に直接活用される。

Ofstedの査察は次の枠組みと基準で評価され，報告書ではその具体的な内容と評定が示される。

・5項目

「総評」「児童生徒の達成結果」「指導の質」「児童生徒のビヘイビア（Behaviour）と安全性」「リーダーシップとマネジメント」

・4段階の評定

グレード1「秀逸」（Outstanding）
グレード2「優秀」（Good）
グレード3「要改善」（Requires Improvement）
グレード4「不十分」（Inadequate）

Ofsted査察報告書の内容では，各項目でなされた評定に詳細な理由と具体的な根拠が説明され，さらに課題や問題点とともにその改善方向も示されている。Ofsted査察報告書の内容は，各学校においてカリキュラム改善やカリキュラム編成に直接反映されており，学校レベルの教育内容の質保証としてカリキュラム・マネジメントの重要な拠り所となっている。

3. カリキュラム・マネジメントの事例

(1) タイムズ教育新聞教育賞の学校：スタンレーパーク高校

ロンドン中心部から電車で1時間ほど南に位置するサットンのスタンレーパーク高校（Stanley Park High School）は，イギリスの教育新聞であるタイムズ教育新聞（Times Educational Supplement: TES）が全英規模で実施する表彰制度（コラム4参照）の，いわば中等学校の頂点校である2016年中等学校部門賞を授与された学校である。1931年に創立の歴史ある公立の男女共学校として，2015年現在，デービット・テイラー（David Tayler）校長をはじめとした88名の教員，38名の職員，7学年から11学年とその後の6フォームまでを含めた，11歳から19歳までの生徒1,223人が在籍している。

一般的には，タイムズ教育新聞賞を受賞する学校なら，他校に比べて学力を中心に多方面で秀でた学校に違いないと考えるが，同校の2015年のOfsted査察報告書では，なぜか総合評価が5段階中の上から2番目「優秀」であり，最上位の「秀逸」というわけではない。同地区内の2016年までの直近のOfsted査察報告書では，5校が「秀逸」の評定であることを考えると，Ofstedの評価基準においてスタンレーパーク高校が他校と比較して決して上位校だとは言えないことがわかる。

では，なぜスタンレーパーク高校が全英最高位のタイムズ教育新聞賞を受賞したのだろうか。タイムズ教育新聞はその主な受賞理由として，選抜入学が一般的な地域にあって選抜入学制をとらず，しかも高い学力を達成している点や，人間形成を大切にする優れた教育カリキュラムの開発を挙げている。また，選定委員の講評では，「スタンレーパーク高校に築かれた創造的，意欲的，共同的な学校文化に感銘した」と述べられている。確かに，前回2013年のOfsted査察報告書の総合評価では「要改善」であったにもかかわらず，2015年は一段上の「優秀」に上がっている。1段階とはいえ，わずか2年の期間で「要改善」から「優秀」に改善することは決

タイムズ教育新聞学校賞

「タイムズ教育新聞学校賞（TES Schools Awards）」

全英の教育水準の向上をめざし 2008 年にスタートしたこの教育賞は，公立私立を問わず広く学校教育実践を対象として，毎年優れた教師や教育活動に与えられる賞として社会的に評価されている。受賞校の校舎玄関ホールやホームページには，受賞を表すロゴや新聞記事などが掲載され，その名誉とともに学校現場の励みとなっている。2016 年現在では下記の 17 部門が設けられており，自推及び推薦による応募でエントリーされ，審査を経て受賞が決定される。

［タイムズ教育新聞学校賞の部門］

1．校長部門
2．教員ブログ部門（2015 年新設）
3．ベン・エバンス資料部門
4．理科，技術，工業教員またはチーム部門
5．英語教員またはチーム部門
6．数学教員またはチーム部門
7．コミュニティーおよび協働部門
8．アートおよびドラマ教員部門
9．国際教育部門（現代外国語を含む）
10．創造的学校部門
11．健康教育部門
12．幼児教育設置部門
13．初等学校部門
14．中等学校部門
15．特別教育部門
16．総合部門
17．教育功績部門

（出典：TES ホームページより）

して容易なことではない。同校の 2015 年 Ofsted 査察報告書にある総評には，校長の革新的で創造的な学校運営と教職員や保護者の協働体制，前回と比較した学習指導（特に英語，数学，理科教育）の急速な改善などが優れた点として挙げられている。

このようなスタンレーパーク高校への評価と結果の背景には，学校組織と教育内容を中心とした学校改革があると学校自らが分析している。同校の教育理念として「人間は社会的生き物である」ことから，「学ぶことは社会的活動である」と捉えて，改革の柱に人間関係を育てる教育課程の編成を掲げている。設けられた4学科「トレード」「パフォーマンス」「ワールド」「ホライゾン」の共通する目標は人間関係の育成であり，カリキュラムもその内容に沿った構成だとしている。これらからわかるように，同校の教育が単にテストによる学力測定結果の向上を直接求めるだけのものではなく，人間形成を含めた学校教育全体の視点でカリキュラムを総合的に捉え，バランスのとれた教育活動として計画したことで望ましい学校文化が醸成され，その結果として学力向上につながったことがうかがえる。

(2) スタンレーパーク高校のカリキュラム・マネジメント

スタンレーパーク高校の特徴的な学校組織とカリキュラム内容をカリキュラム・マネジメントの視点で具体的に見てみよう。まず，学校組織として，同校には教育活動を支援するために，次の6つのサポートチームが設けられている。

① 評価および試験チーム
② コミュニケーションチーム
③ 会計および施設チーム
④ インクルージョンチーム
⑤ 学習サポートチーム
⑥ 技術サポートチーム

なかでも「インクルージョンチーム」は，「ビヘイビアとサポートチーム（Behaviour and Support Team)」から改名し，改革の柱として位置づけられ拡大再編成したチームである。旧名称の「Behaviour」は行動や対応を表す言葉だが，教育現場では品行に近い意味合いで使われることが多い。現象である生徒の行動を表す「Behaviour」のサポートから，統合や包括を意味する「Inclusion」への変更の背景に，問題を抱える生徒を排除したり特別視したりするのではなく，学校組織として生徒に寄り添って支援するねらいを感じとることができる。その変更にふさわしく，人的強化を図り担当者を増やすとともに，教科担任や学級担任と協働し，きめ細かく生徒のニーズに合わせて対応する体制を整えており，人間関係の育成に重点を置く同校改革の柱の1つとなっている。

次に取り上げるカリキュラム内容の特筆として，日本の「総合的な学習」に近い「エクセレント・フューチャーズ・カリキュラム（Excellent Futures Curriculum: EFC)」がある。これは，卒業時の公的資格試験やその後に必要とされる能力を習得するために，民間との協働で開発して独自に設けた学校設定科目である。その設定理由として，試験で測れる学力だけでは社会に通用せず，卒業時に必要な汎用的能力として「コミュニケーション能力」「リーダー力」「批判的思考力」「他者との協働」「創造性」といった力が求められるとし，それらはアカデミックな学習だけでは身につけさせることは難しいため，全人的教育としてEFCのカリキュラム開発を行ったと説明している。

この学校特設科目は第7学年と第8学年に履修し，地理，歴史，ビジネス，ドラマ，宗教，ICT等を内容とする，少人数で実施するプロジェクト型学習（Project Based Learning: PBL）である。

その内容を7学年のEFCカリキュラムの事例で具体的に見てみると，各学期に，7週間前後でそれぞれ2ユニットのプロジェクトを設定し数人のチームで実施され，そのユニット内容は総合的なテーマのもと，複数科目を学ぶものとなっている。2016年度のカリキュラム内容は，秋学期はテーマ「スタンレー高校生として」（該当科目：文学，ICT他），テーマ「自分の考え」(該当科目：アート・デザイン，理科)，春学期はテーマ「人々の不満」(該当科目：歴史，英語，シチズンシップ)，テーマ「教師のペット」(該当科目：教師が設定)，夏学期はテーマ「無制限」(該当科目：ドラマ，メディア)，テーマ「バックパックプロジェクト」(該当科目:地理，ICT)，テーマ「散策」(該当科目：地理，体育他) となっている。それぞれのユニットで，「最終アウトカム」では自己紹介文やディベート等，「話す聞く能力」ではプレゼンテーション実施等，「読み書き能力」ではドラマのシナリオ作成等，「重点的能力」では創造力，チームワーク力等，「課題内容」では限られた予算でどのように世界を経験するのか等，「中心的内容」では情報や資源の分析等が，それぞれに具体的に示されている。

複数教員で担当する教科横断的で少人数活動によるPBL形態のEFCは，独自の設定科目であるため教員に馴染みがなく共通理解が図りにくい。したがって高度なカリキュラム・マネジメントの運用が必要だが，スタンレーパーク高校では校長のリーダーシップの下，求められる指導内容と指導方法の共通理解と共有で一定の質保証が担保され，その成果が示されている。

(3) 縦割りチュータリング

チュータリングと呼ばれる制度は日本の学級制度に近く，教科やコース単位で授業を構成する中等学校において，基本的な所属組織としてチュータと呼ばれる学級担任が配置され，個々の生徒の学習から生活までを指導する仕組みである。スタンレーパーク高校では，生徒指導の観点からだけでなく学習指導においてもチュータの役割は重要だとして，学校改革の一環に位置づけて2011年に大きな組織改善を行っている。

一般的にチュータリングは同学年同年齢の生徒で編成されるが，スタンレーパーク高校ではチュータリング制度改革の中で25名程度の異学年異年齢の構成に変更している。その主なねらいは，個々の生徒のニーズに沿った適切な指導と生徒のコミュニケーション能力やリーダー力の養成にある。第7学年から6フォームまでの6学年25名の生徒を異学年異年齢で学級編成を行う場合，１人のチュータが受け持つ同学年の生徒は数名となり，同学年同年齢の学級の場合の６分の１の生徒数となる。その結果として，学年母体で実施されるナショナル・テストなどの外部試験や行事等において，個別対応やきめ細かい指導が可能になる。

また，異学年集団の特性から，上級生のリーダーシップの育成に加えて同年齢間とは異なる異年齢間のコミュニケーション能力の育成が期待できる。さらに，異学年集団の活動を通して，個々の生徒が上級生の日常的な活動を身近に見聞きし具体的な内容を知ることができるため，在学期間の学習全体の見通しを持つこともできる。

スタンレーパーク高校は直近の Ofsted 査察報告書で最高グレード評価ではないものの，推進するこれらのカリキュラム・マネジメントが目標とする教育内容の実現につながっているといえる。また，教育効果結果の確認には一定の時間経過が必要であることを考えると，今後のさらなる向上も期待でき，タイムズ教育新聞賞の受賞も理解することができる。

4. PDC サイクルとカリキュラム・マネジメント

これまで，イギリスのカリキュラムと評価は，ナショナル・カリキュラムとナショナル・カリキュラム評価が中心であることを述べてきた。それでは，全国レベルのナショナル・カリキュラムとナショナル・カリキュラム評価が，学校レベルの具体的なカリキュラムや評価と直接どのように関連するのであろうか。そこでまず，日本の学習指導要領や全国学力・学習状況調査と各学校との関係とは状況が大きく異なっていることを確認しておきたい。

イギリスにおける各学校と教育行政との関係は，地方レベルよりも国レベルの中央行政との繋がりが大きいことが挙げられる。各学校の予算や学校経営，教育内容や人事関係に至るまで，学校教育のほとんどの業務や教育活動を中央行政機関が直接管轄しているため，各学校では地方教育当局を通さず当該の機関と直にやり取りを行っている。その点で，各学校と中央行政との関係はより直接的で強いものだと考えられる。したがって，カリキュラムや評価に関しても，各学校の内容は国レベルの方針や施策が迅速にそのまま反映されている。

そのことを踏まえて，学校におけるカリキュラム・マネジメントを考えてみると，学校にとって最も影響力を持つといわれている Ofsted 査察報告書を中心に組み立てられていると思われる。実際に各学校の文書やホームページではその内容が引用されることがよくあり，また最下位グレードの「不十分」の評定になれば特別措置（Special Measures）の対象として本来3年周期の査察が短縮され，その改善状況が詳細に確認される。改善がまったく見られない場合は中央行政による閉校措置もありうるといった，学校にとっては重要な報告書でもある。その意味で，毎年実施されるナショナル・カリキュラム評価と3年周期の Ofsted の査察は，学校教育の中核であるカリキュラムとそのマネジメントを左右する位置づけにあるといえよう。

施策は通常 PDCA で進められるが，このような状況下のイギリスの学校教育では，実際は次の図 2-1 に示すようなサイクルで進められていると考えられる。

多くの学校の取り組みでは，各学校における大きな改革は3年周期の Ofsted の査察を基準にして3年サイクルで考え，その間の1年ごとのナショナル・カリキュラム評価でカリキュラム内容の修正を加えるというものである。これは，中核科目3教科の結果が示されるナショナル・カリキュラム評価は該当科目を中心とした修正が主となり，教育内容から学校経営まで総括的な検証が示される Ofsted 査察報告書で総合的な改善を図るものである。つまり，イギリスの学校関係者が日常の教育活動で重視するナショナル・カリキュラム，ナショナル・カリキュラム評価，Ofsted 査察報告は，教育実践と密接につながって各学校のカリキュラム・マネジメントの柱だといえる。

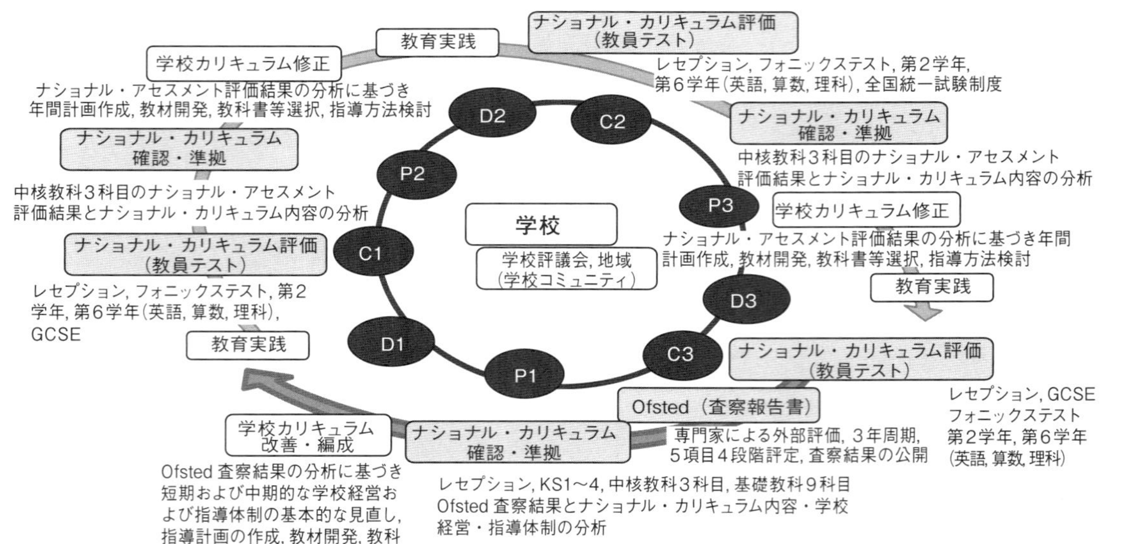

図 2-1　イギリスのカリキュラム・マネジメント・サイクル（3年サイクル　PDC）（筆者作成）

5. 総括：イギリスの特徴とわが国の今後への示唆

社会状況や教育制度が違うイギリスから日本の教育が何かを参考にするとしたら，単に個別の施策や仕組みではなく，それらの背景や結果，また検証や改善を含めた全体の機能や過程として考える必要がある。同じ全国カリキュラムといっても，日本の学習指導要領とイギリスのナショナル・カリキュラムでは，教科や指導内容が違うだけでなく，教科書の有無で実際の学校現場における位置づけは大きく異なる。どの教員も常にナショナル・カリキュラムに目を通して指導や教材開発が必然となるイギリスと，教科書の存在が大きく学習指導要領に目を通す機会が少ない日本とは，カリキュラム・マネジメントの内実が異なってくる。また自ずと，教員や学校が行う教材開発の必要性と内容も異なってくる。

さらに評価制度を考えると，イギリスにおけるナショナル・カリキュラムに直結したナショナル・カリキュラム評価の結果は，3科目とはいえ，日常の指導結果を公的に示すエビデンスとして，教員や学校の実践レベルから，国の施策レベルまで，それぞれの取り組みの検討と改善の根拠とされている。教員や学校がナショナル・カリキュラムに基づき，指導計画と教材開発を行うイギリスにおいて，ナショナル・カリキュラム評価の結果は，その重要なエビデンスとして活用されている。図2-1で示したサイクルでは，ナショナル・カリキュラム評価の先にそれらを総括するOfsted査察報告書があり，全体がカリキュラム・マネジメントとして機能しているといえる。

Ofsted査察報告書の内容がその一例といえるが，イギリスにおける評価のエビデンスの特徴として，テストの素点や平均点だけをそのままエビデンスとせず，社会的条件を入れた調整データや経年変化を含めて判断することや，また標準化された筆記試験だけでなく，教員によるテストや実地視察も含めた総合的なエビデンスとして判断根拠にしている点が挙げられる。その対象は学力を中心にして，ビヘイビアといった生活面も含めた教育全般として総合的なものとなっている。このように教育活動を多面的に捉え，様々な方法で多角的に収集するエビデンスで総合的に判断する評価手法は，評価文化の歴史が長いイギリス教育界ならではの方策だといえよう。

学校における教育活動がそれぞれの実態に沿った指導が基本だとすると，日本における標準化された学習指導要領，全国学力・学習状況調査，教科書は，各学校の実態に沿った活用が重要になる。それぞれがカリキュラム，評価，教材といった別個の役割をもっていても，日本の学校現場においては，教育目的の下にそれらを具体的に検討して計画実践し，教育改善に十分活かしているといえるだろうか。このことは，イギリスのカリキュラム・マネジメントから見える日本の学校教育への示唆といえるであろう。

【文献とウェブサイト】
イギリス　1988年教育改革法（The Education Reform Act 1988）
外務省ホームページ 「世界の学校を見てみよう：英国（グレートブリテン及び北アイルランド連合王国）（United Kingdom of Great Britain and Northern Ireland）」
http://www.mofa.go.jp/mofaj/kids/kuni/index.html
イギリス教育省（Department for Education）ホームページ 「ナショナル・カリキュラム（The National Curriculum）」
https://www.gov.uk/national-curriculum
イギリス政府教育水準庁（The Office for Standards in Education, Children's Services and Skills）ホームページ
https://www.gov.uk/government/organisations/ofsted
イギリス政府教育水準庁（The Office for Standards in Education, Children's Services and Skills）ホームページ「学校評価ハンドブック」
https://www.gov.uk/government/publications/school-inspection-handbook-from-september-2015
イギリス政府教育水準庁ホームページ「イギリススタンレーパーク高校評価報告書」
https://reports.ofsted.gov.uk/inspection-reports/find-inspection-report/provider/ELS/143002
イギリススタンレーパーク高校（Stanley Park High School）ホームページ
http://www.stanleyparkhigh.org.uk/

文部科学省中央教育審議会平成27年9月14日初等中等教育分科会（第100回）配付資料「資料1　教育課程企画特別部会　論点整理」

【コラムウェブサイト】

タイムズ教育新聞（Times Educational Supplement）ホームページ「タイムズ教育新聞学校賞（TES School Awards）」
http://www.tesawards.co.uk/tessa2018/en/page/2016-awards

3章

ドイツのカリキュラム・マネジメントと授業の質保証

● 原田信之 ●

1. クオリティ[*1]向上をめざす教育改革とカリキュラム・マネジメント

(1) 学力改革の背景

ドイツでは，国際学力調査TIMSS95が示した学力不振を契機に，教育のクオリティ向上をめざす改革へと舵を切った。「質保証」を全面的に打ち出したコンスタンツ決議[*2]1997年10月）は，今日に至るまでの教育改革の方向性を決定づけた重要な政策文書の1つである。再統一後，他の先進諸国にやや遅れてニューパブリック・マネジメント（NPM）[*3]のメカニズムが浸透しはじめた頃に出されたのが，このコンスタンツ決議（Konstanzer Beschluss）であった。この決議がインプット・アウトカム型の教育改革推進の根拠となり，後に教育の質保証のために有力なエビデンスデータを提供する学力調査の実施につながっていった。コンスタンツ決議以後現在まで，「質保証」はドイツの教育改革の特徴を示すキーコンセプトとなった[*4]。

学力不振を裏づけた第二波と位置づけられるPISA2000ショックがドイツ社会全般に与えた影響も大きく，学校と授業のクオリティ開発の既定路線化が決定づけられた。NPMの浸透とともに，他国との比較で教育のクオリティを数値で示す国際学力調査の低調な結果は，エビデンスに基づく教育モニタリングシステム構築へと改革の舵を切るのに十分な動機を与えたといえよう。

各州文部大臣常設会議（KMK）は，2003 ~ 2004 年に教育のクオリティ保証を具体的に前進させる有力なツールとして，言語系教科と理数系教科を対象に国共通の教育スタンダードの導入を決議した。この教育スタンダードの導入を節目とする学力改革は，既にコンスタンツ決議が示した教育の質保証・質開発を実質化するための構造的パラダイム転換*5を意図していた。

このパラダイム転換とは，一般に学習指導要領や授業時数等の入口の改革を主軸としてきたインプット操作から，教育の結果に基づく質改善を志向する「アウトカム志向」*6へ，あるいは「インプット・プロセス・アウトプットモデル」*7への転換を指すものである。そもそも教育スタンダードは，その語源からして「旗印」を意味するように，何をどれくらいのレベルまで学ぶのかなど，学習を進める上でめざしていく方向性と水準を明示することで，生徒の学習の到達度を可視化する一方，教師の授業行為（教え方）とその効果，この授業行為を支えるシステムや仕組みの有効性を確認するための，効果検証の基準という機能も兼ね備えたものである。

ドイツにおける過去約 15 年のカリキュラム改革を振り返ると，マクロな次元では教育スタンダードやコンピテンシー志向の授業を導入し，ミクロな次元では授業（学校）開発をキーワードとする「クオリティ開発」の考え方を着実に浸透させてきた。学校や教師が提供する授業の品質を保証

表 3-1　PISA ショック後のドイツにおけるカリキュラム改革

○ PISA ショック後のドイツのカリキュラム改革
第一期　教育スタンダードの導入とコンピテンシー志向の授業の定着
第二期　各学校における授業のクオリティ改善・向上のための好循環システムの構築

○上部と下部からのサンドイッチ型の改革
二つのポリシー・ガイドラインが示したカリキュラム政策
①　各州文部大臣常設会議（KMK）「教育モニタリングのための総合戦略」（2006 年）
②　同「授業開発のための教育スタンダードの活用に関する構想」（2010 年）

⇒マクロな教育モニタリングシステムと下部からのクオリティ・マネジメント（カリキュラム・マネジメント）という大きな**二つの歯車を連動させた**クオリティ向上の**好循環システムの構築**

し，その品質を恒常的に向上させていく授業改善システムづくりへの関心が高まってきたといえよう。

PISAショック後の教育改革において，その第一期を教育スタンダードの導入とコンピテンシー志向の授業の定着とすれば，各州文部大臣常設会議が決議した「教育モニタリングのための総合戦略」(2006年，2015年に改訂)と同「授業開発のための教育スタンダードの活用に関する構想」(2010年）に示された戦略と構想を実現しようとする第二期は，各学校における授業のクオリティを向上させる好循環型システムの構築が図られてきた局面といえよう。すなわち，国内において目的が異なる二種類の学力調査を導入し，マクロな教育モニタリングシステムを構築する一方，学力調査の結果を各学校や授業のクオリティ改善に連動させて，下部からのクオリティ開発の好循環システムを構築するという，いわば2つの大きなシステムを構築し，その2つの歯車をかみ合わせる努力を払ってきたといえよう。ここにナショナルとローカル（州）の2種類の目的の異なる学力テストが組み込まれてきたのである。

ドイツの教師にはもともとカリキュラムのユーザーという受け身的な姿勢はそれほど見られず，むしろ授業は教師自身が自分でつくり動かしていくものという実践主体の意識は強く働いていたと見受けられるが，こうした教師の個業（孤業）に対し，クオリティを意識させる改善システムの構築がクローズアップされてきた。つまり，学校現場組織をベースにする下部からのクオリティ開発の好循環システム構築に有意な，教育実践の高度化システムとして機能化が図られてきたのである。ドイツにおけるクオリティ・マネジメントは，この機能化の有力な装置として重要性を増している。

(2) クオリティ開発とマネジメント

一般に，ニューパブリック・マネジメントの影響を受けた制御システムを浸透させた国（英米等）ではその制御機能を○○マネジメントと表記する傾向が見られるとされてきたが，ドイツでは「カリキュラム・マネジメ

表 3-2　カリキュラム・マネジメントをめぐる日独の用語の整理

対　象	日　本	ドイツ
総合的組織体としての学校の全体経営計画	スクールマネジメント	クオリティ・マネジメントの文脈で説明される**学校開発**
教育活動の総合的な計画	カリキュラム・マネジメント	クオリティ・マネジメントの文脈で説明される**授業開発**（教授・学習プロセスの最適化）

ント」の用語そのものは不思議なくらい普及していない。

日本で私たちがイメージするカリキュラム・マネジメントに近いのは，「クオリティ開発」，またはクオリティ・マネジメントの文脈で説明される「授業開発」である。この場合の授業開発は，「教授・学習過程の最適化をめざす，計画性のある継続的な取り組みの総称」*8 と定義される。同じクオリティ・マネジメントの文脈で「学校開発」が語られることがあるが，これは私たちがイメージする「スクールマネジメント」に近いといえよう（表 3-2 参照）。ここでいう「開発（entwicklung）」は，「発展・発達・成長」を意味する言葉でもある。このような相違がある中で日独に共通する点は，管理（administration）のためのマネジメントではなく，クオリティ向上を志向する開発のための取り組みの考え方であろう（バーデン・ヴュルテンベルク州学校教育法第 114 条第 1 項では，「評価は教育現場でのクオリティの保証と開発に有意であり，すべての公立学校に自己評価と外部評価が義務づけられている」と定めている）。つまり，カリキュラム・マネジメントは，教育課程の基準を各学校の教育計画に十全に反映させているかどうかをチェック・管理するという消極的な役割に対し，本来そうあるべき各学校・各教師の「自律性」コンセプトを基盤にして，「授業開発」というクオリティ向上の主体的営みに昇華させようとする意図が介在しているものと解釈できよう。成功するかどうかは別としても，TQC や TQM がそうであったように，意図としては現場発の下部からのアクティブなクオリティ改善行動の浸透が期待されていると考えられる。

本章では，カリキュラム・マネジメントを，各学校の教育資源を最大限に活用し，教授・学習過程の最適化を志向する授業のクオリティ開発の取り組みとして捉えることで日独の共通項を設定する。このクオリティ開発には，よりよい教育を提供することへの前向きさやそれを支える向上へのひた向きさ，改善・開拓への不断の努力というニュアンスが伝わってくるが，このニュアンスは日独に共通する価値として捉えておきたい。カリキュラム・マネジメントという用語の不在と同様に，カリキュラム評価そのものを直接の対象とした実践研究・手引等も見当たらない。ドイツにおいては，授業（教授・学習プロセス）改善のためのクオリティ診断・評価をカリキュラム評価に類似するものとしておく。

以上のことから本章ではドイツにおける授業のクオリティ開発に着目し，授業の質改善を教師の授業力向上につなげていく一連の取り組みをカリキュラム・マネジメントとして論述することとする。

2. クオリティ開発の中核としての授業

(1) クオリティ・マネジメントと自校カリキュラム

クオリティ開発の理念は，学校の中核的な任務がすぐれた授業づくり（＝教授・学習過程の最適化）にあり，そのための組織開発（物的条件整備）

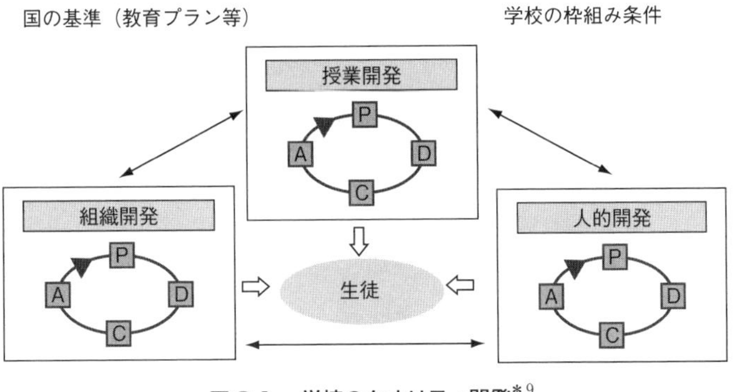

図 3-1　学校のクオリティ開発[*9]

や人的開発（専門性の向上）に目を向けさせるものである（図 3-1）。

学校運営全体の見地から，各学校がクオリティ向上のために働きかける 6 領域が定められている[*10]。

図 3-2 は，学校のクオリティ構造モデル図である。図の中央に「教授・学習プロセス」＝授業（教育活動）を位置づけている。その教授・学習プロセスは,「学校文化」の形成,「スクールマネジメント」,「教師の専門性」，学習する組織づくりや学校経営計画（学校プログラム），内外評価を連動させる「クオリティ開発」を基盤に成り立っていることが描かれている。

この図 3-2 に示された一連のクオリティ開発過程は，左から右方向に展開していくものである。枠組みとなる条件の下で教授・学習プロセスが実施され，その「結果と効果」を省察し，クオリティ改善行動につなげていくことが意図されている。各学校のプロフィールと各教師の創意工夫を反映させた教授・学習プロセスを通し，生徒たちに及ぼした自分（たち）の教育作用の「結果と効果」を検討することが示されている。すなわち，自らが及ぼした影響を自覚し，クオリティ向上のために自らが行った教育活動の結果と子どもたちへの効果を振り返る時に，あらかじめ計画されたカリキュラムとしての教授・学習プロセスと，実施されたカリキュラムとしての教授・学習プロセスの両面性を描き出し，この両者の間に表れるズレこそがクオリティ開発の診断・評価の対象になることを示している。

ドイツでは各学校が決める方針に親や生徒もその方針決定に関わることが当然とされているが，学校の総意としての方針には，どのような教育を

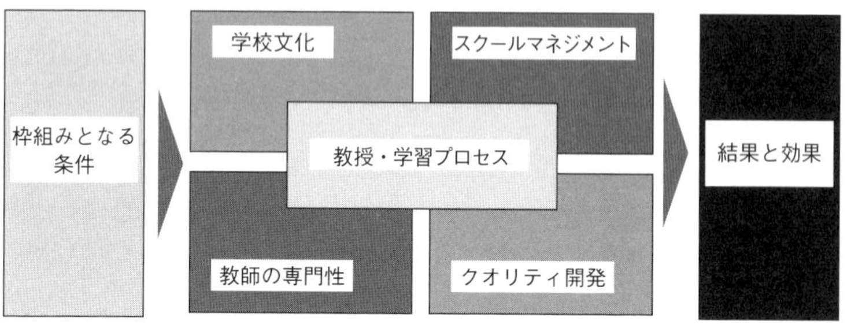

図 3-2 学校のクオリティ構造モデル[*11]

行いたいのか(行う必要があるのか)，どのような子どもを育てたいのか(育てる必要があるのか）など，教育方針や児童生徒の育成像などを反映させる。自分たちが望む教育を行うための各学校の自律性の発揮のしどころだからである。

(2) マネジメント・サイクル

日本では，PDCA のマネジメント・サイクルを基本形にして，C（チェック）を起点にするなど，サイクルの多様なバリエーションが描かれてきた。図 3-3 は，クオリティ開発のサイクルとして，PDSA を基本形に描かれた図であり，この場合の S はスタディ（Study）の頭文字を取ったものである。学校や教師をサポートする役割を担う州教育研究所発行の手引にはスタディのための分析方法が豊富に解説されているし，この S の有力な手段としてレッスン・スタディの冊子も発行されている。

このサイクル自体には日独に大きな違いはないが，ドイツの特徴としては，スタンダードをクオリティ向上の梃子(てこ)にしていることが挙げられる。これまで日本の教育課程の基準はコンピテンシーを中核にした構成ではなかったので，コンピテンシー志向のスタンダードをつくり上げてきたドイツとはここの向き合い方が似て非なるものになっていた。P と D をつなぎ，

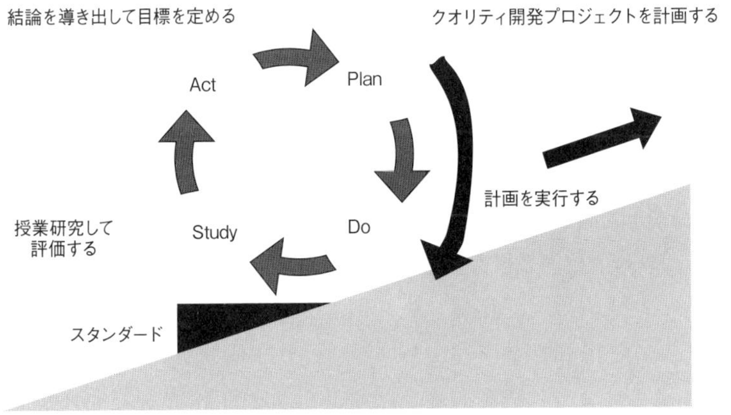

図 3-3　クオリティ開発の PDSA サイクル[*12]

それが右肩上がりの推進力になることを描いた図の太い矢印は，計画を力強く実行に移し，確かな手ごたえをつかむことがクオリティ向上につながることを示している。確かにプランを実行に移す時には，坂道を押し上げるような力強い推進力が必要であり，そのクオリティ向上の足場としてスタンダードが位置づけられている。

3. クオリティ開発の基盤としての自校カリキュラム

(1) 学校プログラムと自校カリキュラム

以下での論述のために，日独双方で使用される用語の整理をしておく必要がある。

日本では，各学校の総合的・多角的なビジョンを示すツールとして学校経営計画が立案され，それを教科・教科外の教育活動に特化して教育課程が編成され，その教育課程を具体化して展開する指導計画が作成される。もちろん完全には一致しないものの，この学校経営計画に相当するのが「学校プログラム（Schulprogramm）」であり，教育課程・指導計画に相当するのが「自校カリキュラム（schulinterne Curriculum/Lehrpläne）」である。そしてカリキュラム・マネジメントに相当するものを「校内カリキュラム活動（schulinterne Lehrplanarbeit）」としておく。

(2) 自校カリキュラム

学校カリキュラム（Schulcurriculum）とは，一方では教育課程の基準に従いつつも，各学校が創意工夫を凝らして作成する自校カリキュラムのことである。「校内教授計画」「校内カリキュラム」「自校の活動計画」「コンピテンシー志向の教授計画」等，州により呼称が異なるものの，ドイツ全16州のうち13州が各学校における学校カリキュラムの作成を決議し，そのうち法令により作成を義務づけているのは11州である。消極的なポジションを保つ3州の1つであるヘッセン州でも，学校カリキュラムの作成判断は各学校に委ねつつも，学校カリキュラムの開発自体は推奨されており，2014年には州内の学校の79.6％が自校カリキュラムを有していると報告されている*13。

自校カリキュラムのAの部分は，校内で同意を形成し自校の教育目標を書き記すところである。学校の教育活動において対象となる行為領域は少なくとも9つあると考えられており，このうちの⑥～⑨が授業づくりに関わるものである。図3-4ではブロックAの周辺に位置するアクションターゲットの枠組みがこれに相当する。その9つの行為領域とは，①学校のプロフィール（伝統，長年続けてきた取り組み，他の学校にはない特色

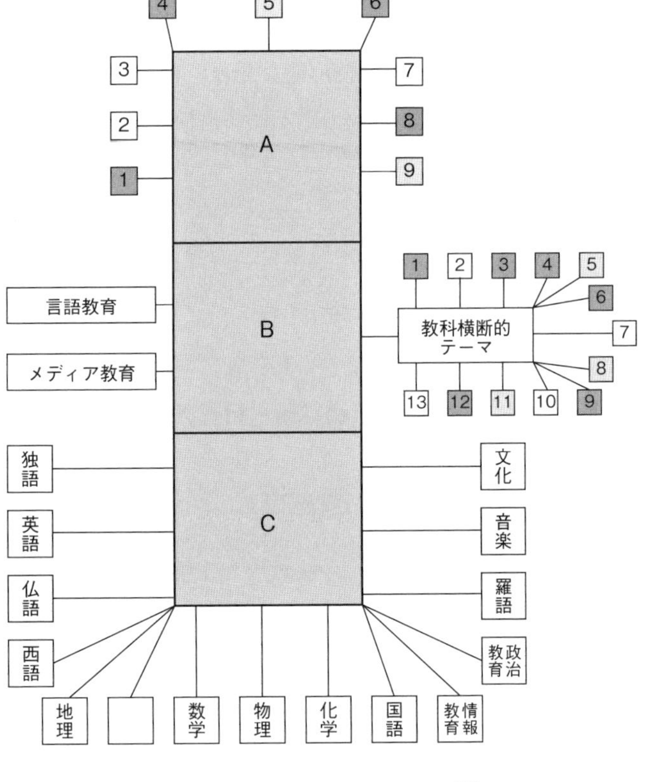

図3-4　自校カリキュラムの枠組み*14

等)，②異質性，インクルーシブ学習，③授業提供（プロフィールづくり)，④全日制の学習，⑤外部からの協力提供，⑥暮らしとの結びつき，⑦自己調整学習・参加，⑧知識の構築，知のネットワークと知の活用の構築，⑨学習への助言，学習促進・学力促進，学力評価，である。これらの枠組みを参考にしながら，自校の教育目標として具体的な取り組みの中身を定めるのがAグロックである。

Bブロックは教科の枠を超えた教育内容の設定にかかわる。ベルリン州では，この教科の枠を超えた教育内容として，言語教育とメディア教育をベーシック・カリキュラムと定め，この2つ以外に13のテーマを例示している。この13の教科の枠を超えた教育内容（キャリア教育，多様性の価値を受け入れる教育，デモクラシーの教育，ヨーロッパ教育，健康促進，暴力予防，平等・同権［ジェンダー]，異文化間理解教育，文化教育，モビリティ教育・交通教育，持続可能な発展，性教育，消費者教育）は，1980年代以降，現代的教育課題として教育課程の基準に位置づけられてきたものである。

Cブロックは教科に関する自校カリキュラムである。ここでは各教科特有の計画を練り上げるとともに，他教科との関連やAブロックとBブロックに関わる自校の方針との関連を示すことが求められている*15。

4. エビデンス・ベースの自己診断・自己評価

(1) 2種類の国内学力調査の目的と実施形態

地方分権国家ドイツにおいて，中央政府が主導する教育政策はわずかしか存在しない。代わりに合意に基づき全州に共通する重要な政策決定を行うのが各州文部大臣常設会議（KMK）である。そのKMKが決議した「教育モニタリングのための総合戦略」とは，3年ないしは5年ごとに実施する国際学力調査（PISA，TIMSS，IGULU/PIRLS）が提供する国際的な学力水準や周辺要因が及ぼす学力への影響等を把握する一方，国内向けの

2種類の学力調査を実施し，学校と授業のクオリティ向上のためのエビデンスデータに基づき，学校と授業の開発を促進するという戦略である。

ここでいう2種類の学力調査とは，第一に，ベルリンのフンボルト大学に附設された教育制度のクオリティ開発研究所（IQB）が実施する「教育トレンド調査（IQB-Bildungstrend）」（2014年まで「州間比較調査（Ländervergleich）」と呼ばれていた）である。このナショナルテストは，基礎学校では第4学年を対象に5年ごと，中等段階では第9学年を対象に3年ごとに実施される標本抽出型の調査である。サンプル数は，2011年調査（第4学年対象）では2万7千人強，2012年及び2015年調査（第9学年対象）では約4万5千人弱，2016年調査（第4学年対象）では約3万人であった。通常の学事日程で学年末の4～7月に実施される。

ナショナルテストの調査目的は，教育スタンダードの達成状況（＝学力）の把握・検証を第一義にしつつ，学力の周辺要因・背景要因が及ぼす正と負の影響を特定し，州間比較データとして提供するところにある。大きな傾向や推移のモニタリング（実態の把握・分析・特定）に主眼が置かれているので，サンプリング調査で行われている。

第二には，第3学年と第8学年の生徒を対象に，毎年悉皆型で実施されるVERA調査（VERA-3とVERA-8）である*[16]。このローカルテストは州単位で実施される。テスト問題自体は，国共通の教育スタンダードを準拠して作成される。バーデン・ヴュルテンベルク州など一部の州では，より短いスパンで学力を把握するため，第3学年と第8学年の中間地点の第5学年でも独自調査を実施している。

ローカルテストの目的は，学校・学級（教師）・生徒の個別学力データの提供であり，この学力データが学校や授業の診断・改善，教員の力量形成に生かされることである。ローカルテストは学校開発と授業開発のための診断的なテストであり，現場の自律的な改善行動とそれに伴う力量形成に資することが期待されている。このことは例えば，「学校や学級，具体的な指導計画の枠を超え，生徒一人ひとりの学力をすべての学校の教師が見とることのできる授業開発の道具」*[17]とする説明に端的に表れている。

教師は調査結果が提供する診断データに基づいて学級や生徒の状況に関しセルフアセスメントを行うなど，自身の指導力に関する自己評価ツール*[18]として位置づけられている。

ローカルテストで期待されていることは，①教育スタンダードの達成状況の個別次元での定期的なチェック（モニタリング），②学校プログラムや授業措置の成果の振り返りと，確かな根拠を有する学校改善への取り組み（学校評価），③各学校が自校の強みと弱みを見きわめて促進措置をとること（個別診断）である*[19]。すなわち，第3学年と第8学年の生徒全員を対象に毎年実施し，州内の平均値と各学校・各学級（各教師）・各生徒との比較データを提供し，学校や教師がそのデータを自らの個別状況に重ね合わせ，授業改善のための診断データとして用いることである。教育スタンダードに定められたコンピテンシーを育成する授業開発と授業の質向上，学び続ける学校づくりのためのデータ提供，テスト結果が示すエビデンスデータと教師の個別アセスメントとの照合等が想定されている。

（2）学力調査の内実・調査方法

ナショナルテストとしてのIQB教育トレンド調査は，「コンピテンシーテスト」と「質問紙調査」に大別される。生徒は第4学年では約3時間×2日，第9学年では4時間弱をかけてこれらに取り組む。

コンピテンシーテストは教育スタンダードの達成状況の検証を目的にしているため，対象教科は関門学年に設定された教育スタンダードの各教科に限られる。第4学年ではドイツ語と数学，第9学年ではドイツ語，第一外国語（英語または仏語），数学，自然科学（生物，化学，物理）を対象に実施される。

質問紙調査は，コンピテンシーテストを受けた生徒の他，親，教師，管理職に対して実施される。このうち，生徒用質問紙と教師用質問紙への参加の仕方については，回答の義務化，飛ばし回答の是認，完全な参加の自由のうちのどれにするかは州が決定する。

質問紙調査の目的は，生徒間に学力差を生み出しているかもしれない背

学力調査の結果公表に伴う隠れた課題（外国人蔑視の芽）

日本でも都道府県別学力ランキングが公表されると波紋を巻き起こすことがあるが，これは，いわば出来・不出来によるものである。

これに対し，ドイツでも学力調査の結果公表が別の意味で社会問題化することは少なくない。例えば，社会的公平性のモニタリングというねらい自体は高尚であっても，学力調査結果の公開時に，移民背景のセンシティブな問題がそうであるように，データの取り上げられ方により社会に波紋を巻き起こすことがある。マスコミ等がことさらに強調して，学力不振の「敗者は外国人！」といった極端な情報が流されると，特定の移民背景を有するセクターに対し，つまり，外国人の中でも成績が相対的に低い特定国の出身者が「社会の厄介者」として際立つことで，社会的分断の芽をはぐくむ可能性を否定できない，という問題である。

移民背景や家庭での使用言語の差が，別の差別感を助長しかねないなど，公開するデータの副次作用が危ぶまれることがある。さらに学校現場においても別の副次作用が指摘されている。学習者の社会・文化・経済的背景は，それが学力に及ぼす程度を明らかにしたからといって，学校や教師が取り得る教育上の措置はきわめて限定的であるため，教育現場において現状追認の理由に利用されることがある，という指摘である。これらのことは，アウトカムを裏づけるデータのアウトプット時の副次作用を想定しておく必要があることを教えてくれている。

出典：原田，2017

IQB:

Petra Stanat
Katrin Böhme
Stefan Schipolowski
Nicole Haag
(Hrsg.)

IQB-Bildungstrend 2015

Sprachliche Kompetenzen
am Ende der 9. Jahrgangsstufe
im zweiten Ländervergleich

写真：IQB 教育トレンド調査 2015 報告書表紙

景要因（性差，移民背景，社会階層差等）や周辺要因（授業や学校，家庭の特徴）を突き止めることである。とりわけ，社会的公平性の確保の妨げになりやすい，教育条件の違いによってもたらされる格差要因の解明に努力が払われている。

生徒用質問紙では，テストを受けた印象，校種（シュタイナー学校所属を示すチェック項目を含む），就学前教育年数，落第回数，生誕国，家庭での使用言語，家庭構成員のドイツ語の使用状況，家庭での学習環境（自分の机・勉強部屋，事典，インターネット環境等），蔵書数，母親・父親それぞれの職業や学歴などに関する質問項目が用意されている。自分か親のどちらかでも生誕国がドイツでない場合には，ドイツ及びドイツ人への好感度を問う項目が用意されている。移民背景や社会・文化的背景の各要因が，学力形成にどのように作用しているのかを突き止めようとする姿勢が強く表れたものになっている。

教師用質問紙調査では，教員の出身国，受けた教員養成教育や研修プログラムの詳細，勤務状況や満足度，学習活動の実施状況やコンピテンシーテストの結果の活用状況等に多くの調査項目を割いている。

生徒の学力の到達状況に加え，学力の背景的要因ならびに教師の指導状況や学校の組織状況等に関するデータを収集しているのは，社会的に公正な教育提供が実現されているのかどうかを明らかにするためである。

次に，悉皆型の VERA 調査であるが，第３学年用テストの対象教科はドイツ語と数学であり，第８学年用テストの対象教科はドイツ語，第一外国語，数学，自然科学である。VERA 調査のテスト問題は，IQB と各州から選出された教員とが共同開発したものであるが，出題の分量や独自問題を加えて課すかどうかは州の判断に委ねられている。

ナショナルテストとローカルテストの各テスト問題は，国共通の教育スタンダードに基づき，図 3-5 のように４つのカットスコアーを境界点として高位から低位までを５段階に分けるスタンダード・セッティング法を採用し，到達すべきレベルを設定することにより到達水準が明らかにされている。同図には第９学年の数学のテスト問題例が示されている。各問題は，

コンピテンシー段階

V

683

スタジアム2
サッカースタジアムには14600人を収容でき、そのうち訳として、座席は5300人分、立見席は9300人分です。座席の値段は14ユーロ、立見席は5ユーロです。
どのような予約がなされると、スタジアムは10000ユーロの収入を得ることができるでしょうか？
いくつもの可能性が考えられます。そのうち2つを具体的に述べましょう。どのようにしてその結論にいたったかを記述しましょう。

ガソリンのメーター
ミュラーさんの車のガソリンタンクは、最高で55リッター入るように製造されています。ガソリンのメーターは、現在の状態を次のように表示しています。

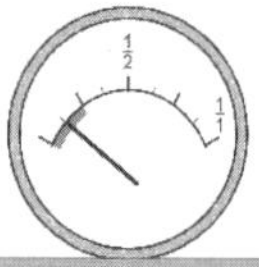

650

IV

618

次のガソリンスタンドまで60km離れています。平均すると100km走行するのに7,5リッターが必要ですが、ミュラーさんはガソリンスタンドまでたどり着けるでしょうか。理由をつけて答えを述べましょう。

570

III

511

地下駐車場1
地下駐車場の出入口はスロープ状になっていて、その張り出し部分の長さは15mです（図を参照）。地下駐車場は、入車道よりも2,9メートル深い位置にあります。

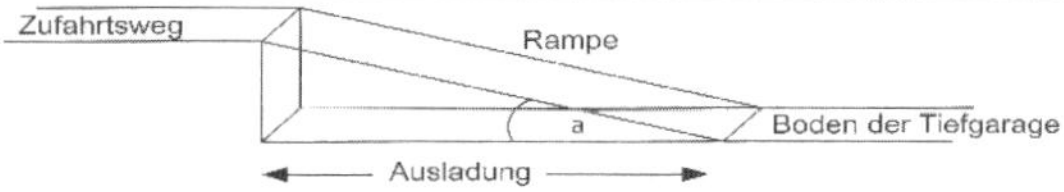

スロープ上の出入口の長さはいくらでしょうか。
あなたが計算したものと最も近い数値に印をつけましょう。
□12,10m　□14,70m　□15,30m　□17,90m

490

II

486

ガソリンスタンドの給油機
あるガソリンスタンドで、ガソリンの値段に対する税負担について、「1ユーロにつき73セントの税金」というシールが張られていました。
右の写真のようにガソリンを入れたとして、国にはどれだけの税金が入ってきますか。
□15,80ユーロ
□34,47ユーロ
□42,71ユーロ
□73ユーロ
□90,45ユーロ

410

I

398

稲妻と雷鳴
雷雨の時、稲妻と雷鳴との時間差で、雷雨の場所がどれくらい離れているのかを計算することができます。秋雷の場合、稲妻と雷鳴との時間差は6秒です。

音の速さは、秒速約0,3kmだとすると、雷雨の場所はおよそどのくらい離れていますか。

□1,8km　□6,3km　□18km　□20km

Aus Platzgründen sind die Aufgaben im modifizierten Layout dargestellt.
(Quelle: Institut zur Qualitätsentwicklung im Bildungswesen, 2008, S. 24)

図 3-5　コンピテンシー段階モデルに基づく到達水準の設定*[20]

テスト開発時に実施されたパイロット研究を通して明らかにされた推定スコア（難易度）に基づき，Ⅰ～Ⅴの各コンピテンシー段階に位置づけられている。ここでは第Ⅲ段階の「地下駐車場」のスロープの長さを求める問題が，平均的な能力を有する生徒が解答できる問題と捉えられている。

授業の診断・改善のツールと位置づけられるローカルテストでは，各段階の到達水準レベルを表す「○○スタンダード」という名称が用いられている。最高位の第Ⅴ段階を「最適なスタンダード」，第Ⅳ段階を「標準スタンダードプラス」，第Ⅲ段階を「標準スタンダード」，第Ⅱ段階を「最低限のスタンダード」と位置づけ，絶対評価としての目標機能を付与させているところが特徴的である。これに従い，第Ⅲ段階以上の水準への全員到達をめざし，最低でも全員が第Ⅱ段階をクリアすることが求められている。この意図は，数値化された学力の相対比較によって無用な競争に煽り立てられることなく，フェーズごとに到達すべきゴール（水準）を可視化することによって，理知的に結果の分析・診断や授業の開発・改善に向かわせ，クオリティ向上の好循環システムを構築するところにあることを象徴的に示すものである。

学力調査の結果はどのように授業のクオリティ開発に生かされているのだろうか。このことについて，以下で説明する。

(3) VERA 悉皆調査とクオリティ開発

ローカルテスト（VERA 調査）はクオリティ開発の重要なツールと位置づけられている。学校や授業のクオリティ開発において，VERA 調査は，第３学年の生徒全員に毎年実施される「標準化された学習状況調査として構想され，（学校や教師の）自己評価において必ず用いなければならないツール」[*21]であることが取り決められている。この VERA 調査は，教育スタンダードに想定されている第４学年終了時（基礎学校修了時）までに到達すべき平均的な能力水準から逆算して，調査が実施される第３学年終了時における生徒一人ひとりの形成的な学習状況に関するエビデンスデータを各学校・各教員・各生徒（親）に提供する。

ローカルテストが果たす役割は，総体的には学校や教員の教育経営的・授業経営的な取り組みの改善と授業力の開発であり，そのターゲットを明確にするための「強み・弱み」判定データの提供である。ミクロな次元では，基礎学校修了までの約１年をかけて，絞られた改善ターゲットに対し生徒一人ひとりの学習状況を改善する働きかけを行うことである。ここで大切なのは，自己の実践の継続的な省察とこの省察に基づく授業力の向上をクオリティ開発の中軸に据えているところである。このこと自体は,「授業の出来，不出来は教師次第」という，古くから教育現場で語り継がれていることと矛盾しない考え方である。こうした，エビデンスデータと経験知，システム化された省察と自己内対話による省察といった多角的な改善行為の融合哲学が基底にあると考えられる。これを象徴するのが「データを用いて，（改善）行動にとりかかる（mit Daten zu Taten)」のスローガンである。

もちろん授業のクオリティ開発は，教材の改善・開発，授業力の開発・向上，生徒への指導・啓発だけで前に進むものではない。学校や教員集団という組織体として，子どもの集合体として，多種多様なファクターがひしめき合って，授業は成立しているのである。こうしたファクター間の動的作用については，わが国では,「連関性（つながり）」と「協働性（つながり）」とを区別したうえで, ファクターどうしの「つながり（つなげる）」という相互連関性に着目し，カリキュラム・マネジメントの動態性を可視化するモデルが描かれている*22。このモデルは，一方で「カリキュラム面の基軸＝連関性」と「マネジメント面の基軸＝協働性」として，教育内容・方法の質向上と人材開発というファクターがもたらす動態性と，他方でカリキュラムをつくり，動かし，変えていくという，経営サイクルに代表される進行的な動態性とを組み合わせた立体的動態性を描き出そうとしているところにオリジナリティが見出される。つまり，経営サイクルは人をただ作業に向かわせるだけの行程表（ロードマップ）になりかねないので, 連関性と協働性によってつくられる立体的動態性こそがカリキュラム・マネジメントの本質とする立場をとるものと解される。

ドイツのケースでは，動態性の源としての連関性と協働性はどのように描かれているのだろうか。連関性については，教科コンピテンシーと並ぶ教科横断的コンピテンシーの設定*[23]，教科と並ぶ教科横断的テーマの設定（図 3-4 参照）が鍵となっており，授業計画においてこれら 2 つのコンピテンシーは目標・内容・方法のいずれの次元においても必然的に「かかわり・つながり」を意識することになる。協働性については，それを各学校における自律的で組織的な取り組みへといかに昇華させるかが今後の課題として指摘されている。「教育の自由（pädagogische Freiheit）」*[24]の権利を主張することで，授業はその改善も含め，各教師に委ねるべきという考え方が伝統的に根づいていたからである。その個業化が望ましくない孤業を常態化し，問題を放置する，問題があることにすら気づかない，結果的に生徒やその家庭，移民背景等の問題にすり替えられてしまうなどの課題性から，州教育研究所が発行する手引書でも協働性はクオリティ・マネジメントのターゲットとして重要性を増してきている。

いずれにせよ，授業のクオリティ開発は，各学校の診断に基づく自己判断・自己決定を基本にする姿勢が貫かれているが，そこに客観的で有力な診断結果の 1 つとして参照するよう，学校・教師のパフォーマンスの指標ともなるローカルテストの評価データが組み込まれているのである。

（4）クオリティ向上の枠組みと VERA の意図

図 3-6 は，クオリティ保証とクオリティ開発の構造モデルである。中央に「プロセス」を配置し，その構成要素として，Ⅰ授業，Ⅱ教師の専門性，Ⅲ学校管理とスクールマネジメント，Ⅳ学校と学級の雰囲気，Ⅴ内的・外的連携を備えている。そして左サイドに「前提となる諸条件」として，a. 大綱基準，b. 物的・人的資源，c. 生徒とその生活境遇を，右サイドに「結果と効果」として，a. 教科と教科横断的な学習の成果，b. 学校のこれまでの成果，c. 学校での課業の評価を配置している。

同図のこの配置は，左サイドから右サイドに向けて展開する新制御モデルとして，インプット（前提条件）⇒プロセス⇒アウトカム（結果）とい

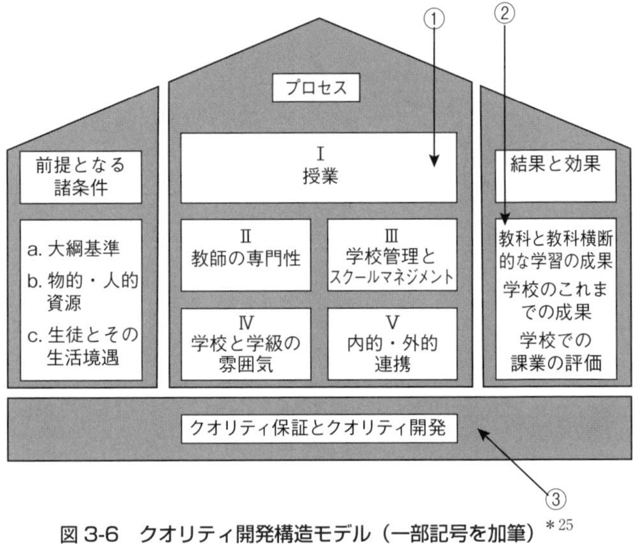

図 3-6　クオリティ開発構造モデル（一部記号を加筆） *25

う展開の道筋を示している。これら3領域を総合してクオリティ向上をめざして前進するという動態性は，図全体を大きな矢印に模すことで描かれている。そして，図中の各要素は「密接に相互に関連し合うもの」*26として説明されている。

構成要素Ⅰの「授業」には，以下のような3つの規準が示されている。

規準1　学習指導要領（大綱基準）の校内への変換　6項目＋α

規準2　教授・学習プロセスの構成　16項目＋α

規準3　成果の判断と振り返りの実践　6項目＋α

クオリティ開発としては，規準1は開発の消極的な側面（義務的要請）であり，規準の2と3は動かし変えていく視点を示している。各学校が配慮すべき規準はこれらの3つであり，各規準の下位に示された計28項目は規準ではなく，見方や検討の視点の例示という位置づけである。各学校の自律性発揮のしどころをよく表しているのが＋αのところである。この＋αは，例示の項目も含め，各学校においてそれぞれの規準に関連する検討項目を自らの方針に従い設定すべきであり，それが自律性に基づく本来のあり方であることを示唆している。

図 3-6 に描かれた①～③のクオリティ向上の枠組みに対し，ローカル調査の役割は以下のように意図されている。①のクオリティ領域Ⅰ「授業」については，VERA 調査が提供する結果に基づいて浮き彫りになった特徴を参考に，生徒や学級の達成状況を解明・分析・解釈し，教授・学習プロセスの構成に活かすことである。②の「結果と効果」については，生徒にもたらされた専門的な教育効果という面から，学校が自分たちの仕事を振り返ることである。③の「クオリティ保証とクオリティ開発」については，学校が授業の首尾一貫した継続開発に目を向け，どのように自己評価を実施しているのか，達成水準を意識してその自己評価を行うよう問いかけるものである[*27]。

教師による結果の振り返りは，検証されたコンピテンシー領域に対する「学習状況（Lernstand）」である。Stand とは，「物や，活動の行われている位置, レベルの状態」[*28] を意味する。VERA 調査は, 州内, 校内, 学級（教師），生徒個人の学習状況に関するデータを提供する。最もミクロな次元では，生徒一人ひとりの課題ごとのデータも提供される。VERA 調査の各設題は，PISA 調査と同様の手法で定めた尺度（スタンダード・セッティング法）に照らして難易度（段階的水準：図 3-5 参照）をあらかじめ調節してあるので，比較データといっても設題ごとに単純に調査参加者の得点の高低で比べるデータではない。なおかつ教育スタンダードと直結しているので，弱点に対し体系的な処方箋を描きやすいこと，指導改善のための処方箋も Web に提示されているので，自己評価に基づいた即時対応が可能であることが特質となっている。

あくまでもオプションであり絶対的な強制ではないが,「診断の適切性(Diagnosegenauigkeit)」[*29] という自己の経験的アセスメント能力をリフレクションできる機会を教師に提供している。後述するように，これは課題ごとに自身が受け持つ学級の生徒の正答率を先に入力し，その予測と実際の正答率とのズレを認識させるものである。

一方で, 返却された結果のデータから, 特徴が客観的に得られる。他方,(期待と一致した結果や期待に反した結果など）一人ひとりの生徒の能力

教育病理現象の再来を招かないか

「どの教科でも，知的性格をそのままに保って，発達のどの段階のどの子どもにも効果的に教えることができる」。これは教員採用試験対策でも覚えさせられるにちがいない，ブルーナー（Bruner, J. S.）の『教育の過程』の有名な一節である。教育の現代化は教育内容を増大させ，「発達のどの段階のどの子どもにも」のくだりの通り，教育の早期化を加速させた。

わが国で「詰め込み教育」として知られる行き過ぎた教育の現代化が，ドイツでも教育病理現象を引き起こし，大量の落ちこぼし（Schulversager）を生み出したことはあまり知られていない。近年のドイツでは，「テストのための学習」「達成プレッシャー」「学校ストレス」として，1970年代の教育病理現象の再来を思わせるような報道が相次いでいる。

東西統一後，既に30年近くが経過したが，「学校での成績プレッシャーを特に西側のドイツ人が訴えている」との Zeit-Online の報道が目に留まった。成績プレッシャーに東西格差は本当にあるのだろうか。

同報道によれば，西側のバイエルンでは，生徒に成績プレッシャーがかかりすぎているようだと回答者の61％以上が答え，これに同じく西側のニーダーザクセン59％，バーデン・ヴュルテンベルク56％と続いている。これに対し東側では，メクレンブルク・フォアポンメルン26％，チューリンゲン29％，ザクセンアンハルト39％が成績プレッシャーを訴えている。全体的には，社会階層上位ではストレスは軽減し，中位・下位では増大する傾向が見られるという。興味深いのは，一人っ子家庭でプレッシャーを訴える割合（58％）が高いという報告である。親の関心と期待が一身に集められるからだという説明がなされている。何が根本原因かを特定するには十分ではないが，成績プレッシャーの東西格差は確かに顕れているようだ。

学力向上が成果を上げたとしても，1970年代のように教育病理現象が再発しないことを願うばかりである。

参照：Zeit-Online, 12. März 2017

と結びつけた自己の期待や経験から，特徴が主観的に得られる*[30]。

5. 客観的データと自己評価との近接アプローチ：VERA に基づくリフレクション

ローカルテスト（VERA）が提供するデータは，移民背景や言語使用状況等，教師，生徒（親），管理職への質問紙調査に対する結果，それらと学力との関係など，多角的に分析したデータを教師や親に提供してくれる。ここでは，各コンピテンシー領域への達成度（学力）とそのデータ提供による教師のリフレクションの機会提供に焦点を絞る。

このVERAが提供する学校（教師）にとっての「自己評価」データは，教員個人，教科等の教員組織，学校に対し，多面的な要因を視野に入れて解釈させ原因を探求させるための出発点になるとともに，以下の点で有効なデータだとされている*[31]。各コンピテンシー領域における生徒一人ひとりの到達水準の確認に加え，授業改善に向けた教師のマインドの変化を促すデータ提供に特色があるとみられる。

すなわち第一の特色として，それぞれの生徒の記述物やクラス内での活動の様子を捉えて，教師が経験的に判断していた到達水準に加え，教師が予測した評定点とVERAの個別結果とを比較する機会の提供である。各コンピテンシーにおける生徒一人ひとりの到達水準と，教科担任が各生徒に期待していた到達水準とを比較し，これにより例えば，教師が見積もっていた期待が低すぎたなど，主観的な期待と実際の結果とのズレを認識することができる。授業をやった経験や手応えで感じとった自己の期待（生徒一人ひとりに対し，このくらいは解答できるだろうという期待）と，各コンピテンシー領域の実際の正答数を比較することができる，ということである。

第二に，KMKのコンピテンシー段階モデルで設定された5段階に沿った到達度の記述に照らして，教える内容と関連づけて把握することができる。各コンピテンシー領域の課題において，生徒一人ひとりに対し，できている課題，極端にできていない課題を確かめることができる。VERAの各課題はスタンダード・セッティング法に従って，あらかじめコンピテンシーの水準（難易度でもあるが，それはパフォーマンスの複合度による）が定められているので，絶対的基準に従った学力の到達度の把握を可能にしている。

図3-7は，各コンピテンシー領域における生徒一人ひとりの正答数と正答の割合を示している。表中の名簿番号1の生徒を例に表が提供する情報を解読すると，その生徒は男子生徒（m）であり，ドイツ語に学習困難を抱えていることが示されている（TDはドイツ語の一部に学習困難を抱えていることを意味する。TMは同数学のケース。TD+TMは学習障がいか発達障がいを抱えていること意味している）。コンピテンシー領域「読解」において，その生徒はコンピテンシー水準の第2段階に到達している。計23題のテスト課題のうち，正答は13題であり，正答率は57%だったことがわかる。IQBが提供する授業の指導・助言集を用いて，テスト課題のポイントを内容面から把握することもできる。

図3-8は，州の正当率と学校の結果とを比較するデータを提供するものである。各テスト課題に対し，州との比較で各学級の生徒の正答率の平均値を確かめ，個々のテスト課題及び課題全体に対し，学級の達成度を確かめることができる。

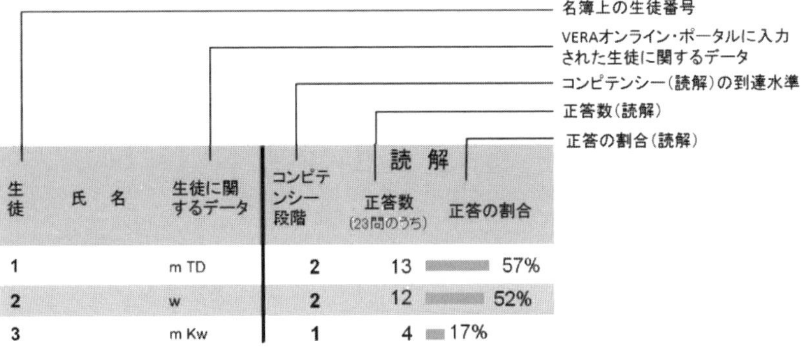

生徒	氏名	生徒に関するデータ	コンピテンシー段階	読解 正答数（23問のうち）	読解 正答の割合
1		m TD	2	13	57%
2		w	2	12	52%
3		m Kw	1	4	17%

図3-7　各コンピテンシー領域における各生徒の正答数と正答の割合

テスト課題1.5「毛皮がなくなった」の当該学級の正答率は68%であり，これは学級の生徒の68%が正しい答えを導いたことを意味する。州の全学級の正答率は57%である。担当する学級の達成状況は，このテスト課題において州全体からすると上位4分の1に位置している。このように図3-8から，テスト課題ごとに非常に高い正答率，非常に低い正答率のものを確かめ，個々のテスト課題と課題全体において州全体の平均的な達成状況との差を突き止めることができる。特定の課題グループにおいてそうなのか，課題の性質においてそうなのかなどを構造的に考察することができる。

図3-9が示すテスト結果に付与された照合機能は，個々のテスト課題に対する教師の正答率の予測が実際の正答率と比べて，どの程度一致していたかを明らかにしてくれる。これは任意参加ではあるが，教師があらかじめ課題ごとに生徒の正答率の予測を入力し，その予測と実際の正答率とのズレを認識させるものである。課題1.1「なぜ忍び足で歩くのか」のケースは，学級の生徒の97%が正答を導いている。さしあたり教師は，30人の生徒のうち25人，つまり83%の生徒が正答を導くと予測していた。この課題に限っていえば，学級の達成度は14%低く見積もられていたこと

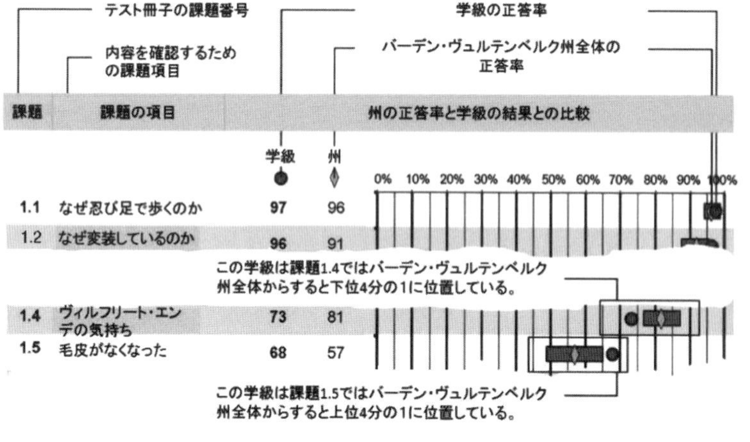

図3-8　州の正当率と学校の結果との比較

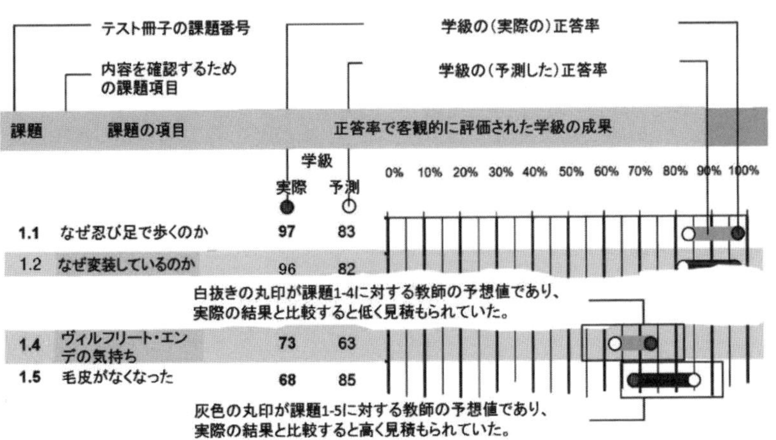

図 3-9　教師が事前に予測した正答率と実際の結果

になる。

このデータは，「診断の適切性」*32という自己の経験的アセスメント能力をリフレクションする機会を教師に提供するものである。客観的データと自己の経験との往還を促すことで，アセスメント（見取り評価）と指導のマッチングを向上させることが意図されていると解釈できよう。

各テスト課題において，学級の実際の到達状況と教師の予測との差異，全体的に甘い予測をしているのか，厳しい予測をしているのかを突き止めることができ，各課題や課題全体の予測から，検討会等に参加する各教師の見方や考え方を互いに比較・考察させることができる。

このようにデータを，証拠を突きつけるだけのデータとして終わらせない，授業改善や人材開発のためのデータ活用の仕掛けに学ぶところは少なくない。

6. 総括：ドイツの特徴とわが国の今後への示唆

日本と比較すると，ドイツのクオリティ開発の特徴は以下の２点に集約することができる。

第一は，ナショナルテストと州単位で実施されるローカルテストを目的に応じて使い分けている点である。ナショナルテストは，教育スタンダードに基づく達成状況のモニタリング，基準としての教育スタンダードのチューニング，背景的・周辺的要因が学力に及ぼす影響の特定，特に，社会的公正の観点からの質保証に必要な大きな政策のためのエビデンスデータの提供に重点が置かれていた。一方，ローカルテストのほうは，学校開発や授業開発のための診断データの提供を目的とした調査である。マクロな教育モニタリングシステムと下部からのクオリティ・マネジメント（カリキュラム・マネジメント）という大きな2つの歯車を連動させてクオリティ向上の好循環システムを構築するのに，2種類の学力テストが質向上システムにうまく噛み合った有効なデータ提供源になっている。

第二は，ローカルテストにみられるものであるが，教育現場に現状改善意欲を掻き立てるフェアな評価の実施である。学校所在地で生徒の社会的文化的背景は大きく異なる。管理職の経営方針で困難を抱える生徒を多く受け持つこともある。反面，比較的少人数で学級経営に困らない学級も存在する。フェアな評価とは，性差，身体的・精神的・心的障害，移民背景，言語能力，家庭の社会・経済・文化的背景等の学習前提を加味した，納得のゆく比較データを提供するものである。アンフェア感を理由にさせず，テストデータは自らが及ぼした影響（自らの指導）の結果だという意識を教師に醸成させる仕掛けである。テストデータを自分事化させることは，日独共通の課題である。「汝自身が子どもに及ぼした影響を知りたまえ」（ハッティ）である。

最後になるが，テストデータを通してであれ，生徒の記述や作品などアナログデータを通してであれ，あるいは，協議等による授業経験の相互交換を通してであれ，教育行為の効果の見きわめにおいて，データ知と実践知・経験知（客観と手ごたえ）はどれだけ関連づけられているのだろうか。デジタルとアナログ，エビデンスデータと教職経験知（実践知），平均と個別等は，ややともすると対峙するコンセプトとして捉えられがちなところがあるが，これら対極的な関係とみなされがちなコンセプトを，クオリティを向上させるという目的において牽引関係下に置き，両者を融合させて多角的な検討へと導くことが重要である。ワーク・ライフ・バランス下での職場環境の保持にも配慮を要し，努力で時間を捻出することには限界もあり，地道さと効率性とを兼ね備えた方式の開発が問われてくるだろう。

ドイツからは，データをデータとして終わらせない，授業改善のためのデータ活用とともに，授業力やアセスメント力等の向上につながる人材開発のためのデータ活用の仕掛けに学ぶところは少なくない。

※本稿は日本カリキュラム学会第28回大会（2017年6月）課題研究Ⅰ「カリキュラム改善のためのカリキュラム評価」における発表資料「学力調査を生かしたカリキュラム評価のあり方:ドイツとの比較を通して」，及び「ドイツにおける学力調査」(『Synapse』Vol.58，2017，40-45頁）を加筆・修正したものである。

【注】

＊1　ドイツ語圏においてインプット・アウトカム型の改革に対して用いられる，新たな時代の質概念は，クオリティ・マネジメントにパラダイム転換をもたらしたといわれるW. エドワーズ・デミングのTQM（Total Quality Management）アプローチに由来する（Vgl. Steiner, Peter/ Landwehr, Norbert: TQM – Eine Herausforderung für die Schule. In: Das Q2E-Modell – Schritte zur Schulqualität. h.e.p.verlag 2003, S. 6-13)。TQCが現場レベルでの品質管理を中心にしていたのに対し，TQMは経営戦略までを含めたトータルな品質管理への活動を展開するものであるが，すべての関係者が品質管理に携わっていく精神に変わりはない。ドイツの質保証概念は，このトータル・クオリティ・マネジメントに由来することから，ドイツの説明にはカタカナ表記の「クオリティ」を多用しているが，漢字表記の「質」と大きな違いはないことをお断りしておく。ただし，対象とするのは教育の領域であることから，「質」もしくは「クオリティ」とし，「品質」を用いることは避けた。

＊2　„Maßnahmen zur Sicherung der Qualität schulischer Bildung“, in: „*Grundsätzliche Überlegungen zu Leistungsvergleichen innerhalb der Bundesrepublik Deutschland – Konstanzer Beschluss* –, Beschluss der Kultusministerkonferenz vom 24. 10. 1997.

＊3　WIPジャパン株式会社『平成26年度内閣府委託研究「諸外国における公共サービス改革の取組状況に係る調査」報告書』2015年2月，坂野慎二『統一ドイツ教育の多様性と質保証』東信堂，2017年を参照。

＊4　原田信之「教育スタンダードによるカリキュラム政策の展開：ドイツにおける

PISA ショックと教育改革」『九州情報大学研究論集』第 8 巻第 1 号，2006 年，57 頁を参照。

＊5 Bentke, Uta: *Zur Implementation eines output- und kompetenzorientierten curricularen Steuerungsmodells in die Schulpraxis.* Verlag Dr. Kovač 2011, S. 11-12.

＊6 Vgl. Sekretariat der Ständigen Konferenz der Kultusminister der Länder in der Bundesrepublik Deutschland (Hrsg.): *Bildungsstandards der Kultusministerkonferenz, Erläuterungen zur Konzeption und Entwicklung.* LinkLuchterhand 2005, S. 6.

＊7 Vgl. Zeitler, Sigrid u.a.: *Bildungsstandards in der Schule.* Waxmann 2012, S. 16.

＊8 Ministerium für Kultus, Jugend und Sport Baden-Württemberg: *Handbuch OES Handreichung 1,* Benutzerinformationen. Wolters Kluwer Deutschland Carl Link 2015, S. 37.

＊9 Landesinstitut für Schulentwicklung (Hrsg.): *Leidfaden zur Selbstevaluation der Schulen – Qualitätssicherung und Qualitätsentwicklung.* Stuttgart 2007, S. 13.

＊10 Senatsverwaltung für Bildung, Jugend und Wissenschaft (Hrsg.): *Handlungsrahmen Schulqualität in Berlin. Qualitätsbereiche und Qualitätsmerkmale.* 2013.

＊11 Senatsverwaltung für Bildung, Jugend und Wissenschaft (Hrsg.), 2013, S. 4.

＊12 Landesinstitut für Schulentwicklung (Hrsg.): *Qualitätssicherung und Qualitätsentwicklung. Fremdevaluation an beruflichen Schulen in Baden-Württemberg.* 2013a, S.7.

＊13 Vgl. Rolff, Hans Günter (Hrsg.): *Handbuch Unterrichtsentwicklung.* Beltz 2015, S. 86-87.

＊14 Landesinstitut für Schulen und Medien Berlin-Brandenburg (LISUM) (Hrsg.): *Das ABC des schulinternen Curriculums.* 2016, S. 21.

＊15 Vgl. Senatsverwaltung für Bildung, Jugend und Wissenschaft: *Schulinternes Curriculum, Informationen zum Rahmenplan 1 bis 10.* S. 1-3.

＊16 VERA は州により呼称が異なる。例えばザクセン州やチューリンゲン州では「コンピテンシーテスト」，ヘッセン州やノルトライン・ヴェストファーレン州では「学習状況調査」と呼ばれている。

＊17 OQB: *Vergleichsarbeiten 3. und 8. Jahrgangstufe (VERA-3 und VERA-8). Didaktische Handreichung Modul A. Allgemeine Erläuterungen zu VERA.* S. 1.

＊18 Landesinstitut für Schulentwicklung (Hrsg.): *Vergleichsarbeiten VERA, Umgang mit den Ergebnissen im Rahmen der Selbstevaluation der Schule.* 2013b, S. 3.

＊19 Oelkers, Jürgen/ Reusser, Kurt: *Expertise: Qualität entwickeln – Standards sichern – mit Differenz umgehen.* BMBF 2008, S. 45.

＊20 Sekretariat der Ständigen Konferenz der Kultusminister der Länder in der Bundesrepublik Deutschland (Hrsg.): *Konzeption der Kultusminsterkonferenz zur Nutzung der Bildungsstandards für die Unterrichtsentwickllung.* 2010.

＊21 Landesinstitut für Schulentwicklung (Hrsg.), 2013b, S. 3.

＊22 田村知子編著『実践・カリキュラムマネジメント』ぎょうせい，2011 年，5-7 頁を参照。

＊23 「コンピテンシー構築志向型カリキュラムと汎用的コンピテンシー」（原田信之著『ドイツの協同学習と汎用的能力の育成』あいり出版，2016 年，47-89 頁）を参照いただきたい。

＊24 教員に保障された権利としての教育上の自由について，結城は「『自由』とは言っても，義務性を濃厚に帯びた『義務に拘束された自由』たることを本質的な属性としている」のであり，「教員がその職務を責任をもって遂行し，学校がその教育責務を履行できるように，学校・教員職務法制上の要請にもとづいて保障されているものである」と説明している（結城　忠『教育の自治・分権と学校法制』東信堂，2009 年，153 頁，引用文中のドイツ語は略した）。

＊25 Landesinstitut für Schulentwicklung (Hrsg.), 2013b, S. 4.

＊26 Landesinstitut für Schulentwicklung (Hrsg.), 2013b, S. 3.

＊27 Landesinstitut für Schulentwicklung (Hrsg.), 2013b, S. 4.

＊28 中條宗助編著『ドイツ語類語辞典新装版』三修社，2006 年，764 頁。

＊29 Landesinstitut für Schulentwicklung (Hrsg.), 2013b, S. 6.

＊30 Vgl. Landesinstitut für Schulentwicklung (Hrsg.), 2013b, S. 6.

＊31 Vgl. Landesinstitut für Schulentwicklung (Hrsg.), 2013b, S. 6.

＊32 Landesinstitut für Schulentwicklung (Hrsg.), 2013b, S. 6.

【コラム文献】

原田信之（2017）「世界の学力調査：諸外国の学力ガバナンスと学力調査　第４回ドイツにおける学力調査」『Synapse』Vol.58，p.44.

Stanat, Petra u. a. (Hrsg.): IQB-Bildungstrend 2015. Waxmann 2016.

Zeit-Online, 12. März 2017.

4章

フランスのカリキュラム・マネジメントと授業の質保証

● 細尾萌子 ●

1. はじめに

フランスでは，1980 年代以降，各学校が自律的に教育活動を展開する学校自治が推進されてきた。そのきっかけは，1989 年の教育基本法により，各学校が独自の「学校教育計画（projet d'établissement，小学校は projet d'école)」を策定することが定められたことにある。国家の強い管理体制のもとで行われていた従来の画一的教育のあり方が反省され，生徒の違いに応じた教育を各学校が主体的に進めていくことが政策的にめざされてきたのである（藤井，2009, pp.203-204)。しかし，実際には，カリキュラム・マネジメントはほぼ不在であるといっても過言ではない。

カリキュラム・マネジメントとは，各学校の教育目標・内容・方法を，カリキュラム（年間指導計画，時間割など）として組織的に計画･実施し，子どもの学習状況についてのデータに基づいて，次の単元や来年度の指導計画を修正することである（田村，2014, p.12)。すなわち，カリキュラムの計画・実施・点検・改善の PDCA サイクルを，評価で捉えたエビデンスをベースとして，教員の協働で回していくことが，カリキュラム・マネジメントの骨子である。

フランスでは，各学校の教育目標・内容・方法を，学校全体で一貫性をもつカリキュラムとして捉え，教員が協働して編成し，評価を軸に改善していくということは，あまり行われていない。結論を先取りしていえば，カリキュラム･マネジメントの核となる，①カリキュラム，②教員の協働，③評価に基づいた指導改善，という３つの要素が根づいていないのである。とはいうものの，近年，カリキュラム・マネジメントの萌芽的実践が展開されつつある。

そこで本章では，この３つの要素がフランスの学校ではなぜ定着しないのかを検討するとともに，フランスにおけるカリキュラム・マネジメントの萌芽的実践の成果と課題を明らかにしたい。

2. カリキュラム概念の未浸透

(1) カリキュラム編成の研究上の枠組み

フランスでは一般に，カリキュラム（curriculum）は，「一定の学習期において，特定の進度で構成された，教えたとみなされることと，学んだとみなされることの全体」を意味している。カリキュラムには，次の３つのレベルがある。１つ目は，国の基準である学習指導要領（programmes）で公的に規定された教育内容である。２つ目は，教室で教員が実際に教えた内容である。３つ目は，隠れたカリキュラム（curriculum caché）である。これは，明示的・意図的な教育的働きかけによってではなく，学校という場にいることで生徒が自然と身につける内容のことを指している（Forquin, 2005, p.234）。

フランスでは，カリキュラムの問題は，主に社会学者や歴史学者が間接的に取り組んでおり，教育学においては研究があまり進んでいない（Denise, 2011, p.48）。

数少ない教育学研究の１つとして，リヨン第２大学のデュヴレ（Develay, M.）は，カリキュラム編成の枠組みを示している。すなわち，①教育目的，②一般的な目標，③教育内容，④教育方法，⑤評価という５つの段階を，教員が計画的に組織化することが提案されている。まず，カリキュラムの方針としての目的を決める。次に，カリキュラム全体を通じて生徒が獲得すべきコンピテンシーを目標として定める。そして，このコンピテンシーを教育内容として具体化し，それを習得させるための教育方法を考案する。最後に，目標とするコンピテンシーの習得が達成されたかを評価する（Develay, 2015, pp.99-104）。

この枠組みは，タイラー原理に基づいているといえよう。タイラー原理とは，アメリカのタイラー（Tyler, R. W.）が提唱したカリキュラム編成の原則である。これは，①教育目的に従いながら，教育によってもたらされるべき子どもの行動を目標として明示する，②目標を達成するために必要な教育的経験を明確にする，③これらの経験を効果的に組織する，④目標が達成されているかどうかを評価する，という4段階で構成されている（タイラー，1978）。

ただ，デュヴレによると，フランスでは，カリキュラム評価はほとんどなされていない。教員の教育方法の自由に抵触するためである（Develay, 2015, p.104）。2013年の中央視学官報告書も，学校の状況を客観的・集団的に分析し，評価計画を立てるコレージュ（日本での中学校）は見当たらないと報告している（IGEN, 2013, p.16）。

(2) 教育制度・実践におけるカリキュラム文化の希薄さ

1）使われないカリキュラム概念

フランスでは，「カリキュラム」は研究者の言葉であり，現場の教員が使うことはほとんどなく，教育制度上ではまったく使われていない。教員がこの言葉を使う際，多くは学習指導要領の意味で使われている。

学習指導要領は，形式や内容が教科間で統一されておらず，全教科の教育内容を通してどのような力を育むべきか，という総合的なビジョンに欠けていた。それゆえ，教員は，担当教科の教育内容（知識）の伝達には注力するものの，他の教科の教育内容とそれをいかにつなげ，学校教育全体としてどのような力を身につけさせるかはあまり考えてこなかった（Coquidé et Raulin, 2011, pp.89-91）。したがって，教員が協働して学校全体のカリキュラムを編成するという発想は生まれてこなかったのである。

2）変化のきっかけとしての共通基礎

しかし，変化の機運が高まりつつある。2005 年の学校基本計画法および 2006 年 7 月 11 日の政令で，義務教育段階で生徒全員に保障すべき基礎学力として，「知識とコンピテンシーの共通基礎（socle commun de connaissances et de compétences)」（以下，共通基礎）が定められた。

フランスの学校は，6 歳から 5 年制の小学校，4 年制のコレージュ（中学校)，3 年制のリセ（高校）という構成である。義務教育は 6 ～ 16 歳の 10 年である。

共通基礎は，次の 7 つのコンピテンシー（compétence）で組織されていた。①フランス語の習得，②1つ以上の現代外国語の実用，③数学の基本原理及び科学的技術的教養，④情報通信に関する日常的な技術の習得，⑤人文的教養，⑥社会的公民的コンピテンシー，⑦自律性及び自発性。

コンピテンシーは，多義的な言葉である。管轄･権限や，(専門的）能力，専門家，言語能力，特定の状況で行動する力などの意味がある。このうち，共通基礎のコンピテンシーは，複数の領域の知識や技能，態度などを総合して，具体的な状況の課題を解決する力を指している（細尾，2017, pp.103-108)。

共通基礎が定められたことにより，学習指導要領が，教科内容の羅列ではなく，各教科で育成すべきコンピテンシーも示すものになってきている。この変化は，共通基礎という通教科的な教育目標に向けて，各教科の教員が対話するきっかけになりうると指摘されている（Coquidé et Raulin, 2011, pp.93-96)。

だが，共通基礎そのものに対して，多くの中等学校教員が反発している。コンピテンシーを育成すべく，知識の活用が重視されるぶん，伝達する教科の知識が減少して，中等教育のレベルが下がると彼らは批判している（細尾，2017，p.165)。

これを受け，2013 年の共和国学校再構築法により，共通基礎は，「知識･

コンピテンシー・教養の共通基礎（socle commun de connaissances, de compétences et de culture）」に修正された。知識の伝達を重視する教養教育の伝統にこだわり，コンピテンシー教育に反発する中等学校教員を共通基礎に賛同させるため,「教養」という言葉が追加されたのである（細尾，2017，p.176）。

以上のように，共通基礎は学校全体でのカリキュラム編成を促す可能性を持っているものの，特に中等教育ではそれは広がりを見せていない。カリキュラムという概念自体が，教育行政や学校現場に普及していない。

3. 教員の協働に対する抵抗感

（1）教科の知識を伝達する教養教育の伝統

フランスの教育，なかでも中等教育は，教養（culture）の啓培を目的としてきた。教養とは多義的な言葉であり，時代とともに様々な意味が付加されている（綾井，2017, p.16)。ここでの教養は，体系的な学習を通して身につけた知識や価値観の総体で，人間が行動を選択する規準となるものを指している。

中等教育では，教養を身につけることで，精神・知性としてのエスプリ（esprit）が陶冶されていくというのが伝統的な学力観であった。1808年創設の大学入学資格試験であるバカロレア試験に代表されるように，知識を活用して表現する論述試験や口述試験が評価方法の中心であるのは，その表れである。

ところが，学校では，主に一斉学習で，各教科の知識が体系的に伝達されてきた（ヴィアル，1977, pp.81-103)。それは，論述の導入部の作り方といった知識の活用方法は小学校で学ぶものであり，社会の指導者層を育てる場である中等教育でそれを教えると,教育の品位が下がり,「小学校化」すると考えられているからである。学校で習得した知識を活用する力の形成は，主に家庭に任されてきた。それゆえ，移民の家庭や困難を抱える家庭など，活用力を家庭で形成できない社会階層の多くが学業に失敗してきた（細尾，2017，pp.116-118）。

以上のようにフランスの中等教育は，教科の知識の伝達を重視してきた。そして，論述試験などの評価では，知識を活用して表現する能力が求められるものの，この力は学校ではあまり育成されず，家庭での形成に委ねられてきた。

（2）教科横断的学習の難しさ

1）中等教育における教科横断的学習の導入

しかしながら，1980年代からは，教科横断的学習も試みられてきた。その契機は，1975年の統一コレージュの誕生により，前期中等教育が単線化したことにある。複線型制度が廃止され，小学校の修了者はみな統一コレージュに進学することとなり，多様な学力の生徒が一緒に授業を受けるようになる。それに伴い，大量の落ちこぼれが発生する。こうして，生徒の多様さにいかに対応し，落第などの学業不振を予防するかが喫緊の課題となる（Guimard, 2010, pp.37-45）。

そこで打ち出されたのが，学習意欲を促進するための教科横断的学習の導入であった。コレージュでは，1981年に「教育活動計画（projets d' action éducative）」が始まり，教科の枠を超えた教育の充実が謳われた。1985年には，教科横断的なテーマ別学習の実施が，学習指導要領において義務化された。1995年には，「多様な学習コース（parcours diversifiés）」という領域が新設され，教科横断的なテーマ別学習が要請された。これは2002年には，「発見の過程（itinéraires de décorverte: IDD）」へとその名称を変える（高橋，2007, p.60）。

IDDとは，コレージュ2年生と3年生の必修の時間（週に2時間）であり，2教科を関連づけた教科横断的な学習である。教員は異なる教科担当者2名でチームを組み，準備，授業，評価を行う。教員チームが決めた学習の主題に基づいて，生徒は一人で，または小さなグループで学習を進める。

IDDは必修の時間であるにもかかわらず，実施率は低かった。IDDの

リテラシーとコンピテンシー

PISA 調査はフランスでは長らく注目されてこなかった。ただし，2006 年の PISA 調査の結果が OECD 平均を初めて下回ったことを受け，PISA 調査への政策上の関心が高まっている。その表れとして近年，「リテラシー（littératie）」と「コンピテンシー（compétence）」という言葉が使われるようになった。

● リテラシー

フランスの「教科に関する抽出評価サイクル（cycle des évaluations disciplinaires réalisées sur échantillon: CEDRE）」の 2015 年のコレージュ調査では，言語のコンピテンシーとリテラシーがテーマとされた。CEDRE は，全国の小学校 5 年生とコレージュ 4 年生の生徒を対象とした抽出調査である。

フランスでは，リテラシーは，「個人生活や社会生活，職業生活において自律的に生活するために，書かれたものを活用する能力の全体」を意味している。書かれたものには，紙に書かれたものだけではなく，デジタルデータや音声，映像も含まれる。この定義は，PISA 調査のリテラシー概念の影響を受けている。リテラシーは，紙に書く技能にとどまらず，様々な媒体に表現し活用する力である点で，新しい学力観であるといえよう。

● コンピテンシー

コンピテンシーは，多義的な概念である。共通基礎におけるコンピテンシーは，複数の領域の知識と，それを活用する能力，態度を組み合わせ，様々な文脈の問題を解決する力である。この定義は，PISA 調査のコンピテンシー概念と，EU のキー・コンピテンシー概念（2006 年）の影響を受けている。コンピテンシーは，文脈依存性・総合性・領域横断性という観点において，従来の能力概念である技能（savoir-faire）や能力（capacité）とは異なる新しい学力観である。

実施は2007年度から義務ではなくなるが，その直前のパリ市内における実施率は，15%にも満たなかったという（金澤，2007, pp.129-130)。

2）領域「発見の過程」が普及しなかった理由

リヨン第2大学のバルト（Baluteau, F.）は，IDDに教員が積極的に参加しなかった理由として，次の3点を指摘している（Baluteau, 2008, pp.107-111)。

1つ目の理由は，コレージュでは教科の論理が根強いことである。教科は親学問（大学での学問）の区分けのもとに成立しているので，その区分けを超える横断的学習は難しい。文学と歴史・地理のように，教科内容が近接している教科間での横断的学習は可能であっても，フランス語と技術のように，学問的体系が大きく異なる教科をつなぐ学習は，成果を上げられなかったという。

2つ目の理由は，IDDのような教科横断的学習について教員は学んでいないことである。中等教員の養成では，教科に関する学習が中心である。教員志望者には,学士課程で教科の専門性を高めることが期待されている。2006年の調査によると,中等教員の8割は担当教科の学位を取得している。教員養成課程が始まるのは大学院レベルからであるが，そこでも教科の学習が重視されている（園山，2007, pp.111-112)。近年は教員養成で教科横断的学習も扱われるようになったものの，グループ学習といった具体的な指導法までは学ばないため，若手教員であっても，教科横断的学習を実施する力量を持ち合わせていない。

3つ目の理由は，学校の教員組織に，教員の協働を妨げる個人主義的・自由主義的な傾向があることである。フランスには，教科書検定制度も，教科書使用義務もない。そのため，教員は，学習指導要領の内容に関して，自由裁量で指導の軽重をつけたり，自分なりの基準・方法で評価したりすることを仕事としてきた。教育方法の自由は，学習指導要領でも明白に認められている教員の権利である。他の教員と協働すると，それぞれの専門性を発揮して自由に教育を行うことが難しくなるため，教員は協働に乗り気ではないのである。

(3) 教員の協働がなじまない理由

1) 学校教育計画の策定義務化と停滞

教員の協働は，1989年の教育基本法において，制度上で初めて位置づけられた。フランスの学校は，先述した前期中等教育の単線化に伴い，多様な生徒を受け入れるようになった。それゆえ，生徒の多様性を考慮しながらすべての生徒を成功させるために，従来の画一的な教育を改め，生徒の特性に応じた特色ある教育活動を各学校が展開していくことが求められるようになる。そこで，「学校教育計画」の策定がすべての学校に義務づけられ，教員が協働して独自の学校改善計画を立案・実施していくことが期待されたのである（Cros, 1999, p.69）。

学校教育計画の策定は，当該学校に係るすべての者の合意によるものとし，計画の決定は学校管理委員会（管理者・監督者代表，教職員代表，父母・生徒代表）が行うとされた。学校教育計画には，学校の実態に基づいた教育目標や，教育計画，進路指導や生徒の社会的・職業的参入の方針，地域や他の機関との連携方法を記載し，学校の自己評価と外部評価を行うと定められた。

しかし，制度開始後まもなく，その停滞ぶりが明らかになっている。1998年の中央視学官報告書によると，学校教育計画が学校全体で決定されているところは少なく，行政文書としての役目しか果たしていなかった。1999年の報告書も，評価プロセスが欠落していると指摘している（藤井，2009, pp.207-208）。

学校教育計画に対しては，共和主義的な平等が失われるという批判もなされた（Obin, 2005, p.387）。フランスの学校は，平等という革命の精神を実現すべく，国家が統一的に規定した教育で市民を形成する共和国の学校として存在してきた。学校教育計画は，生徒の違いに応じた教育によって成功への平等な機会を保障しようとする理念に立っているものの，各学校の教育目標や教育活動が異なると，教育の平等が確保できなくなるのでは，と危惧されたのである。

こうした問題や批判を受け，自己評価の手立てとして1994年に「中等教育パイロット指標」が開発されたり，2005年の教育基本法において国の目標と学校の目標の連鎖，ならびにその評価を徹底させることが定められたりしてきた。だが，2011年の中央視学官報告書は，学校教育計画がいまだに円滑に運用されていないことを示している。多くの学校において，教育目標は断片的で，相互に関連づけられていない。教員は協働を好まず，一人で仕事をしようとする。学校のすべての関係者が共同で計画を策定・評価しなければならないと強調されており，このことが実現していないことが窺える（IGEN, 2011, pp.5-7）。

このように，学校教育計画という教員の協働を求める制度があるものの，この制度自体が形骸化しているため，教員の協働が促されるには至っていない。

2）教員の協働が少ない実態

実際に，フランスでは，学校での教員の協働が，他の国と比べて乏しい。OECDの2013年の国際教員指導環境調査（TALIS）では，前期中等教育の教員の勤務環境について調査がなされた。34か国・地域がこれに参加している。

表4-1に示したように，教員の仕事時間のうち，「学校内での同僚との共同作業や話し合いに使った時間」や「学校運営業務への参画に使った時間」に関して，日本は参加国平均を上回っているのに対して，フランスは参加国平均を下回っている。校内での教員間の協力や議論，学校運営に，フランスの教員はあまり時間を使っていない。

教員間の協力に限っても，活発ではない。「学級内でチーム・ティーチングを行っていない」，「他の教員の授業を見学し，感想を述べることを行っていない」，「他の教員と共同して，生徒の学習の進捗状況を評価する基準を定めることを行っていない」，「分掌や担当の会議に出席していない」という4項目に関して，日本は評価基準の項目以外では参加国平均を下回

表 4-1　教員の勤務環境に関する国際調査（TALIS）

A. 教員の仕事時間（通常の一週間において各仕事に従事した時間の平均）

国名	仕事時間の合計	指導（授業）に使った時間	学校内での同僚との共同作業や話し合いに使った時間	学校運営業務への参画に使った時間
フランス	36.5 時間	18.6 時間	1.9 時間	0.7 時間
日本	53.9 時間	17.7 時間	3.9 時間	3.0 時間
参加国平均	38.3 時間	19.3 時間	2.9 時間	1.6 時間

B. 教員間の協力

国名	学級内でチーム・ティーチングを行っていない	他の教員の授業を見学し，感想を述べることを行っていない	他の教員と共同して，生徒の学習の進捗状況を評価する基準を定めることを行っていない	分掌や担当の会議に出席していない
フランス	62.7%	78.3%	20.4%	32.0%
日本	34.0%	6.1%	16.6%	3.6%
参加国平均	41.9%	44.7%	8.8%	9.0%

C. 教員へのフィードバックの供給源

国名	以下の供給源からフィードバックを受けたことがある					勤務校ではフィードバックを受けたことがない
	外部の個人または機関	校長	学校運営チームメンバー	組織内指導者（メンター）	他の教員	
フランス	70.3%	43.1%	18.2%	6.1%	20.7%	16.1%
日本	30.9%	75.2%	64.5%	39.1%	47.2%	6.3%
参加国平均	28.9%	54.3%	49.3%	19.2%	41.9%	12.5%

出典：国立教育政策研究所編，2014 年，p.18，pp.23-24，p.182 の表を，筆者が一部修正・省略した。

っているのに対して，フランスは全項目で参加国平均を上回っている。授業実践を観察・検討し合う授業研究や，チーム・ティーチング，評価基準の共同作成は，フランスではあまり行われていない。

教員間の交流についても，校長以外の学校運営チームメンバー（副校長や主任など）や，組織内指導者，他の教員からフィードバックを受けた教員の割合に関して，日本は参加国平均を上回っているのに対して，フランスは参加国平均を大きく下回っている。校内の教員同士でフィードバックし合う文化は，フランスには根づいていない（国立教育政策研究所，2014, p.18, pp.23-24, p.182）。

3）なぜ教員は協働しないのか

フランスの教員が協働を好まない理由としては，次の３点が指摘できる。１つ目の理由は，一人で教育を完結させる教員像が支配的であることである。独力でクラスをまとめ，生徒を成功させる教員がよい教員であり，誰かの助けを求めるのは力不足の表れだというイメージが根強いのである（Cros, 1999, pp.69-71）。

２つ目の理由は，中等学校教員は教科の専門家として養成されていることである。授業は各教員の専門性を発揮する創造的な場であり，他の教員と一緒に教育を行うと，それぞれの専門性が無力化すると捉えられている。協働しながら専門性を行使する方法は，教員養成において指導されていない（Viaud, 2005, p.144）。

３つ目の理由は，教育方法の自由が確固たるものとして存在していることである。日本では伝統的に，校内研修の一環としての授業研究を基礎とした学校づくりが実践されてきた。研究授業や授業協議会を通して指導・評価方法について検討し合うことで，同僚性豊かな学校文化が築かれてきた（木原，2009, p.127）。しかし，フランスでは，教育方法の自由が重要視されるため，各教員の教育実践の内容・方法や成果について，学校全体で検証する慣行がない（藤井，2009, p.210）。学校の中で教員が互いに協力・交流する土壌が形成されていないのである。

4. 評価に基づいた指導改善に対する抵抗感

(1) 全国学力テストの廃止

フランスでは，共通基礎が制定されて以来，評価に基づいた指導改善を推進する政策が進められてきた。共通基礎の習得状況を記録する「コンピテンシー個人簿（livret personnel de compétences: LPC)」と，悉皆の全国学力テストによって，一人ひとりの共通基礎の習得状況を捉え，それに応じて適切な支援を講じることが期待されてきた。しかし，この政策に陰りが見え始めている。

全国学力テストは，コラム7で述べたように，1989年度から行われてきた。制度変更があったものの，担任教員が採点することで，生徒一人ひとりの学習困難を把握・分析し，指導改善に活かすことが，一貫して目的とされてきた。

だが，2013年度をもって，全国学力テストは廃止された。生徒の習得状況を教員が把握するのには役立ちうるものの，教育制度に関する評価には役立たないからである（Peillon, 2012)。テスト結果で公表されるのは，フランス全土・大学区・県ごとの習得度別の生徒の割合のみである。このデータからはどの領域が弱いのかがわからず，教育制度を改善する契機は得られない。また，2012年の中央視学官報告書は，実施条件の未統一などの方法論上の課題があるため，テスト結果の全国的活用には限界があると指摘している（IGEN, 2012, p.55)。

そこで，2014年度からは，新しい診断的評価の制度が開始された（2015年度から義務化)。フランス語と数学の評価問題群が，国民教育省のホームページに掲載される。担任教員が問題を選び，小学校3年生の学年初めに実施する。目的は，担任教員が生徒の学習困難を把握し，生徒一人ひとりのニーズに応じた手立てを講じることである。生徒の学習状況や教員の教育目標に応じて問題を選択できるよう，複数のレベル・領域の問題が用意されている（2017年度からは全国学テが復活（細尾，2018，pp, 39-40))。

フランスの全国学力テスト

フランスでは，1989年度から，全国学力テスト（évaluations nationales）が行われてきた。小学校とコレージュは，小学校1～2年の第2学習期と，小学校3～5年の第3学習期，コレージュの第4学習期に分かれていた。2008年度までは，学習期の初めの学年である小学校3年生とコレージュ1年生全員に，全国学力テストを悉皆で実施していた。各学習期における生徒の得意な点や欠点を教員が把握し，それに対応した指導ができるようにする診断的評価をテストの目的としていたためである。フランス語と数学のテストを，学年始まり（9月）に行っていた。

テスト問題の作成は，国民教育省の一部署である「評価・予測・成果局（Direction de l' évaluation, de la prospective et de la performance: DEPP）」が行っていた。DEPPは，教育制度全体についての統計データの集積と公表を担う部署である。さらにDEPPは，生徒の標本を抽出してテスト結果を集計し，全国の結果の指標を，国民教育省のホームページで公表していた。テストの実施や採点，各生徒の結果の分析は，各学校の担任教員が行っていた。

2009年度からは，全国学力テストの基本的性格は保たれたものの，実施学年が，学習期の最終学年である小学校2年生と5年生に変更された。2005年の法律と2006年の政令で，義務教育段階で生徒全員に習得させるべき基礎学力として，共通基礎が定められた。さらに，共通基礎に基づいて，小学校の学習指導要領が，2007・2008年度に改訂された。これを受けて，全国学力テストは，共通基礎の習得状況を確認する総括的評価として行われるようになった。新しいテストの目的は，共通基礎の習得が不十分な生徒を見つけ，学習困難を分析し，次の学習期に適切な援助を講じられるようにすることであった。

(2) コンピテンシー個人簿の廃止

2010年度からは，コンピテンシー個人簿（LPC）という評価簿が，小学校とコレージュで導入されてきた。共通基礎は，多くの領域・項目に細分化されている（コレージュでは26の領域，97の項目）。LPCは，生徒一人ひとりについて，共通基礎の各項目の習得を担任教員が日常的に評価し，習得状況を記載する文書である（表4-2を参照）。日本の指導要録における観点別評価をさらに細かくしたものに近い。LPCは，コンピテンシーの習得過程を形成的に把握し，生徒に応じた指導・進路計画立案に役立てることを目的とするものであった。

しかし，この制度の理念は理解されなかった。2012年の中央視学官報告書によると，LPCに対してコレージュでは，評価項目が細かすぎて生徒の状況把握に使いにくい，評価の労働負担が重い，といった教員の不満が多く見られた。そこで，2012年度からLPCは簡略化された。大きな学習困難がない生徒についてはコンピテンシーごとの評価でよく，領域・項目ごとの評価は不要となった。それでも，LPC批判は根強かった。クレテイユ大学区の2012年の調査では，教員の94%がLPC廃止に賛成であった（細尾，2017，p.167）。

こうした批判を受けて，LPCは廃止され，2016年度からは，より簡便な評価簿である「学習記録簿（livret scolaire）」に改訂された（MEN, 2015）。学期末ごと（3学期制）に，表裏の1枚の成績表が保護者に渡される。成績表の表面には，各教科の学習目標の達成状況が記入される。小学校では，学習指導要領の領域ごとの4段階の評価と教員のコメントを書く。コレージュでは，教科ごとに，生徒の点数と，クラスの平均点，教員のコメントを書く。成績表の裏面には，教科外の活動の記録と総合所見を書く。そして，小学校3年生・コレージュ1年生・コレージュ4年生という学習期末には，共通基礎の評価表が保護者に渡される（学習期の区切りは，2016年度から，小学校1～3年生，小学校4～5年生とコレージュ1年生，コレージュ2～4年生に改編）。そこでは，8つの領域ごとの4段

表 4-2　義務教育修了におけるコンピテンシー 3（数学の基本原理及び科学的技術的教養）のコンピテンシー個人簿の全国モデル

		日付
領域	科学的・技術的解法を実践し，問題を解決する。	
項目	有用な情報を探し，抽出し，構成する。	
	指示を遂行し，操作し，測定し，計算し，適用する。	
	実験的解法または技術的解法を推論し，論証し，実践し，証明する。	
	辿った解法や得られた結果を提示し，適切な言語で伝える。	
領域	数学の知識とコンピテンシーを利用できる。	
項目	データの構成と処理：比例の状況を識別し，%や表，グラフを利用する。統計的データを活用し，確率を単純な状況に取り組む。	
	数と計算：整数と小数，分数を知り利用する。計算を適切に行う：暗算で，手を使って，計算機で，パソコンで。	
	幾何：幾何図形と空間物体を知り表わす。その性質を利用する。	
	大きさと測定：様々な単位を用いて，測定を実施し（長さ，期間など），値（体積，速さなど）を計算する。	
領域	様々な科学領域の知識を利用できる。	
項目	宇宙と地球：宇宙の構造，地球の地質学上の構成と年月を経た変化，物理現象	
	物質：特徴的な原則，形態と変化，物質と素材の物理的・科学的特性，電子の動き，光との相互作用	
	生物：組織の統一性と多様性，生物の機能，種の進化，人体の組織と機能	
	エネルギー：エネルギーの様々な形態（特に電気エネルギー），エネルギーのある形態から他の形態への変化	
	技術用品：分析と概念，実現。機能と使用条件	
領域	環境と持続的発展	
項目	環境と持続的発展に関連する問題を理解するために自分の知識を動員する。	
	コンピテンシー 3 を認証した	

出典：Annexe, Arrêté du 14 juin 2010, B. O., no.27, du 8 juillet 2010 を筆者が訳出

階の評価と，総合所見が示される。

以上のように，評価を軸に指導を改善するという発想は，教員になかなか支持されず，抵抗を受けてきた。学力評価は伝統的に，教育の成果として身についた学力を確認・認証するという総括的目的で行われてきた。クラスの中で行われる評価であっても，教育実践改善の契機を見つけるという教育的機能よりは，生徒の学力レベルを判定して進級や進路決定の材料とする調整機能が主とされてきたのである（Peretti, 2005, p.394）。それゆえ，20点満点中何点という評点のみが生徒に伝えられてきた。このような評価は，学力の実態を映し出さないため，指導の改善には活かせない。その上，教員の裁量で評価するのではなく，制度的に義務づけられた統一的な評価の結果を踏まえて指導を修正するとなると，教員の教育方法の自由が揺らいでしまう。このように，生徒の選抜・序列づけのための総括的評価という評価の機能と教育方法の自由が重要視されているため，評価を指導改善に活かすことはなかなか行われないと考えられる。

5. カリキュラム・マネジメントの萌芽的実践

以上述べてきたように，①カリキュラム，②教員の協働，③評価に基づいた指導改善，という3つの要素がフランスではなじまず，カリキュラム・マネジメントはほとんど行われていない。しかしながら，コンピテンシー教育の展開を受け，コンピテンシー・ベースのカリキュラム・マネジメントの萌芽的実践が近年広がり始めている。2012年に国民教育省の「開発研究・革新・実験部門」が追跡調査したコレージュやリセの2000件の教育実験のうち，418件がコンピテンシーに基づく評価の実践であった（IGEN, 2013, pp.15-16）。

本章では，その一例として，フランス東部のイレー・ド・シャルドネリセ（Lycée Hilaire de Chardonnet）の実践例を紹介したい（細尾，2013）。同校では，リセ全体でコンピテンシーリストを作り，それに基づいて実践を重ねている。同校には，普通科と技術科のコースがある。特徴として，学習に困難を抱える生徒が多い。2011 年のバカロレア試験の合格率は，普通科で平均約 86%，技術科で平均約 67%であった。全国平均は普通科で 88.3%，技術科で 83.6%であったのと比べると，学業成績は芳しくない（MEN, 2012）。移民の生徒や家庭環境が厳しい生徒など，ハンデを持つ生徒が少なくないためである。

(1) 領域「個別学習支援」の新設

この実践が始まった契機は，「個別学習支援（accompagnement personnalisé: AP）」という領域が，リセ改革で新設されたことにある。リセには，普通科（普通教育中心）と技術科（普通教育と職業教育），職業科（職業教育中心）という 3 つのコースがある。

2012 年度からは，普通科と技術科では，1 年生の教育課程は教科，「探究教育」（選択科目），AP の 3 領域，2 年生の教育課程は教科，AP，指導つき個別学習（TPE: 複数教科にまたがる課題についてレポートを書く総合学習）の 3 領域（技術科は TPE なし），3 年生の教育課程は教科と AP の 2 領域となった。

「すべての生徒の成功」をめざすこの改革の主要施策が，「生徒一人ひとりにいっそう寄り添う」という理念に基づいた AP の実施である。AP は週に 2 時間で，1 ～ 3 年生のすべての生徒が参加する。一人ひとりの学習困難の回復や知識の深化，進路計画の支援を目的としている。そのため，生徒を少人数グループに編成し，ICT を活用しながら，学習支援や教科横断的な学習を行う。

(2) コンピテンシーリストの活用

イレー・ド・シャルドネリセの AP では，個人の習得状況に応じて，フランス語，外国語，歴史・地理，物理，数学のいずれかの教科のクラスに生徒が分かれ，15 ～ 20 人程度のグループで，コンピテンシーの習得に向けた学習を行う。

そのために，「リセ1年生で身に付けるべきコンピテンシーのリスト(Proposition de livret pour la Seconde)」(表4-3。以下，コンピテンシーリスト）が共同作成され，学校全体で2012年度から使用されている。

コンピテンシーリストは，1年間を通して獲得してほしいコンピテンシーを表にまとめたものである。このリストは，前述のLPCを参考に開発されたものであり，教員と生徒がともに理解できるよう，大幅に簡易化されている。

具体的な内容は教科や教員によって異なるものの，コンピテンシーの習得に向けて，グループ学習が取り入れられている。歴史・地理のルサージュ教諭（Lesage, I.）は，2010年度に，「筆記や口頭で自己表現する」コン

表4-3　リセ1年生で身に付けるべきコンピテンシーのリスト

	1	2	3	4
読み，理解し，分析する				
a）必要な知識を習得する				
b）情報を探し，取り出し，活用する				
c）読みのコンピテンシーを深める				
d）情報を分析する				
筆記や口頭で自己表現する				
a）言語の知識を習得する				
b）言語を正確に用いて筆記で自己表現する				
c）言語を正確に用いて口頭で自己表現する				
d）状況に合った言語スタイルを用いる				
推論し，論証する				
a）必要な知識を習得する				
b）推論を行う				
c）論証を展開する				
d）実験的アプローチを取る				
自律的に行動する				
a）自己の個人学習を組織し，取り組む				
b）授業に適切に参加し，話を聴くことができる				
c）グループ学習に取り組む				
d）自己評価する				

出典：イレー・ド・シャルドネリセでルサージュ教諭から入手

ピテンシーの向上をねらい，「女性の性についての専門医はいるが，男性の性に関する専門医はいないのはなぜか」という題について，生徒間で討論・意見交換を行った。

教員は授業が進むごとに，生徒の各コンピテンシーの習得度を，コンピテンシーリストに4段階でチェックしていく。生徒はインターネットシステムによって，自身の結果をリアルタイムで知り，学習改善に活かすことができる。

このように，教員全体が協働してコンピテンシーリストを作成することで，各教科を超えた学校全体としての教育目標（P）が明確になった。AP の時間だけに限定されてはいるものの，このリストのコンピテンシーの習得に向けて教員全体で実践し（D），一人ひとりの習得状況を形成的・継続的に評価して生徒に伝え（C），生徒が自らの学習を改善していける仕組みが整えられている。しかしながら，各生徒の習得状況をふまえて教員が自らの実践を改善する仕組みは開発されておらず，教員それぞれの自助努力に委ねられている。この時点（2012 年度）では，PDCA サイクルの C の段階に留まっていたといえよう。

(3) コンピテンシーリストの改訂と能力評価表の開発

同校では，実践を重ねる中で，コンピテンシーリストの問題点が明らかになってきた。すなわち，リストのコンピテンシーの中にはすべての教科に適合しないものがあることや，抽象的・一般的な能力であるために習得状況を評価するのが難しく，生徒にとっても理解しづらいことが浮き彫りになってきた。

これらの問題を受けて，今，リストの改訂が学校全体で進められている。それと同時に，各教科の特性を踏まえてリストのコンピテンシーを具体化し，教科の授業の中で生かす取り組みも始まっている。授業や生徒の実態（C）に応じて PDCA サイクルが回り始めたといえる。

ルサージュ教諭は，生徒こそが学習の主体であり，習得したことと，これから学習すべきことを生徒に自覚させ，学習改善につなげさせたいと考えていた。そこで，2016年度から，歴史・地理の能力評価表を作成し，能力評価表に対応した課題を出している。生徒は課題を解いた後で，能力評価表に自己評価を書く。評価は，習得，習得中，未習得の3段階である。教員は課題を採点しながら，生徒の自己評価を確認し，教員の評価を能力評価表に書いて生徒に返却する。生徒の自己評価と教員の評価が食い違っている場合は，個別に指導し，隔たりの理由を考えさせ，適切に自己評価できるように促す。

表4-4に示したように，能力評価表に挙げられた能力は，コンピテンシーリストのコンピテンシーを構成する能力のうち，歴史・地理の特性に照らして特に必要となるものを抜き出したものである。資料の分析と論証に焦点が当てられ，習得の如何が評価できる具体的な能力が設定されていることがわかる。

図4-1のように，課題は論述式の問題である。1の小問の解答が2の論述に活用できるように問題群が構成されている。さらに，死亡率と出生率の変化といった注目すべき観点や，授業で習った知識を論拠に使うことなどのヒントが豊富に示され，論述が容易になるように工夫されている。資

表4-4　歴史・地理のリセ1年生の能力評価表「世界の人口変動」

活用する能力	生徒の自己評価	教員の評価
グラフから情報を抽出する。		
これらの情報を関係づける。		
適切な文章を書く。		
論拠を示す。		
筋道立った解答を書く。 ・導入部を書く。 ・課題で指示された論構成に従う。 ・段落間の移行部を書く。 ・現在形で書く。 ・課題の問題に対応した結論を書く。		
解答において資料を活用する。		
授業で習った知識を習得している。		

出典：2016年10月6日の筆者宛メールでルサージュ教諭から入手

料の情報や知識をいかに活用して表現したらいいかの指導が，問題を通してなされているといえる。

このように，能力評価表の能力（P）に対応した課題に生徒が取り組み(D)，習得状況を生徒が自己評価し，教員も評価を加え（C)，未習得の能力の獲得に向けて生徒を動機づける実践が展開されている。ただ，1クラスの生徒は30名ほどいるため，生徒一人ひとりの習得状況に応じて指導方法を差異化することは難しく，授業の改善に評価を活用することはなされていない。

以上のように，学校全体でコンピテンシーリストを作成し，APと一部の教科に限られてはいるもののPDCAサイクルを回し始めることで，知識ベースからコンピテンシーベースへと教員の意識が変わった。知識を伝達して後は家庭任せではなく，知識を活用して表現する能力を明示的に育成する指導が取り組まれるようになった。これにより，どんな能力が不足しているのかが生徒にわかりやすくなり，生徒が自らの学習を改善できる土台が築かれた。

ただ，PDCの段階まではなされているものの，Aの段階が各教員任せである。その上，コンピテンシーベースのAPや一部の教科と他の教科・領域でのPDCAサイクルをつなげ，学校全体でカリキュラムを改善していくところにまでは至っていない。評価を踏まえて指導を改善する仕組みを開発するとともに，各教科・領域におけるPDCAサイクルを関連づけ，学校として組織的に展開していくことが今後の課題として指摘できる。だが，教育方法の自由との兼ね合いを考えると，この課題の克服は難しい。ルサージュ教諭は言う。「フランスの教育制度は生徒を支援しすぎている。進歩するために必要なことを，教師がいつもしてくれると生徒が期待してしまう。そうではなく，生徒はもっと自律的になれる」と。評価を生徒の学習改善に生かす背景には，積極的な意味づけがある。

1. 授業で習った知識を活用したグラフの分析
(授業で学んだ定義を示し，習った知識を活用してグラフを説明しなさい。)

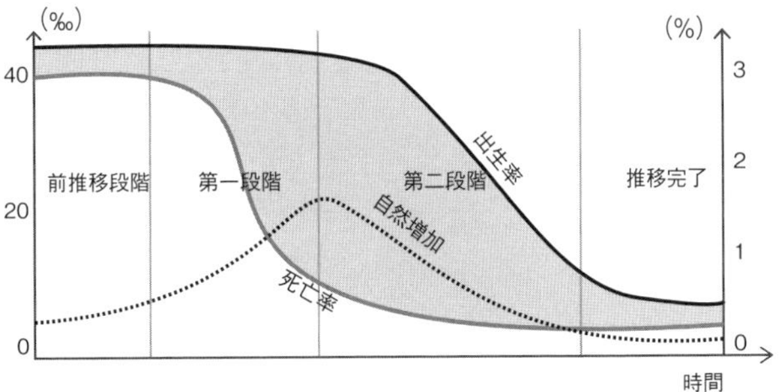

1) このグラフで示されている人口現象をどのように呼ぶか？
2) 前推移段階と推移完了の間で起こったことを説明しなさい（このために，死亡率と出生率がどのように変化したかを説明し，この変化の理由をいくつか挙げなさい)。
3) 2) の解答であなたが書いた様々な段階において，人口がどのように推移したかを説明しなさい。人口がいつ最も増加したかを説明しなさい。
4) 授業で習った知識によると，次の大陸における人口推移は，それぞれどのような状況にあるか？ ヨーロッパ，アジア，アフリカ，北アメリカ，南・中央アメリカ。
5) 授業で見た定義に基づいて，「人口推移」を説明しなさい。

2. 論証（資料から抽出した情報と授業で習った知識を活用して解答を作りなさい。筋道立った文章を書きなさい。解答の論拠を示しなさい。）
・グラフに関する質問の解答と授業で習った知識を活用して次の問いに答えなさい。授業で習った知識は解答の論拠を示すのに役立つでしょう。
・世界の人口はどのように推移しているか？ すべての大陸に共通する特徴と相違点は何か？ この推移は恐れるべきものか？ 解答の論拠を示しなさい。

図 4-1　歴史・地理のリセ 1 年生の課題「世界の人口変動」
出典：2016 年 10 月 6 日の筆者宛メールでルサージュ教諭から入手

6. 総括：フランスの特徴とわが国の今後への示唆

フランスは，カリキュラム・マネジメントが十全に行われている状況ではない。共通基礎というスタンダードや，それに対応する評価のしくみ（全国学力テストやLPC）が作られてきたものの，そこで産出されたエビデンスに基づく学校チームとしての授業改善はほとんど見られない。教育方法の自由と教科の知識の伝達が教員のアイデンティティの核となっており，カリキュラム概念や，教員の協働，評価に基づいた指導改善が，教員に受け入れられないのである。

とはいうものの，教科横断的なコンピテンシーベースの教育改革が進む中，カリキュラム・マネジメントに近い発想の実践も生まれつつある。そこでは，評価が指導の改善につなげられていないという課題があるが，評価を生徒の学習改善につなげる工夫がなされている。知識の活用力を伸ばす機会をどの生徒にも保障することで，教育の民主化を進める実践であると評価できる。

この変化は，2015年の小学校とコレージュの新学習指導要領を受けて，加速する可能性もある。コレージュの新学習指導要領では，「教科横断的演習（EPI）」という教科横断的学習の必修の時間が設定され，全教科の教師が指導にあたるようになった。さらに，EPIにおいて各教科の内容を他の教科と関連させる視点が例示されている。また，共通基礎のうち各教科で育むべきコンピテンシーが明示されている。これらのことは，共通基礎というスタンダードに向けて，学校全体でPDCAサイクルを回していく実践の呼び水となるかもしれない。

新学習指導要領の柱としてカリキュラム・マネジメントが打ち出され，日本はカリキュラム・マネジメントによる授業の質保証へと大きく舵を切ろうとしている。先述した授業研究という教員の協働の蓄積が，その礎となるであろう。一方，フランスでは，教員の個の力と生徒の自律性に基づいて質保証する伝統が根強い。フランスの取り組みを今後も辿ることは，カリキュラム・マネジメントの成否と功罪を検証する上で有益だといえよう。

【文献】

Annexe, Arrêté du 14 juin 2010, *B. O.*, no.27, du 8 juillet 2010.
綾井桜子（2017）『教養の揺らぎとフランス近代：知の教育をめぐる思想』勁草書房

Baluteau, F.（2008）«L'interdisciplinarité dans les collèges: Forme, engagement et justification», in Audigier F. et Tutiaux-Guillon N., *Compétences et contenus. Les curriculums en questions,* Bruxelles: De Boeck.

Coquidé, M. et Raulin, D.（2011）«France: l'avancée du Socle commun et les questions posées», in *Revue internationale d'éducation,* No. 56.

Cros, F.（1999）«Où en est le travail en équipe des enseignants?», in Institut National de Recherche Pédagogique (ed.), *Repères pour enseigner aujourd'hui,* Paris: INRP.

Dalibard, É., Fumel, S., et Lima, L.,（2016）«CEDRE 2015. Nouvelle évaluation en fin de collège : compétences langagières et littératie», in *Note d'information,* No. 21, juillet.

Denise, E.-K.（2011）（渡邉優子訳）「フランスのカリキュラム研究における最近の議論と現代的諸問題」『カリキュラム研究』第20号

Develay, M.（2015）*D'un programme de connaissances à un curriculum de compétences,* Louvain-la-Neuve（Belgique）: De Boeck.

Forquin, J.-C.（2005 (1994)）«Curriculum», in Champy P., Étévé C., Forquin J.-C. et Robert A. D., *Dictionnaire encyclopédique de l'éducation et de la formation,* 3e éd., Paris: Retz.

藤井佐知子（2009）「自律性確立と成果向上をめざす学校経営改革」フランス教育学会編『フランス教育の伝統と革新』大学教育出版

Guimard, P.（2010）*L'évaluation des compétences scolaires.* Rennes: Presses Universitaires de Rennes.

細尾萌子（2013）「フランスの高校における『ポートフォリオ法』の独自性：『誘導』の支援から『伴走』の支援へ」『近畿大学教育論叢』第24巻第2号

細尾萌子（2017）『フランスでは学力をどう評価してきたか：教養とコンピテンシーのあいだ』ミネルヴァ書房

細尾萌子（2018）「世界の学力調査―諸外国の学力ガバナンスと学力調査：フランスにおける学力調査」『シナプス』Vol. 61.

IGEN（2011）Inspection Génerale de l'Éducation Nationale, *Principe pour l'élaboration d'une politique éducative d'établissement.* Rapport no. 2011-049, mai.

IGEN（2012）Inspection Générale de l'Éducation Nationale, *Les évaluations nationales et internationales sur les acquis des élèves et sur d'autres dimensions des systèmes éducatifs.* Rapport no. 2012-056, mai.

IGEN（2013）Inspection Générale de l'Éducation Nationale, *La notation et l'évaluation des élèves éclairées par des comparaisons internationales.* Rapport no. 2013-072, juillet.

金澤朋子（2007）「コレージュにおける『発見の過程』の現状について」『日仏教育学会年報』第13号

木原俊行（2009）「授業研究を基礎とした学校づくり」日本教育方法学会編『日本の授業研究　授業研究の方法と形態〈下巻〉』学文社

国立教育政策研究所（編）（2014）『教員環境の国際比較　OECD国際教員指導環境調査（TALIS）2013年調査結果報告書』明石書店

MEN（2012）Ministère de l'Éducation nationale, *Repères et références statistiques.*

MEN（2015）Ministère de l'Éducation nationale, de l'enseignement supérieur et de la recherche, *Évaluation des élèves du CP à la 3e. Un livret scolaire plus simple, un brevet plus complet.* Dossier de presse, 30 septembre.

Obin, J.-P.,（2005 (1994)）«Établissement（Projet d'）», in Champy P., Étévé C., Forquin J.-C. et Robert A. D., *Dictionnaire encyclopédique de l'éducation et de la formation,* 3e éd., Paris: Retz.

Peillon, V.（2012）*Communiqué de presse. Évaluations des acquis scolaire des élèves en CE1 et CM2. Maintien pour une utilisation pédagogique locale mais suspension de la remontée nationale des données statistiques,* le 21 mai.

Peretti, C.（2005 (1994)）« Évaluation », in Champy P., Étévé C., Forquin J.-C. et Robert A. D., *Dictionnaire encyclopédique de l'éducation et de la formation,* 3e éd., Paris: Retz.

園山大祐（2007）「フランス」研究代表者：吉岡真佐樹『教師教育の質的向上策とその評価に関する国際比較研究』(平成16年度～平成18年度科学研究費補助金(基盤研究(B))研究成果報告書)

タイラー，R. W.（1978）（金子孫市監訳）『現代カリキュラム研究の基礎：教育課程編成のための』日本教育経営協会

高橋洋行（2007）「フランスの市民性育成に見る教科横断型学習の学際的変遷：コレージュでの市民性教育に関する諸改革の検討を通して」『日仏教育学会年報』第13号

田村知子（2014）『カリキュラムマネジメント：学力向上へのアクションプラン』日本標準

上原秀一（2012）「フランスにおける『共通基礎』学力政策とPISA調査」『フランス教育学会紀要』第24号

Viaud, M.-L.,（2005）*Des collèges et des lycées différents.* Paris: PUF.

ヴィアル・ジャン(1977)(吉田正晴訳)「2 現代第一部　教師中心主義」波多野完治・手塚武彦・滝沢武久（監修）『教育の歴史2（現代教育科学3)』白水社

【コラム文献】

Dalibard É., Fumel S. et Lima L.,（2016）«CEDRE 2015. Nouvelle évaluation en fin de collège: Compétences langagières et littératie», in *Note d'information,* No. 21, juillet.

細尾萌子（2018）「世界の学力調査：諸外国の学力ガバナンスと学力調査フランスにおける学力調査」『シナプス』Vol. 61.

上原秀一（2012）「フランスにおける『共通基礎』学力政策とPISA調査」『フランス教育学会紀要』第24号

5章

フィンランドのカリキュラム・マネジメントと授業の質保証

● 渡邊あや ●

1. フィンランドにおける学力関連施策の現在

(1) 国際学力調査から見た子どもの学力

「教育先進国」のイメージを持たれることの多いフィンランドであるが，カリキュラム・マネジメントという概念は，必ずしも浸透しているとはいえない。しかしながら，1990 年代の教育の脱中央集権化以降，基礎自治体や学校の裁量が拡大する中で，カリキュラム・マネジメント的な発想に基づく取り組みの需要は高まり，その実施も広がりを見せつつある。では，フィンランドは，どのようにこれに取り組んでいるのであろうか，あるいは取り組もうとしているのであろうか。本章では，フィンランドにおけるカリキュラム・マネジメントの現状について，授業の質の向上をめざす取り組みを中心に見ていきたい。

フィンランドといえば，子どもの「学力」の高い国――。21 世紀の到来とともにスタートした OECD の生徒の学習到達度調査（PISA 調査）における好成績をきっかけとして生まれたイメージは，今や説明の必要もない。しかしながら，近年，そのイメージに翳りが見え始めている。表 5-1 は OECD の PISA 調査の，いわゆる国別ランキングにおけるフィンランドの順位の変遷を，図 5-1 はフィンランドの生徒の得点の変遷を，それぞれリテラシー別にまとめたものである。

表5-1　国別ランキングにおける順位の変遷

	読解力	数学的 リテラシー	科学的 リテラシー	参加国・地域
2000	1	4	3	32
2003	1	2	1	41
2006	2	2	1	56
2009	3	6	2	65
2012	6	12	5	65
2015	4	12	5	72

出典：国立教育政策研究所編，2001, 2004, 2007, 2010, 2013, 2016

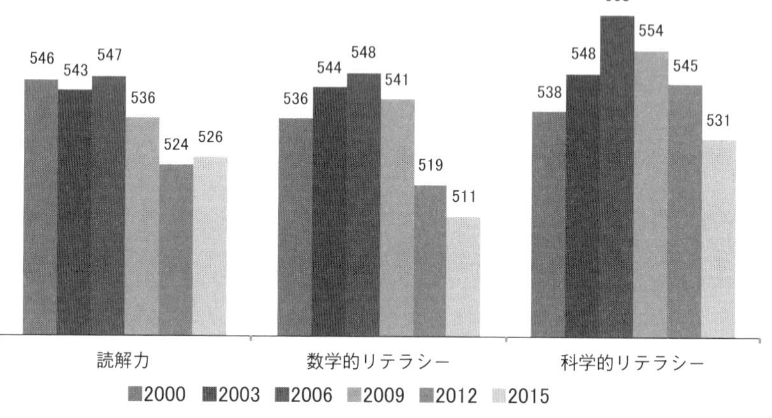

図 5-1　リテラシー得点の変遷（出典：国立教育政策研究所編，2001, 2004, 2007, 2010, 2013, 2016）

これらに示されているとおり，高い水準を示していたフィンランドの生徒の学習到達度は，2009 年調査より少しずつ低下傾向を示し始めている。結果公表を受け，メディアは，「フィンランドの若者の 1 ／ 4 が仕事に必要な読解力を身につけていない」（2010 年 12 月 8 日付トゥルク新聞）ことなどを報じたが，かつて日本やドイツなどにおいて見られたような「PISA ショック」と呼ばれる事態には至らなかった。これは，低下傾向が見られるとはいえ，国際的な視点で見ると今なお優れた結果を残しているという認識によるものである。実際，教育文化省が作成した PISA2015 の結果を伝えるリーフレットの表紙（図 5-2 参照）にも「HUIPULLA

図 5-2　PISA2015 年調査の結果を伝えるリーフレットの表紙
（出典：Opetus- ja kulttuuriministeriö, 2016a）

PUDOTUKSESTA HUOLIMATTA」（下落しているが優秀）という言葉が記されている。

(2)「平等な基礎教育を取り戻す」ことをめざす学力向上策

学力低下が世論の大きな関心を呼ぶことはなかったとはいえ，政府がその結果を自らの課題として受け止めなかったわけではない。2012 年調査の結果が公表され，各リテラシーの得点の低下と下位層の生徒の割合の増加など格差拡大の傾向が深刻化している状況が明らかになると，ほぼ同時期に，ヘルシンキ大学と国家教育委員会（現在の国家教育庁）などが共同で実施している学力調査においても同様の傾向が示されたこともあり，なんらかの対策が必要という意識が政府関係者・教育関係者の間に広がっていった。

「調査結果が全体的に落ちたことは，フィンランドの学校教育が大きな対策を必要としていることを示唆している。フィンランドの学校教育の未来を確かなものとするために，早急に幅広い関係者（研究者，教育専門家，政治家，生徒，保護者の代表らから構成）を含む検討チームを発足させたい」。キウル教育相（当時）はそうコメントすると，2014 年 2 月 28 日，包括的な基礎教育改革を実行するために，プロジェクトを統括する運営委員会と，ワーキング・グループを立ち上げた。ワーキング・グループは，学力の向上と学力における格差の縮減（男女間，地域間，学校間，児童生徒間，異なる社会経済的背景間）を通じて，機会均等を保障することを主たる目的とする「社会開発に資するコンピテンシーと学習の意義に関するワーキング・グループ」と，学力の向上に資する学習環境・授業改善・教育方法の検討を通じて，多様な学習方法・教育方法の開発，教材・学習材の検討，子どもの福利の拡充，幸福感の向上，学習意欲・学校満足度の改善，教員養成･現職研修の拡充を図ることを目的とする「学習の動機づけ･学校満足度・授業環境・教育方法に関するワーキング・グループ」から構成されていた。

ワーキング・グループや審議会における議論を経てまとめられた方針『明日の学校（*Tulevaisuuden peruskoulu*）』は，「平等な基礎学校の原則の堅持」「財源の保障」「学習・教育方法の開発」「学校経営・組織文化の開発」「教師教育の開発」「生涯にわたる教員の職能開発の支援」「教員の労働環境（労働時間）の開発」「校長のリーダーシップの開発」「教育に関する調査研究の開発」という9つの柱について，改善のための提案を行っている（Ouakrim-Soivio et al., 2015)。これらは，いずれも学力の維持・向上を図ることをめざすものであるが，その趣旨は，量の拡充ではなく，質の充実にあった。これは，ワーキング・グループ立ち上げ当初，キウル教育相が示していた「私たちがめざすのは算数や社会の時間を増やすということではなく，学習意欲と学習成果を高めること」という言葉と，教育環境・学習環境を改善することにより「平等な基礎学校を取り戻す」ことに力点を置く改革の全体方針を具現化するものである（渡邊，2014a)。

2. 授業の質の向上をめざす教育改革

(1) 授業改善への着目

「質」の充実を図ることを目的とする包括的な教育改革における最重点課題の1つに，授業改善がある。一連のPISA関連の報道においても，学力低下の原因を時代遅れの授業スタイルと教育方法に帰すものが多く見られた。とはいえ，この問題は，フィンランドにとって，新しい課題というわけではない。フィンランドの授業スタイルが「保守的」で「時代遅れ」とする批判は，国際学力調査における好成績の影に隠れていただけであり，以前からなされていたものである（渡邊，2014b）。例えば，1994年の全国教育課程基準の改訂時に，国家教育委員会（当時）が，イギリスの大学に委託して実施したカリキュラム改革の外部評価（Schostak et al., 1996）では，フィンランドの教員の教育方法が「非常に保守的」であり「学習者中心のアプローチや活動的なスタイルはほとんど見られない」という授業の実態を指摘している（渡邊，2005）。また，シモラ（Simola, 2002）は，教員の多忙化により，学校カリキュラムなどが形骸化している状況や，教員間の連携が増える一方「真の」教員の協働の実現に教員自身が懐疑的である実態を指摘していた。

こうした従来からの課題に加え，新たな課題も生まれている。近年急速に発達しているICTなど新たな技術や「事象学習」「現象学習」（Ilmiöpohjainen oppiminen）と称される教科横断的学習など新たな学習のあり方が，教育の選択肢と可能性を広げ，学校，そして教員に新たな挑戦を求めているのである。前項において触れた現在進む教育改革においても，個別的な学びと協同的な学び，それぞれを支援する授業の開発が重要な施策の1つに挙げられるなど（Ouakrim-Soivio et al., 2015），新たなニーズにこたえる教育方法の開発が喫緊の課題となっている。

(2)「組織」としての学校の課題

「教育先進国」のイメージの影に隠れて見過ごされてきた課題は，教育方法だけではない。「学校」単位での取り組みが未成熟であることもその1つである。例えば，OECDが実施している国際教員指導環境調査（TALIS）において示されたデータにも，その傾向が表れている。

表5-2は，教員が過去12か月以内に受けた職能開発の形態を各国別にまとめたものである。フィンランドは，ほとんどの項目について低い水準にあるが，とりわけ，「学校の公式の取り組みである組織内指導（メンタリング）や同僚の観察・助言，コーチング活動」を受けたと回答した割合が5.1％と際立って低く，参加国中最下位であった。また，「授業観察や指導計画や生徒の成績に関する議論などを通じて，教員の指導状況について様々な関係者との間で行われるあらゆるコミュニケーション」（国立教育

表5-2　教員が過去12か月以内に受けた職能開発の形態（％）

	課程（コース）／ワークショップ	教育に関する会議やセミナー（教員または研究者が研究成果を発表し，教育上の課題について議論するもの）	他校の見学	企業、公的機関NGOへの見学	企業、公的機関NGOで現職研修	資格取得プログラム（学位取得など）	教員の職能開発を目的とする研究グループへの参加	職業上関心を持っているテーマに関する個人研究または共同研究	学校の公式の取り組みである組織内指導（メンタリング）や同僚の観察・助言、コーチング活動
フィンランド	60.1	35.5	20.0	15.9	8.8	11.3	20.5	7.6	5.1
日本	59.8	56.5	51.4	6.5	4.6	6.2	23.1	22.6	29.8
アメリカ	84.2	48.8	13.3	7.0	15.4	16.4	47.4	41.1	32.5
イングランド	75.0	29.4	19.5	5.6	22.4	10.0	33.3	26.6	57.0
フランス	53.7	19.8	9.2	5.3	2.7	5.5	18.3	41.2	13.4
シンガポール	92.9	61.4	24.1	20.8	16.5	10.1	52.7	45.4	65.2
参加国平均	70.9	43.6	19.0	12.8	14.0	17.9	36.9	31.1	29.5

注：ここでは，参加国・地域のうち，本書において取り上げられている国について記している。
出典：国立教育政策研究所編，2014，pp.14-15.

政策研究所，2014）を意味するフィードバックを，誰が与えてくれたのかを教員に問うた問いでも，フィンランドは，「他の教員」を除くすべての項目について，参加国平均を下回っている（表5-3参照）。特に，「学校運営チームメンバー」や「組織内指導者（メンター）」が，それぞれ6.6%，0.7%と，他国と比較して突出して低い水準にある。表5-2及び表5-3の問いにおいて低い水準にあった項目はいずれも，学校の組織的取り組みを想起させるものであり，フィンランドにおいて「学校」単位での取り組みが十分ではないことを裏づける形となっている。

このことは，フィンランドの伝統的な教師教育制度とも無関係ではない。これまで，フィンランドは，教員の基本的な資格要件として修士号を求めるなど，充実した教員養成制度を有していることもあり，教員を高い専門職性を備えた存在と認識してきた。そのため，職能開発についても，その計画・実施において自律性を認め，教員個人の裁量に委ねている。いわゆる「官製研修」もなく，年間3～5日を研修に割り振ることが決められているのみである。

しかし，近年，学校レベルの教育課程の編成や学校評価の実施などが浸透していくにつれ，教育開発・改善を学校単位で行っていくことの必要性が認識されている。また，規模の大きな学校を中心に，校務分掌を導入し

表5-3　教員へのフィードバックの供給源（%）

	以下の供給源からフィードバックを受けたことがある					勤務校ではフィードバックを受けたことがない
	外部の個人または機関	校長	学校運営チームメンバー	組織内指導者（メンター）	他の教員	
フィンランド	18.5	42.4	6.6	0.7	43.0	36.9
日本	30.9	75.2	64.5	39.1	47.2	6.3
アメリカ	23.6	84.6	48.2	10.5	27.4	1.9
イングランド	28.9	41.9	85.2	28.9	51.1	0.9
フランス	70.3	43.1	18.2	6.1	20.7	16.1
シンガポール	10.8	50.4	82.6	38.3	42.6	1.2
参加国平均	28.9	84.6	48.2	10.5	27.4	1.9

注：ここでは，参加国・地域のうち，本書において取り上げられている国について記している。
出典：国立教育政策研究所編，2014，p.18.

たり，学校単位での教職員研修を実施したりしているところも増えるなど，実際の取り組みも広がっている。現在進められている教育改革においても，学校レベルでの取り組みを促すかのように，倫理コミュニティ・学習コミュニティとして学校を開発すること，教員の労働時間に開発のための時間を現状の週3時間から増やすこと，さらにその内容をより柔軟な形とすることなどが提案されている（Ouakrim-Soivio et al., 2015）。

（3）基礎教育の質の基準

1990年代の脱中央集権的教育改革以降，国は，スタンダード的なものを設定することにより，自治体や学校を統制することについて，慎重な立場を取ってきた。しかしながら，2000年代後半頃から，学級規模など教育環境に関する格差への懸念が示され，教育の平等性の危機が国レベルで取り組むべき問題として認識されるようになっている。そのような中，2009年に教育省（当時）がまとめたのが『基礎教育の質の基準(*Perusopetuksen laatukriteerit*)』（Opetusministeriö, 2009）である。教育の質の向上，多様な教育の提供，教育の機会均等の維持などを目的として作成された。「基準」という名称が用いられているが，国の基準を設定し，これの遵守を現場に求めることを目的とするものではなく，学校設置者である基礎自治体を支援するツールとして開発されたものである。そのため，同文書は，脱中央集権化の流れを止めることなく，均質な教育を維持するというスタンスに基づいている。

2012年に改訂された文書では，教育の質に関する13の項目（①ガバナンス，②教職員，③予算，④評価，⑤教育課程の実施状況，⑥教育と教育環境，⑦学習支援・発達支援・ウェルビーイング，⑧インクルージョン，⑨学校と家庭の連携，⑩物理的な学習環境，⑪学習環境の安全性，⑫基礎教育における学童保育，⑬クラブ活動）について，概要と質の基準，実施を支える諸要素がチェックリスト的に示されている。基準は，基礎自治体等の学校設置者を対象とするものと，学校を対象とする項目とに分けて提示されている。この基準に拘束力はないため，基礎自治体や学校にその実施を義務づけるものではないが，国は，目安のようなものを提示することを通じて，基礎教育の質を保証しようと試みている。

3. 学校レベルの教育課程の捉え方

(1) フィンランドにおける教育課程の構造

フィンランドでは，教育課程に関する権限は，国・地方・学校の三者が分担して担っている(図5-3参照)。ここでいう「地方」とは，クンタ(Kunta)と呼ばれる基礎自治体であり，市町村に相当する。

国が担うのは，教育課程の編成に関する全体的な方針の決定である。まず，政府が，教育課程の基盤となるコンピテンシーを定めた教育目標と教科別の授業時間数の配分を決定し（基礎教育法第14条第1項），政令として公布する。ここで示された教育目標は，コンピテンシーとして教育課程基準編成の際の基盤となるものである。次に，政令を踏まえて，国家教育庁（2017年に国家教育委員会から改称）が，関係者・関係機関と連携しながら，国の教育課程基準である『全国基礎教育教育課程基準

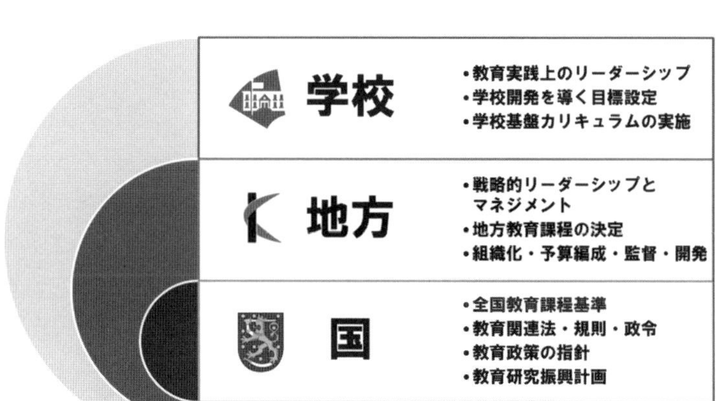

図5-3　教育課程基準の編成における役割分担
出典：National Board of Education, 2014

(*Perusopetuksen opetussuunnitelman perusteet*)』（以下，教育課程基準）を策定する。教育課程基準は，基礎教育法に基づく形で編成され（同第3条），各教科や教科横断的テーマ，進路指導，生徒指導等の内容，さらに，学校の連携や子どもの福祉に関する方針などを含んでいる(同第14条第2項)。教育課程基準は，かつては，学校において教えるべき内容を詳細に規定したものであったが，1994年の改訂時（Opetushallitus, 1994）に，教育課程基準の大綱化が図られたこともあり，大枠を示すものへとその性質を変容させている。

学校設置者でもある基礎自治体が担うのは地方教育課程の編成である。国が定めた教育課程基準と授業時間数に基づき，各自治体のニーズや実情に合わせた地方教育課程を策定する。その編成方法についても，自治体自らが決定することができる。近年は，教員を中心とする関係者がプロセスに関わる，参加型アプローチを採ることが一般的になっている。なお，国も，全国教育課程基準の電子版ともいえるePerusteetというサイトを構築し，地方教育課程の編成を支援するツールを提供している。

各学校は，全国教育課程基準と地方教育課程の内容を踏まえながら，指導計画を立案する。自治体の中には，学校カリキュラムの編成や公開を求めているところもあるが，その実施は，あくまでも自治体の判断によるものである。学校カリキュラムの編成は，法的に義務づけられているわけではないため，自治体によっては，学校カリキュラムの作成を求めず，地方教育課程と指導計画のみで運用しているところもある。

(2) 国レベルの教育課程基準

フィンランドにとって，1994年の教育課程基準の改訂は，教育課程のパラダイムシフトとでも呼ぶべき変化をもたらすものであった。その象徴的なものが，コンピテンシーを基盤とする教育課程基準への転換と到達目標の導入である。このうち，コンピテンシーを基盤とする教育課程基準への転換は，教育課程基準が，教えるべき内容を網羅したリスト的なものから，身につけるべきコンピテンシーを記したものへと変化したことを意味する。身につけるべきコンピテンシーは，当初，教育課程基準の改訂に先立って策定される『基礎教育における国家目標と授業時数配分に関する政令』に目標として定められていた。最新版（2016年施行）では，これらに加えて，「汎用的コンピテンシー」を定めている。これは，ATC21sの21世紀型スキルやOECD/DeSeCoのキー・コンピテンシー，EUの生涯学習のためのキー・コンピテンシーなど，国際的な議論を参照しつつ，国内的な文脈も考慮して策定されたものであり，①思考力・「学ぶことを学ぶ」力，②文化的コンピテンシー・相互作用・表現力，③自立心，生きるための技能／自己管理・日常活動の管理・安全性，④マルチリテラシー，⑤ICTコンピテンシー，⑥職業において求められるスキル・起業家精神，⑦参加・影響・持続可能な未来の構築，の7点から構成されている。現行の教育課程基準は，汎用的コンピテンシーを，教科基盤型知識とともに，構造化して提示している。

一方，到達目標は，脱中央集権化の流れの中で，学習成果を保証するための新たな仕組みとして，設定されたものである（渡邊，2013）。1990年代後半に導入された当初は，教育課程基準とは別の政府文書として策定されていたが，2004年の改訂以降，教育課程基準の中に組み込まれている。

表5-4　全国教育課程基準（草案）における到達目標の記述例

指導の目標	教科内容	教科における評価項目	評点8未満の成果	評点8の成果	評点8を超える成果
生徒が習得した物理のコンピテンスを人生や，生活環境や社会，さらには自身の将来，特に，進学や進路の意義を評価することができるよう奨励する。	S1-S6	物理の意義の評価	生徒は，生活の中で物理のコンピテンスの意義を理解している。生徒は，物理のコンピテンスを必要とする職業について知っている。	生徒は様々な場面において物理のコンピテンスの意義を理解しており，それを説明する。生徒は様々な仕事やその後の学習における物理のコンピテンスの意義を理解している。	生徒は様々な仕事やその後の学習における物理のコンピテンスの意義を理解している。生徒は，仕事や今後の学習において物理のコンピテンスの意義を評価することができる。

出典：Opetushallitus, 2014

到達目標は,「期待される成果」として記されているものであり，4～10の7段階で実施される評価の「8」(良い) 相当に基準が設定されている。現行版（2016年施行）では，この「8」相当の水準を教科や学年区分ごとに示す形が採られているが,改訂に向けた議論では基準である「8」に加え,それに満たない状態，それを超えた状態という3つの段階を提示することが検討された(表5-4参照)。ここに示された目標が,学校や教員にとって,児童生徒の学習成果や教育課程の実施状況をチェックする規準となる。なお，到達目標は成績評価の規準となり，成績評価は入学者選抜の基準となるが，到達目標それ自体が進級や修了の可否についての判断基準となるわけではない。

(3) 地方教育課程と学校レベルの教育課程

フィンランドの教育行政は,基礎自治体の裁量が多い点に特徴がある(表5-5参照)。学校にどの程度の裁量を認めるかということについても，自治体が決定できることから,学校が有している裁量は自治体によって異なる。

このことは,教育課程についても当てはまる。学校カリキュラムは,通常,国レベルの教育課程基準，地方教育課程を踏まえつつ，これに各学校の実情やニーズを加味する形で策定される。ただし，前述のとおり，学校カリキュラムの策定は義務づけられているものではないため，学校カリキュラムをめぐる状況は自治体によって異なっている。ある自治体はすべての学校に対して学校カリキュラムの策定を求めているのに対し，別の自治体で

表5-5　公立の前期中等教育に関する意思決定の位置

	年	中央政府	州	州／地方	地方	学校
フィンランド	1998				64	36
	2003	2			71	27
イギリス	1998	20			18	62
	2003	11			4	85
ドイツ	1998	4	28	15	16	37
	2003	4	30	17	17	32

出典：ノエルとトーマス，2015，pp. xvi-xvii

は求めていない，という状況が生まれているのである。一般的な傾向として，大規模自治体は，学校カリキュラムの編成を求める傾向が強い。これは，小規模自治体では，学校数が少なかったり，学校規模も小規模であったりすることから，学校カリキュラムを策定することは合理的ではないとして，地方教育課程と学校の年間指導計画とで対応していることによる。これもまた，基礎自治体が，その裁量のもと，自らの実情に合わせて行った決定の一例と見ることもできる。

(4) 教育課程の実施における学校レベルの工夫

学校レベルの教育課程をめぐる状況は様々であるが，その実施において，学校には，工夫が求められている。その要因の1つが，教育課程基準の大綱化と授業時数の弾力化である。教育課程における自由度を増大させるこの改革は，自治体や学校が自らの裁量で科目を設定したり，学年配当を考えたりすることを一部可能にした。そのため，学校が実情に合わせて教育課程をアレンジしたり，特色づくりを行ったりすることができるようになったのである。

同じ時期に試みられた教育課程への「教科横断的テーマ」の導入もまた，学校に工夫を求めるものであった。というのも，教科横断的テーマは，時間を特設することなく導入されたため，各学校・各教員には，既存の教科の中で，あるいは，学校裁量時間などを活用して，これに取り組むことが求められたのである。近年，「現象学習」「事象学習」などへと発展していく中で，各学校は，試行錯誤しながら，効果的な教育課程のあり方や教育方法のあり方を検討し，これに取り組んでいる。

4. 評価を核としたマネジメント・サイクル

(1) 教育改善における評価の役割

フィンランドでは，基礎教育法の目的の遂行を保証すること，教育の振興を支援すること，教育･学習環境を改善すること，の3点を目的として，教育評価を実施している（基礎教育法第21条第1項）。その実施主体となるのは，学校設置者である基礎自治体である。

基礎教育法は，学校設置者に対し，2つのことを求めている。1つ目は，自らが提供する教育及びそのインパクトについて評価することである（同第2項）。評価が系統的かつ定期的なものであることや，学校評価を含むものであることは求められているが（Koulutuksen arviointineuvosto, 2004），そのモデルや手法については標準化されていない。そのため，フィンランドの教育評価・学校評価は，学校設置者である基礎自治体が，提供する教育及びその効果について点検を，自ら有益であると考える手法で行うという自己点検評価的色彩が強い。それは，国による監視や管理ではなく，「改善のための評価」を主たる目的とするという，フィンランドにおける評価の特徴を端的に示している（渡邊，2013, p.224）。

もう1つは，教育の提供に関する外部評価に参加することである（同第2項）。ここで言う「外部評価」とは，主に学習成果に係る評価である。国が主体となって実施している全国学習成果調査（Opppimistulosten kansallinen arviointi）もこれに含まれる。その主たる目的は，全国教育課程基準の実施状況と教育の機会均等の実態を把握することにあり，学習成果を児童生徒個人レベルではなく，システムレベルでチェックし，改善に生かそうとしている点に特徴がある。

(2) システム評価としての学力調査

全国学習成果調査が導入されたのは1998年のことである。全国教育課程基準の大綱化や教育行政の分権化等，教育の規制緩和・権限委譲を基調とする改革が進み，入口管理から出口管理（成果による管理）への移行が図られる中で，義務教育の新たな質保証のツールとして導入された。そのため，調査は，全国教育課程基準に示された到達目標に基づきながら，教科ベースで実施することを原則としている。

導入当初は，義務教育の最終段階にある第9学年の生徒を対象として，母語と数学について実施することが，基本的なフォーマットであった。しかし，2004年版全国教育課程基準の下で実施された学習成果調査では，教育課程基準に掲載されているすべての教科が対象とされている。音楽や体育など実技系の科目についても調査が実施されるという，文字通り，教育課程の実施状況をチェックするものであったのである（ただし，2016年に改訂された新教育課程基準のもとでは，再び母語と数学を中心とする調査となる見込みである）。

調査は，原則として年1回行われるが，毎年決まった教科について実施するといったような定型はない。そのため，長期的な効果検証を目的として，ある特定の年の入学者を，第1学年から追跡調査するといった取り組みも行われている。方法も，悉皆ではなく，標本調査の形が採られている。サンプリングは，学校単位で行われ，その割合は概ね5～10％程度である。調査は，前述のとおり，システム（教育制度）の評価という観点で行われているため，調査の目的は，標本調査で十分果たされていると考えられている。

悉皆調査については，すべての子ども，すべての学校に学習成果をチェックする機会を保障することが必要という視点から，その実施を求める声がないわけではない。実際，調査対象とならなかった学校の中には，問題用紙を入手し，独自に調査を実施し，全国平均や自治体平均に照らしながら分析を行っているところもある。しかし，費用やコストパフォーマンスの問題などから，実施は見送られている。

全国学習成果調査を実施しているのは，国立教育評価センター（Kansallinen Koulutuksen Arviointikeskus: KARV）である。国立教育評価センターとは，教育政策立案と教育振興に資するエビデンスベースのデータ形成・収集を目的とする評価に関する専門機関である（国立教育評価センター法第1条・第2条）。2013年，学校教育評価機構と高等教育評価機構，国家教育委員会（当時）の評価部門を統合する形で誕生した。それ以前に全国学習成果調査を中心的に担っていたのは，国家教育委員会の評価部門である。当時は，教育課程基準の編成など，教育の実施を担う機関が，評価についても実施することについて，評価の独立性の観点から問題視する声があったが，組織改編により，その問題も解消されている。

（3）学力調査の結果のフィードバック

全国学習成果調査の結果は，アカウンタビリティの視点，さらには，改善の視点から公表されている。具体的な方法としては，主要な結果をまとめた概要の作成・公表，国立教育評価センターによる詳細な分析を含んだ報告書の刊行，学校設置者（基礎自治体）や学校等に対する自治体別・学校別の報告書の作成・通知などがある。

一般に公表されるデータは，全国平均と広域自治体単位の結果のみであるが，学校設置者である基礎自治体，さらに，調査におけるサンプル抽出の単位でもある学校には，自治体別・学校別の結果がフィードバックされる。基礎自治体や学校は，国レベルの数値，広域自治体の数値，基礎自治体の数値などに照らしながら，自らの実態を把握することができるため，これらを教育政策・方針の立案，学校改善・授業改善等に活用することが期待されている。

全国学習成果調査以外にも，基礎自治体が，大学等が開発した学力調査に個別に参加し，改善に活用している事例もある。その中で，最も規模が大きいものが，ヘルシンキ大学教育評価センター・国家教育委員会（現国家教育庁）・ヘルシンキ市教育局などが共同で開発・実施している評価プロジェクト「学び方を学ぶ力」（Oppimaan Oppiminen）調査である。全国学習成果調査が全国教育課程基準に基づき，その到達度の測定・把握を目的としているのに対し，「学び方を学ぶ力」調査では，論理的思考力・数的思考力・読解力など，教科横断的なコンピテンシーを測定している。ヘルシンキ市のほか，ビフティ市やヴァンター市など主に首都圏の自治体が参加し，教育改善に活用している。

5. カリキュラム・マネジメントの実際

(1) カリキュラム・マネジメントと学校経営

フィンランドでは，カリキュラム・マネジメントのあるべき姿はどのように考えられているのだろうか。教育文化省がまとめた『基礎教育の質の基準』(2012年) の「教育課程の実施」及び「教育と教育環境」の項目に示された質の基準を手がかりとして考えてみたい。

まず,「教育課程の実施」には，学校設置者（基礎自治体等）に対する質の基準として,「教育課程に関する諸活動が，計画され，共有され，適切な予算配分がなされている」ことや,「教育課程のPDCAを実行している」ことが提示されている。また，教育課程の評価や開発において，全国学習成果調査をはじめとする国レベルの評価や政策，教育分野の研究成果等を活用していくことも, その具体的な方策についての言及はないものの, 提案されている。

これらから浮かび上がってくるのは，教育課程の開発やPDCAの基本的な単位が基礎自治体にあるということである。もちろん，学校がこれらに関与していないというわけではない。実際,「教育課程を基盤として，学校の年間計画，自己点検評価及び学校開発を実施する」ことが推奨されている。しかし,「教員が教育課程の開発や教育課程のPDCAに参加している」「保護者が教育課程のPDCAサイクルに参加することができる」「児童生徒が教育課程に関する議論や教育課程に基づき実施される教育の評価や開発に参加することができる」といった記述からは，学校及びその構成員である教員・児童生徒・保護者が，教育課程の開発やPDCAの主体というより，むしろこれらに関するプロセスの担い手と考えられていることがうかがえる（Opetus- ja kulttuuriministeriö, 2012)。

一方,「教育と教育環境」の項目には，基盤整備は基礎自治体，実施は学校という役割分担が明確に示されている。学校に対する質の基準としては，場に応じた教育方法の選択や子どもの多様性への配慮，授業スキル向

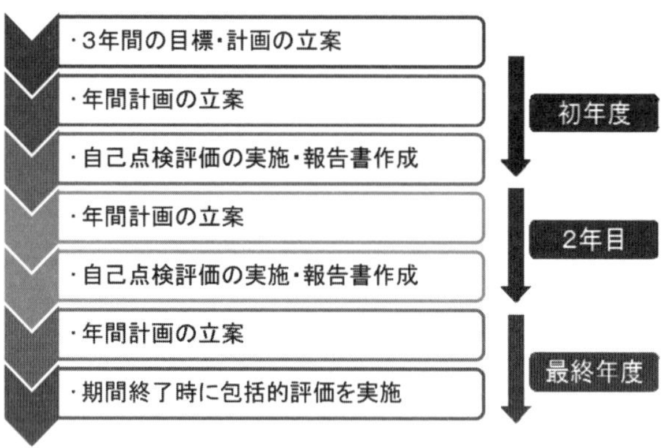

図 5-4　A 市における評価活動のサイクル

上のための職能開発への参加，教材等の整備，教育課程に基づく学校の教育活動評価及び児童生徒の成績評価の実施，継続的な学校開発の確立など，授業の質向上に資する取り組みが挙げられている。

フィンランドにおいて，学校は，通常，基礎自治体が掲げる目標を踏まえて，3 年間の中期目標・計画を策定し，それに基づいて諸活動を行っている（図 5-4 参照）。一連の PDCA サイクルにおいては，教育課程と，全国学習成果調査等学力調査の結果など，これに基づく評価の結果もたらされたデータが，重要な役割を担っている。

(2) 教員に求められるスキル

カリキュラム・マネジメントの視点を実効性のあるものとするには，実施を担う教員の力が不可欠である。現在包括的な基礎教育改革の一環として取り組まれている教師教育改革においても，未来の教員という視点から，目標とする教員像を描き出す試みが行われている。改革の議論を通じて，「全ての教育環境・学習環境において，人との相互作用や協同の意義を理解している，未来志向で革新的な専門家」（Opetus- ja kulttuuriministeriö, 2016c, p.16）とする教員像を目標として掲げ，その具体例を以下のように提示した。

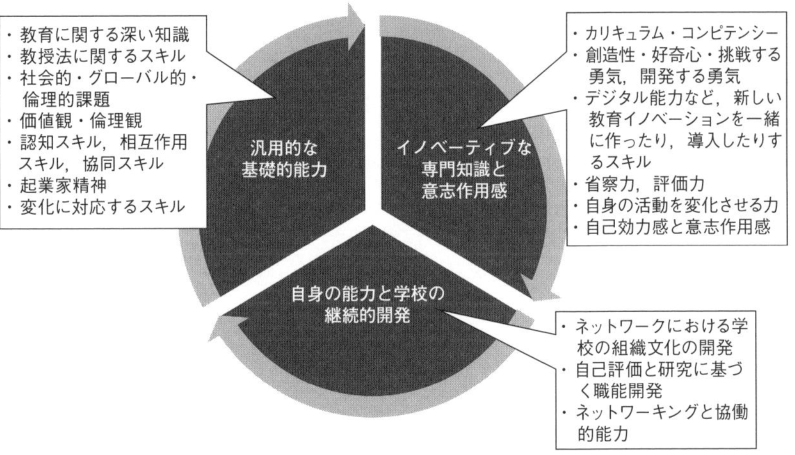

図 5-5　未来の教員の資質・能力目標（出典：Opetus- ja kulttuuriministeriö, 2016b, p.17.）

・教員は，未来志向で，多才で，革新的な専門家であり，多様な学習環境を活用することができる。自らの職能を継続的に開発していく。
・教員は，自らの専門や教授法に関する能力や価値観・倫理観における深い専門職性を備えている。教員は，開発する勇気，実行する勇気を備えている。
・教員は，新しい教育イノベーションを導入する力や，自らの行動を変える力を備えている。
・教員は，自身の職能・職場・機関内のキャパシティを開発するために，最新の研究成果や評価を活用する。
・教員の仕事は，広範囲のネットワークに支えられている。そこでは，教員が助けを求めたり，ノウハウを国内的にも国際的にも共有したりしている。　（Opetus- ja kulttuuriministeriö, 2016b）

さらに，これを教員に求められる資質・能力として，整理したものが図5-5である。以前から，自らの教育実践・授業実践について研究的視点を持って分析する力を備えた教員の養成をめざしてきたフィンランドであるが，ここでも，「カリキュラム・コンピテンシー」や「評価力」など，最新の研究成果や評価を活用することにより，学校の組織開発を進め，教育の質の向上に役立てていくことのできる力が，はぐくむべき資質・能力として掲げられている。

6. 総括：フィンランドの特徴とわが国の今後への示唆

教育課程の大綱化や教科横断的教育活動の増大，自己点検中心の学校評価や，学校経営におけるPDCAサイクルの導入など，教育をめぐる新たな潮流の中で，フィンランドの学校は，カリキュラム・マネジメント的視点が必要とされる状況にある。しかしながら，これまで，学校を単位とする組織的取り組みや教職員の協働が十分機能してこなかったこともあり，その導入は限定的であった。

しかし，近年，状況は変化している。学校を単位とする活動が増える中で，その取り組みの重要性に関するコンセンサスが生まれているのである。これまで基礎自治体レベルでの実施が中心であったカリキュラム・マネジメントの萌芽は，学校においても芽吹きつつある。

フィンランドの取り組みにおいて興味深い点として，参加型アプローチが採られている点がある。教育課程のPDCAに教員のみならず，児童生徒や保護者まで関与することが推奨されている。児童生徒や保護者の関与のあり方としては，質問紙調査や面接調査を通じた評価活動への参加が最も一般的なものであるが，計画など，それ以外の活動への参加も広がりつつある。

一方，教育の内容面については，教科の垣根を越えた取り組みがこれまで以上に広がっている点が注目される。「教科横断的テーマ」として導入された教科横断的学習は，現在，「現象学習」「事象学習」などの名称で日本でも紹介されているプロジェクト型のトピック学習へと発展している。これは，「教科横断的テーマ」のときと同様に，学校や教員に，教育課程上の工夫を求めている。その結果，教科間の連携や部分的な統合，異年齢による学級編成など，学習集団の弾力化，ティーム・ティーチングやコ・ティーチングの導入など，様々な教育方法・学習方法が試みられている。こうした取り組みは，一部の自治体では「現象学習」「事象学習」以外にも広がりを見せている。こうした取り組みにカリキュラム・マネジメント的視点を取り入れることは，プロセスの円滑化に資するものである。加えて，教育ニーズの多様化や，教育方法や学習方法に関する選択肢の拡大が進む中，既存の枠組みにとらわれないあり方を支援するツールとなることも期待されている。

【文献】

Laki Kansallisesta koulutuksen arviointikeskuksesta, 1295/2013.

Perusopetuslaki, 628/1998.

Perusopetusasetus, 852/1998.

Koulutuksen arviointineuvosto. (2004) *Koulutuksen arivioinnin uusi suunta: Arviointiohjelma 2004-2007.* Jyväskylä Koulutuksen arviointineuvosto.

National Board of Education. (2014) *Curriculum in Finland.*

Opetushallitus. (1994) *Peruskoulun opetussuunnitelman perusteet 1994,* Helsinki: Opetushallitus.

Opetushallitus. (2014) *Perusopetuksen opetussuunnitelman perusteet: Opetus vuosiluokilla 3-6, Lunnos 15.4.2014.*

Opetushallitus.（2015）*Perusopetuksen opetussuunnitelman perusteet 2014.*

Opetusministeriö.（2009）*Perusopetuksen laatukriteerit.* Helsinki: Yliopistopaino.

Opetus- ja kulttuuriministeriö.（2012）*Perusopetuksen laatukriteerit.* Jyväskylä: Kopiijyvä Oy

Opetus- ja kulttuuriministeriö.（2016a）*Huipulla pudotuksesta huolimatta.*

Opetus- ja kulttuuriministeriö.（2016b）*Opettajankoulutuksen Kehittämisohjelma.*

Opetus- ja kulttuuriministeriö.（2016c）*Opettajankoulutuksen kehittämisen suuntaviivoja – Opettajankoulutusfoorumin ideoita ja ehdotuksia.* Opetus- ja kulttuuriministeriön julkaisuja 2016:34.

Ouakrim-Soivio, Najat, Aija Rinkinen, ja Tommi Karjalainen.（2015）*Tulevaisuuden peruskoulu.* Helsinki: Opetus- ja kulttuuri- ministeriö.

Schostak, J., & Barbara, Z.（1996）*An Independent Evaluation of Comprehensive Curriculum Reform in Finland,* Helsinki: Yliopistopaino.

Simola, H. (2002) "'It's progress but…' Finnish teachers talking about their changing work," in Kirsti Klette et al (eds.), *Restructuring Nordic Teachers: Analyses of Interviews with Danish, Finnish, Swedish and Norwegian Teachers.* Oslo: University of Oslo.
国立教育政策研究所（編）（2001）『生きるための知識と技能』ぎょうせい
国立教育政策研究所（編）（2004）『生きるための知識と技能 2』ぎょうせい
国立教育政策研究所（編）（2007）『生きるための知識と技能 3』ぎょうせい
国立教育政策研究所（編）（2010）『生きるための知識と技能 4』明石書店
国立教育政策研究所（編）（2013）『生きるための知識と技能 5』明石書店
国立教育政策研究所（編）（2014）『教員環境の国際比較：OECD 国際教員指導環境調査（TALIS）2013 年調査結果報告書』明石書店
国立教育政策研究所（編）（2016）『生きるための知識と技能 6』明石書店
ノエル・マクギン，トーマス・ウェルシュ（著），西村幹子，笹岡雄一（訳・解説）（2015）『教育分権化の国際的潮流』東信堂，pp.xvi-xvii.
渡邊あや（2005）「PISA 好成績を支えるシステムと進む教育改革：現場裁量と"希望"のゆくえ」『フィンランドに学ぶ教育と学力』明石書店
渡邊あや（2013）「フィンランド」文部科学省『諸外国の教育行財政』ジアース教育新社 pp.215-235.
渡邊あや（2014a）「PISA 調査の結果で世界はどう動いたか：新しい課題：顕在化する格差」『週刊教育資料』第 1293 号，22-23.
渡邊あや（2014b）「格差の拡大と学力低下：『PISA の優等生』フィンランドが直面する課題」『内外教育』第 6330 号，10-12.

6章

香港のカリキュラム・マネジメントと授業の質保証

● 野澤有希 ●

1. 香港の教育課程改革と学力向上政策

近年，経済協力開発機構（OECD）の国際的な生徒の学習到達度調査PISA（Programme for International Student Assessment）の結果がしばしば取り上げられている。香港のPISAの結果を見てみると，2003年から2012年までの「読解力」の順位は10位－3位－4位－2位で，「数学的リテラシー」の順位は1位－3位－3位－3位で，「科学的リテラシー」の順位は3位－2位－3位－2位であった[*1]。これらの調査結果から香港の三分野での成績が上位で安定していることがわかる。「香港は10年も経たないうちに，中等学校でも小学校を卒業した生徒が活動的な学習を行うようになり，読解力の一連の国際比較においても，生徒の成績に改善が見られるようになった。例えば，国際教育到達度評価学会（IEA）の国際読解力調査（Progress in International Reading Literacy Study, 以下PIRLS調査と表記する）では，香港の小学生の読解力の成績は国際ランキングで2001年の14位から2006年には2位となった」[*2]。2011年のPIRLS調査では1位であった。このように，香港はすさまじいスピードで教育改革を推進し，確実に教育の質の改善等に関する数多くの施策が実現されている。

また，注目すべき香港の学力の特徴としては，OECD調査の生徒の経済社会文化的背景（保護者の職業・学歴，家庭の所有物の状況に基づく統合指数）による各教科の得点分散の説明率（各教科の得点の何パーセントが，生徒の経済社会文化的背景に規定されているか）を整理した図表を見てみると，香港の数学的リテラシーは7.5%（OECD平均14.8%），読解力は5.2%（同13.1%），科学的リテラシーは6.0%（同14.0%）であり，いずれも香港はOECD平均よりも数値が小さく，生徒の経済社会文化的背景による影響力が相対的に小さいことがわかる[*3]。香港の教育は「質」と「平等」という成功の重要なポイントをおさえているといえる。

このような好成績をおさめた理由は何か，本章では教育課程改革の内容をはじめ，評価システムの整備，「校本課程開発（学校に基礎を置くカリキュラム開発）（School-Based Curriculum Development: SBCD）」[*4]を基礎とする授業の質保証と教員の専門性向上の視点で香港の児童生徒の学力向上の内実を明らかにする。

（1）香港の教育課程改革

香港は国際都市であり，ロンドン，ニューヨークと並ぶ世界三大金融センターの一つとして評価され，世界経済においても重要な地位を確立しつつある。1997年にイギリスの植民地から中国に返還された香港は，「一国二制度」によって大陸とは教育制度や政策が異なる。香港の教育局は1999年から本格的に教育課程改革に着手した。教育課程発展議会（日本の中央教育審議会と同様）が教育課程の全般を概観した後，「教育改革の成功は多くの教育に関心を持つ市民の参与が欠かせない」と強調し[*5]，改革案について2年間にわたって教育関係者と社会各界の人に対し，広範なヒアリング調査を行った。その後，2001年に教育課程発展議会が『学習を学ぶ：教育課程発展方向』，2002年に『基礎教育課程指針：各尽所能・発揮所長』という2つの重要な教育改革文書を告示した。この教育改革は教育目標，教育政策，教育内容，評価，資源の配分などの各方面で行われ，教育全般についての枠組みの大変換，言わば「パラダイム転換」が生じた。例えば，入試制度改革，カリキュラムの統合，カリキュラムの弾力化と裁量権の拡大，児童生徒中心の学習モデル，「全方位学習（life-wide learning)」（次節で論述する）の重視，評価システムの整備，教育資源を利用する方策，教師の専門性の向上，一貫教育の推進，教育現場を支援する措置などの改革内容が挙げられる。どの政策でも，児童生徒の学力を向上させ，潜在的な能力を引き出し，多様な資質・能力を育成するという全人教育，生涯学習の教育目標を達成するためである。

特に，児童生徒の「学習を学ぶ」という教育理念が重要視されている。これは批判的な思考力，創造力，探究力を持つ次世代が知識基盤社会で活躍でき，いろいろな挑戦を惜しまないグローバル人材を育てるためである。『香港教育制度改革建議』（2000年）の中では，これからの教育改革の主要な内容を決めている。それは，①知識偏重から「学習を学ぶ」へ，②知識重視から全人教育へ，③固有な教科の枠からカリキュラムの統合へ，④テキスト重視の学習から教材多様化へ，⑤社会全体が教育を支援し，学習は教室から外へ，⑥硬直な時間割から弾力的な時間割へ，⑦早い段階での教育の選抜・配分機能から，児童生徒の探究力，潜在能力の開発へと示されている[*6]。また，教育課程発展議会（2001年）が「学習を学ぶ：教育課程発展方向」という報告書の中で，以後10年間の香港の教育課程発展の方向性を決めた。

このように，香港政府教育局の教育課程改革は以下の特徴にまとめられる。まず，教科を廃止し，領域ごとに教育課程指針，教育方策と内容，評価を明示した。次には，各学校は児童生徒のニーズに応じる校本課程開発を行うことが必須となった。最後に，資質・能力を明確にさせ，授業の教授・学習の効果を上げるために多様な方策，方法を用いる。さらに，学校側への支援と資源を提供し，大学教授などの外部の専門家と団体との連携を重視している。ここでは，改革の初期段階（2001年～2005年まで）に『学習を学ぶ：教育課程発展方向』の中で示した児童生徒の学力の向上に有効な重点項目を挙げて，教育課程改革の内容をさらに明確にしたい。その内容としては，以下の5点が挙げられる。

1）学校経営のレベルで，学習環境と学習機会を提供し，教育課程の全

表 6-1　香港の教育課程改革の短期・中期・長期発展計画

短期発展 (2001 ~ 2005)	○政府 ・学校側に資源と支援を提供する。例えば：教育課程指針，校長及び教師の研修プログラム，校本課程開発の支援等。(2002 年から，すべての学習領域及び科目の教育課程指針が告示される。) ・学校と大学との連携を強化し，「種計画」(優秀な先進校を「種学校」として指定する）を推進し，成功した経験を参考できるように他の学校を支援する。 ・短期発展段階が終了する際，全体の進み具合と成功経験を検討し，まとめる。 ○学校 ・学校の背景と状況が違うので，自分の状況と条件に応じて，課程発展計画を立てる。 ・基本的に『学習を学ぶ：教育課程発展方向』の 28-58 頁の内容と方策に基づき，教授・学習の効果をあげる。4 つの重要教育項目を通じて，批判的な思考能力，創造力，コミュニケーション能力，「学習を学ぶ」ことを習得させる。
中期発展 (2006 ~ 2010)	○政府 ・短期発展の成功経験をまとめ，学校に校本課程開発，教授・学習の方策を提示する。 ・2005 年の検討結果に基づき，関連ある計画と実施を改善する。 ○学校 ・短期発展の成果と中央課程の枠組みに基づき，学校の発展計画の次の段階に進めて，校本課程を促進し，教授・学習の方策を改善する。
長期発展 (2011 以後)	○政府 ・社会と児童生徒のニーズに基づき，教育課程を持続的に改善する。 ・学校が家庭，教育関係者，及び社会団体と連携し，成功経験を蓄積し，学校教育の質を高める。 ○学校 ・教授・学習の有効な方策を活用し，児童生徒の全人教育，生涯学習を促す。 ・中央課程に基づき，児童生徒のニーズに応じる校本課程開発を発展させる。

出典：教育課程発展議会，2001「学習を学ぶ：教育課程発展方向」より*7

体計画と実施，児童生徒に思考力を育成し，学び方を習得させる。教師の教育方法の改善，授業の質と専門性の向上に力を入れる。その方法としては，①カリキュラムの統合と精選，②学校の業務を精査し，事務的な業務を減らす。③テスト，暗唱などの負担を減らす。④時間割を自由に作る。⑤教育予算を有効に利用する。⑥教育関係者，有識者と経験を交流し，教育資源を共有する。

2) 児童生徒の学習動機づけの方策を活用し，学校内と学校外で学習機会を増やす。児童生徒の興味関心と学習動機を低下させることを排除する。

3) 4 つの重要教育項目（①徳育及び公民教育，②読書から学習，③

探究力を重視する課題学習すなわち「問題発見・解決型学習，PBL (Problem based learning)」，④ IT を活用する学習）を確実に各授業で浸透させ，授業の効果を高める。

4）学び方と教育方法を改善し，児童生徒が各学習段階で基礎・基本的な国語，英語，数学の知識・技能を習得させる。

5）9つの共通な資質・能力の中で，まず，批判的な思考力，創造力，及びコミュニケーション能力を優先的に育て，各学習領域で有効な教育方法と内容を利用する[*8]。

このように，香港は「学習を学ぶ」という教育理念を持って，教授・学習を改善するためには，教室レベルの授業内容と方法だけではなく，学校経営・管理の側面と外部との連携の側面も重要視しながら政策を制定している。

(2) 政府のカリキュラム枠組みの全体設計と9つの共通な資質・能力

香港は帰還後，教科の壁を打破し，校本課程開発を促進するために，8つの領域を設けた（1993年～2001年まではコアカリキュラムと教科を中心とする枠組みであった)。その意図は児童生徒が獲得しなければならない領域の重要な知識と関連する概念に基づき，学習環境を提供し，適切な教授・学習の方策を用いて，共通な資質・能力と正しい価値観と態度を育成し，知識の再構成を促すためである[*9]。8つの領域は中国語，英語，数学，科学，科学技術，個人社会と人文，芸術，体育教育である。現在，香港では各領域の中で，あるいは領域横断の形での校本課程開発を促進している。関之英の調査によれば，香港では小学校の国語における校本課程開発は98.2%に達していて，成功した要因としては「児童生徒の興味関心に基づいて資源を有効に利用し，共同授業案づくりと授業準備，有効な教育方法」を述べた[*10]。このように，香港のカリキュラム改革はただ教科内容，教材，教育方法という教室レベルにとどまることではなく，カリキュラムを弾力化させ，学校現場にカリキュラム裁量権を委譲し，校本課程開発の活発化という学校文化をつくることを明らかにした。つまり，香港における教育課程改革の成功の理由は，活発に校本課程開発を行うという学校文化を醸成したからである。この学校文化の中で，各教師はカリキュラムを開発するために教授・学習のプロセスを改善しなければならない。

カリキュラムを統合し，領域を横断する代表的な「常識科」は，8つの中の3つの領域（科学，科学技術，個人社会と人文教育）が含まれる。「常識科」は小学校の全体授業時数の12%～15%を占める。具体的な内容は健康と生活，人間と環境，日常生活の科学と科学技術，社会と公民，ナショナル・アイデンティティと中国文化，世界とIT社会が含まれていて，6つの学習内容から編成されている*[11]。常識科では自然と科学技術に興味と好奇心を育成する科学教育を重視し，児童生徒が科学に対する自ら学び，興味関心，および探究心を伸長させるための教科である。

また，香港の義務教育段階の児童生徒の科学に関する平均的な学力は世界の上位にあり，また上昇傾向が見られる*[12]。香港の教育課程は，各領域あるいは領域横断で獲得した知識を重視しながら，その知識を再構成し，各領域で9つの共通な資質・能力（①協同性，②コミュニケーション能力，③創造力，④批判的思考能力，⑤情報技術の応用能力，⑥運算能力，⑦問題解決能力，⑧自己管理能力，⑨主体的に学習し，探究する能力）と正しい態度と価値観（責任観，他人を尊重する，強さ，ナショナル・アイデンティティ，思いやりと愛，誠実さ，使命感など）を育成することをめざしている。価値観は，児童生徒個人の外在と内在する信念を形成し，行為と意思決定の準則である*[13]。態度とは，ある対象や個人を取り巻く環境の一部分に関連して，個人のパーソナリティの中に形成されている行動や反応の準備状態をいう*[14]。香港の教育は，特に価値観と態度の形成に重点を置いている。道徳教育を最も重要な5つの経験の1つとして各学校で取り組むべきと明記している。各学校はこれらの共通な資質・能力と正しい態度と価値観を育てるために，自由に学習内容と教材を精選することができる。

筆者が調査研究を行う2つの小学校では，オーストラリアと台湾などで研修を行い，ポジティブ教育と生命教育を積極的に校本課程に取り入れている。一部の学校は大学と外部の団体と連携し，教科書を開発している。教材を使用しない学校も多々ある。ここでは，学習領域で獲得した知識，共通な資質・能力，及び価値観と態度の関係を図6-1で示している。

図6-2が示しているように，教育局は児童生徒に多様な学習経験，学習空間と機会を提供するために，カリキュラム指針で5つの重要な学習経験（道徳と公民，知能発達，社会サービス，体育と芸術，キャリアと関連がある経験）を明記し，各学校が多様な経験を提供するように促している。領域の中では，必ず，教育課程改革の切り口である「4つの重要教育項目」

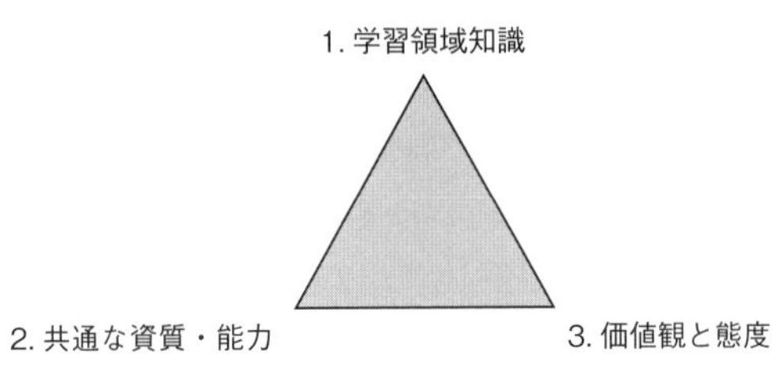

図6-1　カリキュラムの枠組みを構成する3つの要素*15

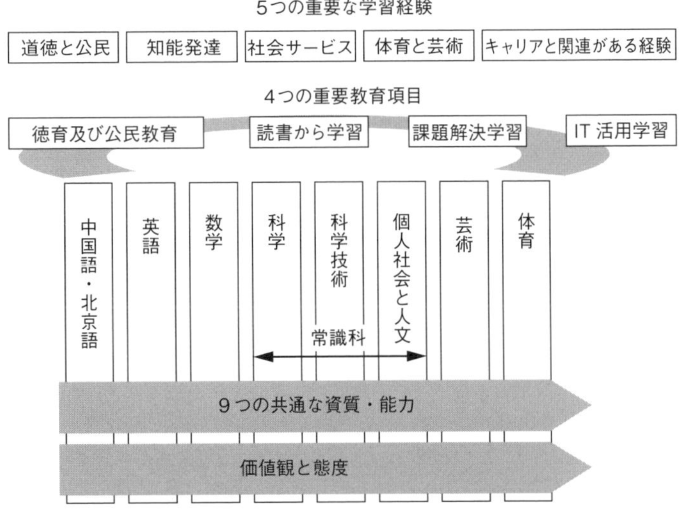

図6-2　香港の小学校カリキュラムの枠組み*16

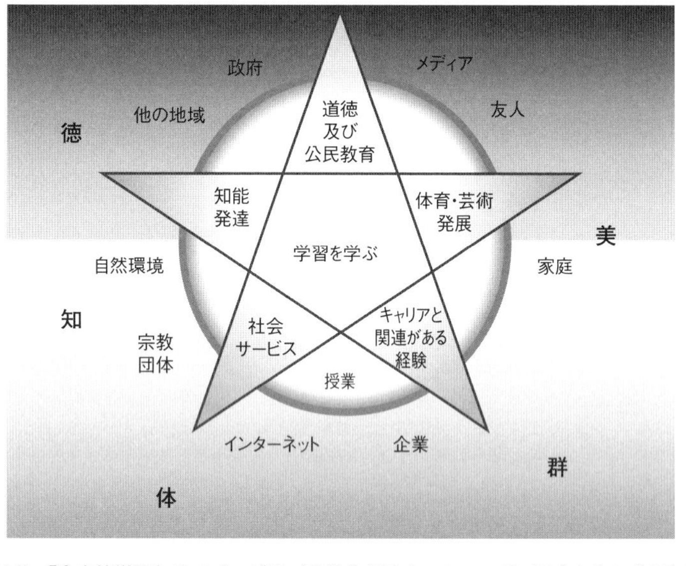

図 6-3 「全方位学習」のイメージ図（香港教育局ホームページの図をもとに作図）[*17]

を組み込む政策が制定された。

5つの重要な学習経験と4つの重要教育項目以外に，香港の教育課程指針の中では，児童生徒のニーズ，実情に基づき，共通な資質・能力を育てるために，各学校が必ず「全方位学習（life-wide learning）」（図 6-3）を行うように明記されている。これは，教室での知識の獲得だけではなく，教室から出て多様な経験をさせるためである。「全方位学習」とは，児童生徒が実際の環境の中で学習することを強調し，教室での学習では習得できない知識や，資質・能力を育てるためのものである[*18]。

また，児童生徒に多くの学習機会を提供し，実践体験の中で学習させている。児童生徒の学習を支えている内容として，星形の構成要素は前述した道徳と公民，知能発達，社会サービス，体育と芸術，キャリアと関連がある5つの経験を提供することである。外側の円型には政府，メディア，友人，家庭，社会サービス施設，企業，インターネット，宗教団体，自然環境，他の地域から学習機会を提供し，「徳・智・体・群・美」をバランスよく育てることを重視している。教育局は「全方位学習」と各領域の関係性を明確にし，活用できるようにインターネット上で事例と資料を提供している。

2. 香港の小学校の教育課程と校本課程

2000年以後，香港は校本課程開発を重点的に発展させ，新しい学校文化を創出することができた。「改革前は教師が中央課程の内容をそのまま教える教育の技術員であった。中央集権的なカリキュラムはすでに時代に適応できない。学校に多くの自主権と裁量権を委譲する校本課程開発が重要である」*[19]。

表6-2のように，香港の小学校は小1～小3，小4～小6という2つの学習段階に分けられ，各段階の最低授業時数が明示された。各領域で校本課程開発を活発的に行われている上に，弾力的な時間を設けている。この弾力的な時間においては，①道徳と公民教育，生徒指導，領域横断の価値観教育，②4つの重要項目の読書から学習，③クラス会などで教科横断の価値観教育，④各領域や領域横断の補習や才能教育，⑤他の学習経験を広げ，全方位学習を促進する，という教育活動に取り組むことを記している。

表6-2　香港の小学校の領域と授業時数*[20]

学習領域／科目	小1～小3（第1学習段階） 小4～小6（第2学習段階）
中国語，北京語	594～713時間（25～30%）
英語	404～499時間（17%～21%）
数学	285～356時間（12～15%）
常識科（科学，科学技術，個人社会と人文）	285～356時間（12～15%）
芸術	238～356時間（10～15%）
体育	119～190時間（5～8%）
3年の授業時間数下限	1925時間（約81%）
3年の弾力的な時間数	19%（3年約451時間）
3年総授業時間数	2376時間（762時間×3）（100%）

注：各3年学習段階の授業時数の配分である。小学校毎学年就学日数は190日。

校本課程の目的は，「1. 学校の校本課程は児童生徒のニーズと興味に合わせることができる。2. 教師のカリキュラム開発の潜在能力と専門知識の発展を促進することができ，規定された教育課程の束縛から解放できる。3. 校長がリードし，中央レベルのカリキュラムを学校に適合できるように修正できる。4. 社会変化に応じ，実生活が必要される知識と技能を育てることができる」であった*[21]。校本課程は各学校が必ず取り組む教育活動である。特に，児童生徒のニーズ，興味関心，能力に応じて，中央課程を調整し，校本課程を開発することが強調されている。この政策は学校の資源と強みを利用し，教師の専門性発展を図りながら，専門的な知識と能力を生かし，新しい学習内容を編成して，児童生徒の興味関心を引き起こすことが狙いである。教育局は多くの支援策を制定し，教育方法，学習内容，単元，授業用の資料，関連テーマなどの先進事例をインターネット上で示している。

校本課程は学校組織機能を活性化させ，教師の専門性向上，教師の参加と協働性を促進することに役立つ。羅厚輝によれば「校長が校本課程の研修などに教師を参加させ，教師が新しいカリキュラム開発の文化と知識を把握して，校本課程開発の能力を高めることが重要である。また，行政面での支持や資源を有効に利用するなど校本課程開発の体制を整えることが不可欠である」*[22]という。李偉成も「学校は有能な行政管理人員が必要であり，教授法とカリキュラム開発に詳しいリーダーが必要である。リーダーはカリキュラム開発，教授法の変革，および校本課程の研修活動を全体的に計画し，効果的な策略を考え出すことが重要である」と指摘した*[23]。

図 6-4 のように，校本課程発展，教師の専門性向上，学校組織機能の活性化は相互に密接に関わり合い，授業の質に影響し，「学習を学ぶ」という目標を達成するために大きな役割を果たす。香港の校本課程開発の成功理由は中央政府が校本課程を開発する資源，空間と時間，及び自主性を与えることである。校本課程は児童生徒が学び方を学ぶことを促進するために，教師が開発主体となってカリキュラムを開発する。学校がカリキュラ

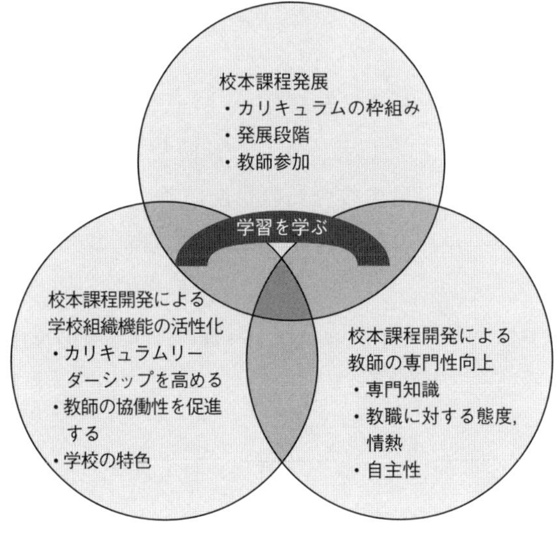

図 6-4　校本課程開発による「学習を学ぶ」ことへの促進[*24]

ム開発の正念場となり，校長と教師がカリキュラム開発するプロセスの中で，授業内容と質を向上させる。それは目標，実施，教授内容，教材，評価などが含まれて，教師に校本課程を開発することを通じて，専門性の発展を遂げ，授業の質を向上させ，達成感を味わわせる。しかしながら，校本課程開発という土台と学校文化を形成するためには，校長と教師の研修プログラムが必要不可欠である。香港には充実した校本課程開発の支援制度と研修プログラムが整備されている。

香港教育局は2001年に，小学校では「課程統籌主任」という教育課程のリーダー職を設置し，各学習領域で校本課程の教育課程発展部会を設けて，全校の教師の参与を促すことになった。この職は5年の試行期を経てから常設職に変更した。役割としては，学校でカリキュラム開発を推進するために校長に協力し，学校のカリキュラム計画・実施，教授・学習を改善する。また，評価活動のリーダーでもある。さらに，他の学校のカリキュラム開発の様子を把握するために，校長とミドルリーダーを他の学校の校外評価に参加させている。また,「校長支援ネットワーク」を立ち上げた。

具体的には，新任校長が定年退職の校長とペアを組み，学校の行政管理の問題解決とカリキュラム開発に役立っている*[25]。

優秀な学校と校本課程開発を奨励し，支援するために，1998年に政府から50億香港ドル（約6.45億ドル）の補助金で「香港優質教育基金」が設立された。2009年6月の教育局の報告によると，その後も36.2億香港ドル（約4.67億ドル）の補助金が投入され，学校の7400項目の教育計画を補助した*[26]。

教育局は学校現場への専門的な校本課程開発支援制度を設けて，次のように支援している（表6-3）。

1）校外から定期的に専門家と教育局の校本課程発展処の人員を派遣している。支援の重点として，①学校全体の校本課程計画：カリキュラムのバランスを重視する校本課程を発展し，カリキュラムの縦の系統性と横の融合を実現する。違う学習段階の同学年と他学年の交流を深め，カリキュラムのアーティキュレーションを実現する。②教授・学習の効果を高める。児童生徒の多様性を重視する教授・学習の方策を探究する。中国語の学習環境を整え，児童生徒の多様な学習経験を促す。③評価の支援を行う。教授・学習の検証データを集め，児童生徒の強みと弱みを診断し，教授・学習活動にフィードバックする。④カリキュラムリーダーの専門性発展計画を立てて，カリキュラムリーダーの専門性発展を促し，カリキュラム改善部門の持続的な発展を図る。

2）「専門性発展学校」のリーダーシップ。主要な学習領域で優秀な経験

表6-3　教育局の支援制度

学校支援	その他の派遣支援内容
中国大陸と香港教師の交流及び連携計画	大陸と香港の教師の専門的な交流を促す。大陸の教師が小中学校の国語及び数学において連携を深めて，新しい授業方法を研究し，教育の効果を高める。
大学－学校支援計画	大学は学校に多様な支援を行う。特に教育方法と教育実践の研究成果を広げ，学校の改善に役立てる。

を持つ学校を「専門性発展学校」に認定する。この専門性発展学校はリーダーシップを発揮し，指定された学習領域で他の学校を支援する。例えば，他の学校教師との共同教員研修を実施し，共同授業計画を作成し，共同授業参観をして，授業評価をする。また，インターネットを通じて，専門性発展学校がネットワークを立ち上げ，他の学校の教師への支援を日常化する。

3)「学校支援教師ペア計画」の推進。主要な学習領域で優秀な教師（中国大陸の優秀教師を含む）を他の地域から一時期の出前授業あるいは雇用形式で招き入れて学校を支援をする*27。

3. 香港の学校評価システムと学習評価システム

これから，香港の評価システムを概観し，評価情報の活用，学校改善や教授・学習の改善に役立つ内容を明らかにしたい。

(1) 学校評価システム

香港の教育改革の重点項目の中には，学校評価制度の改革が含まれている。香港教育局は教育の質を保つために2008年版の「評価指標」を改訂し，新たな「評価指標」(2015年)(学校自己評価の領域，範囲，指標が含まれる)を告示した。香港の学校評価システムは「改善原則，学校状況に従い，焦点を絞る」という方針が定められ，「香港発展と問責評価システム」と「学習促進評価システム」から構成されている。「学校発展と問責評価システム」は，具体的に学校自己評価と第三者評価（香港語：校外評価）を含む。「学校発展と問責評価体系」はITによる評価ツール（インターネットによる学校自己評価）が提供されている。学校自己評価ツールは，以下の役割を果たす。

①教師（校長と副校長を含む），保護者，児童生徒によるアンケート調査。

②学校校本課程のアンケート項目の作成と調査。
③参考データと平均値（norm, 香港語：常模）の提供。
④長年の学校評価データの分析と管理。
⑤教育局に調査データを提出，評価報告書の作成。
⑥評価項目をつくる時間と労力の縮減。

IT による学校自己評価システムの構築により，校長と教師にとっては，学校評価の時間，労力，資金，負担が軽減された。また，評価情報を的確に把握し，改善に役立っている。

1）評価の枠組み：「評価指標 2015」

「評価指標 2015」（4 領域，8 の評価範囲，22 の評価指標）は教育局が学校の教育活動を評価し，改善するために作成した基準であり，各学校の行政組織の活動の基準でもある。評価の枠組みと指標の設定は各学校に改善と効果につながる方向性を明確に示している。ここでは，評価領域とその項目を取り上げる。

Ⅰ　学校管理と組織
1. 学校管理　1.1 計画　1.2 遂行　1.3 評価（組織体制，情報公開，評価文化の浸透など）
2. 専門的リーダーシップ　2.1 リーダーシップと管理　2.2 協働と支援　2.3 専門性発展

Ⅱ　教授・学習
3. 教育課程と評価　3.1 教育課程組織　3.2 教育課程実施　3.3 学習評価　3.4 教育課程評価
4. 教授と児童生徒の学習　4.1 学習過程　4.2 学習様子　4.3 教授組織　4.4 教授プロセス　4.5 反省と改善

Ⅲ　校風と児童生徒に対する支援
5. 児童生徒に対する支援　5.1 児童生徒の成長への支援　5.2 学校雰囲

気

6. 校外連携　6.1 家庭との連携　6.2 校外との連携

Ⅳ　児童生徒の学習，態度，価値観の様子

7. 態度と行動　7.1 情意発展と態度　7.2 コミュニケーション能力の発展

8. 成績と参加状況　8.1 成績　8.2 成績以外の様子*[28]

有本は「香港はアジアの中でも教育の質保証に積極的に取り組んでいる国であるといえよう。……香港の質保証のプロセスは国家目標に基づいて教育システムを学校が自己評価することで，学校教育を改善していくというプロセスを踏んでいく」*[29]という。学校自己評価システムは学校機能を高めるために全体的に学校の教育活動を検証している。これは，客観的に評価の情報を提供することができていて，学校の教育課程計画の作成に役立てていることを意味する。つまり，現時点あるいは次の段階の教育活動のために常に情報を提供し，改善点を明らかにすることができるシステムが構築されているのである。

2）第三者評価

第三者評価（2003年から実施）の方法として，例えば，学校の規模によって4人四日間あるいは5人五日間で評価を行う。70%の教師の授業を観察する。第三者評価の人数によって，無作為で抽出した数名の児童生徒の一日の活動を観察する。学校管理委員会*[30]，校長，教師，保護者，および児童生徒と面談する。保護者10人と児童生徒10人などの評価人員が含まれる評価会議で学校改善の状況と効果を確認する，といったことが行われている。この第三者評価の報告書の内容も指標2015の評価枠組みでまとめられている。

教育局は学校自己評価とアカウンタビリティを促すために，第三者評価を推進している。ただし，第三者評価のために資料等を準備しなくてもよいなど学校に負担を増大させないように配慮している。第三者評価は，各学校の改善の道筋と内容を明確に示す目的を持って用いられるものである[31]。

(2) 香港基本能力評価

『香港教育改革建議書』(2000年) の中では「基本能力評価」が提唱され，教師と児童生徒に各領域の基礎・基本的な知識の習得状況を示し，教授・学習活動を改善している。これは，児童生徒に自分の学習状況を把握させるためでもある[32]。

「基本能力評価」の中には，「児童生徒学習評価」と「全香港系統学習評価（TSA: Territory-wide System Assessment)」が含まれる。2つの評価が関連性を持ち，範囲は同じであるため，テスト問題も重複性が見られる。

「児童生徒学習評価」の目的は，児童生徒のニーズと学習進度を把握し，早期に問題点と理解できなかった箇所を発見し，補習と支援を行うことである。この評価はインターネット上で自由に実施し，児童生徒の学習状況を把握するために，校内定期テスト，観察などの評価方法と総合評価し，多面的に児童生徒のニーズと学習状況を把握するものである。

「全香港系統学習評価」は小学校3，6年生，中学校3年生で実施し，各学校が各領域の基礎・基本的な知識と技能が教育水準に達した状況を把握する目的を持っている。学校は学校改善のためにこの数値を参考にしている。各学校は必ず「全香港系統学習評価」に参加しなければならない。評

表6-4 児童生徒学習評価と全香港系統学習評価[33]

年	児童生徒学習評価	全香港系統学習評価
2000	準備	準備
2001	小3	準備
2002	小4，小5，小6	準備
2003	中1，中3	小3
2004	中2	小6
2005	小1，小2	中3

価内容は，国語，英語，数学という3教科の教育課程と関連し，各学習範囲の中で主要な評価項目を明示している。評価結果は学校改善，カリキュラム開発と教授活動の改善に役立っている。また，香港全体の成績分析を行っている。この「全香港系統学習評価」システムの結果は非公開であるが，学校の自己評価データとして，一部の学校は学校管理委員会と保護者に公開している。

2007年以後の香港の現状としては，中学校入学後のクラス編成に活用するための「香港中1入学前学科テスト」(Pre-Secondary One Hong Kong Attainment Test, 以下Pre-S1と略記する）を，小学校6年生を対象に実施することになった。前述した全香港系統学習評価という統一テスト，また，各学校の定期テストがあるため，小学生はテスト準備のために相当な学習時間が当てられた。教育関係者の批判を受けてから，教育局は2011年11月15日に統一学習テスト制度を変えた。一時的に，2012年と2014年に行われる小学校6年生のTSAを中止し，2013年にPre-S1を中止することを決めた。小学校6年生の児童は1つだけのテストを受けて，2つの統一学習テストを交互に実施することになった。現在，全香港系統学習評価は小3段階から始まり，児童生徒の学習負担の過大問題が指摘されている。小学校ではテスト勉強のために，練習帳を10冊以上購入している。また，学校管理委員会と保護者が成績を重視する傾向があり，一部の校長は成績を上げるようにと教師に圧力をかける現象が見られる[*34]。

(3) 児童生徒評価に多様な評価方法を用いた授業改善と支援

香港は児童生徒評価の情報を活用して，教授・学習を改善することを図っている。児童生徒評価は多様な評価方法を用いている。例えば，学校内の定期テスト，課題解決学習の成果，ポートフォリオ，児童生徒の自己評価，ペア評価，教師による評価，保護者による評価，賞罰，ITによる「児童生徒学習評価」，及び「全香港系統学習評価」などの学習評価の成績以外には，各学年や領域の教師の検討会議，授業観察，教師の観察や意見，校本課程評価，第三者評価の評価結果を収集し，分析している。ここでは，以下の３つの評価システムの内容を取り上げる。

1）学校自己評価の中では児童生徒評価の指標を明確に定めている

評価範囲 7. 態度と行動

7.1 情意発展と態度

評価指標：①児童生徒の自己評価はどうでしょうか？ ②学習態度はどうでしょうか？ ③道徳，社会性，市民性，ナショナル・アイデンティティなどの価値観はどうでしょうか？ ④自己管理能力を身につけたでしょうか？ 生活習慣，セルフコントロール，ストレス解消方法などは身につけましたか？

7.2 コミュニケーション能力の発展

評価指標：①社交性，人間関係とリーダーシップはどうでしょうか？ ②児童生徒の行動と自律性はどうでしょうか？

評価範囲 8. 成績と参加状況

8.1 成績

評価指標：①校内のテストなどの学習評価はどうでしょうか？ ②「全香港系統学習評価」の成績はどうでしょうか？ ③生徒の統一テストと学業成績の伸び率はどうでしょうか？（中学校適用）④児童生徒の学業以外の面での受賞歴あるいは活動はどうでしょうか？

8.2 成績以外の様子

評価指標：①課外活動の参加状況と活動の様子はどうでしょうか？ ②各種国内コンクールや国際コンクール，大会の参加状況と受賞歴はどうでしょうか？ ③身体能力はどうでしょうか？*35

2）情意と社交性評価システム

情意と社交性評価システムの目的は児童生徒の全人教育のために，情意や社交性に対する評価とニーズ情報を収集し，学校の教育活動を改善することである。評価範囲「1. 自我」には，①自我概念,「2. 自我と他人」には，①人間関係,「3. 自我と学校」には，①学校に対する態度（学校生活の質），

②動機づけ，③成敗の原因，④学習能力，⑤自主的に学習する能力，「4. 自我と社会」には，①価値観が含まれている。*36

3）ステークホルダーによるアンケート調査

ステークホルダーによるアンケート調査は教師による学校管理，リーダーシップ，教育課程と評価，児童生徒の学習と教授，児童生徒の支援，外部との連携という評価アンケート用紙，児童生徒による児童生徒の学習と教授，児童生徒の支援という評価アンケート，保護者による児童生徒の学習と教授，児童生徒の支援，外部との連携評価が含まれている。

児童生徒による授業に対する評価（5段階評価）項目は，以下のとおりである。

①先生は時々授業以外の学習活動を取り入れています。例えば，課題学習，参観，フィールド考察など
②先生は時々私たちに学習の方法を指導してくれます。例えば，予習，思考ツール，辞書，インターネットの利用方法等
③先生は時々私たちの学習状況と問題点を教えてくれます。
④授業中の先生の発問は啓発的です。
⑤授業中，先生は時々課題を解決するために探究するように教えてくれます。
⑥授業中，時々グループ討論と発表などの学習活動を取り入れています。
⑦授業中，先生はよくほめてくれます。*37

4. 教師の専門性発展と授業の質保証のアプローチ

香港政府は教師の専門性向上を促進するために，「教師教育と資格諮問委員会」を立ち上げ，2013年に「校長と教師専門性向上委員会」に改名された。教師に3年間で150時間の継続的専門性向上の研修が求められ

ている。教師の能力の枠組み「Teacher competencies framework: TCF」も導入されている*[38]。

香港教育局は校本課程開発というカリキュラム改革を重点的に推進し，学校の校本課程開発文化の醸成と同時に，効果がある教授・学習活動を提唱し，評価と連動して，授業の質保証を求めている。具体的な対策としては，相互関連性を持つ３つの方面から力を入れている。

1）学校制度とマネジメント：①学習機会の提供と学習環境の改善，②校本課程開発，③共同授業案づくりと授業準備，④時間割の工夫。
2）授業と学校内外の学習の重視：①有効な教授・学習の方策，②学習評価，③４つの重要教育項目，④教科書と資源の利用，⑤学力格差の是正，⑥宿題。
3）各界団体・組織との連携：①全方位学習，②幼小中の一貫教育，③家庭との連携*[39]。

校内では，第一に，大学の専門家が参加して，教師グループが共同授業案づくりと授業準備をしている。第二に，同僚の授業評価を行っている。第三には，教師の専門性向上を促進するために，校内で学習研究会やサークルをつくっている。これらによって，専門性向上の意識を強化させ，教師の専門性向上の協働文化を形成している。長年教育局は大学と連携し，充実した研修内容と制度を整備してきた*[40]。

例えば，2009年に校本課程開発と学校改革を進めるために，教育局教育課程発展処は年間でおよそ５万あまりの幼稚園と小中学校に対して，校長と教師に約700の専門性を高める研修プログラムを準備した。研修プログラムは教科横断，学力格差の是正，小中一貫の接続性，カリキュラムリーダーシップなどが含まれる。

各学校は，他の学校，大学と連携をして，共同に教材，教育方法，カリキュラムを開発し，また，広範囲に他の学校の教師との交流研修会でカリキュラム開発と授業の経験を交流している。

ここでは教師の専門性向上のために香港天水囲循道衛理小学校の共同授業準備と授業研究の取り組みを紹介する。

- 毎週朝（7：45～8：30）各領域の担当者が教師共同授業準備時間を設ける。各領域の主任は場所を指定し，必ず参加する。特別な事情で共同授業準備ができない場合には，領域主任，学年主任に通知し，必ず他の時間を指定する。
- 月曜日：カリキュラム部会，火曜日：常識科，水曜日：数学，木曜日：中国語，金曜日：英語。
- 共同授業準備の前には，必ず次週の単元計画を用意し，同僚に参照させる。
- 各領域は毎月一日「共同科研日」を設ける。
- 授業研究：カリキュラム部会を通じて，各領域の科研内容を決めて，共同授業準備と科研を行う。
- 隔週の水曜日に1～2名の教師は科研内容の関連授業を公開する。他の教師は授業参観する。
- 毎週の水曜日の午後に「共享会」で授業公開の教師が学習授業案，授業方法，効果を説明し，自己評価を行う。また，他の教師が授業評価を行い，意見を述べる。該当教師が改善報告を書く。
- 各領域は学期始めと終了時期に科研項目の内容と効果を検討する*41。

5. 総括：香港の特徴とわが国の今後への示唆

帰還後，香港の教育改革は，短期，中期，長期発展の計画通り推し進められて，新しい学校文化の創出に成功した。教育課程改革はシステムの構築，カリキュラムの大綱化，弾力化によるカリキュラム裁量権の委譲，学校現場の自主性，自律性を促している。わが国への示唆としては，以下の3点にまとめられる。

第一に，カリキュラム改革と授業の質の改善を連動させている。つまり，教育課程の理念の転換と教授・学習モデルの改善・開発が同時に図られている。香港のカリキュラム改革の特徴の１つは「中央化－校本化の連動」である。中央機関からどのぐらいカリキュラム裁量権を譲渡されているかによって，校本課程開発の活発の度合いが決められる。校本課程開発の政策が２つの転換の土壌となり，新しい学校文化を創出している。校本課程開発は中央課程の束縛から解放され，学校の自主性，自律性，教師の専門性，創造性を最大限に引き出すことができる。教育課程は授業を通じて実現される。したがって，教師は児童生徒の興味関心を引き起こすような授業，教育方法の改善をしなければならない。このように，教育課程は教授・学習と緊密的な関係を持っている。香港の教育課程改革の特徴としては，各学校が中央課程と校本課程の関係性を明確にし，各領域であるいは領域横断の校本課程開発を重視していることである。

香港のカリキュラムの枠組みの全体設計の中から見られるように，知識・技能，資質・能力，態度と価値観をバランスよく育成し，全人教育をめざしている。また，４つの重要項目を切り口とし，多様な教育方法を用いて，教授・学習モデルを改善している。さらに，校本課程開発，学校機能の向上，教師の専門性発展の３つのアプローチで授業力の向上を図り，「学習を学ぶ」という目標を達成している。つまり，授業の質向上という課題は，教室レベルの教材，授業方法，授業案を改善するだけで解決できない。改善が見られても，一時的あるいは一部の学校，学級，教室だけになる。よって国レベル，学校レベル，教室レベルの要素を連動させ，改善の効果を図らなければならない。日本でカリキュラム開発が注目され始めたのは，1974年３月に東京で開催されたOECD国際セミナーでのSBCD（校本課程開発）の提起からである[*42]。SBCDの理論と方法を蓄積したけれど，総合的な学習の時間が縮小されたように，必ずしも効果を十分検証されたとはいえない状況であろう。

第二に，評価システム（学校改善と学習改善を連動する）が整備されて，学校がアカウンタビリティを果たしている。特に，児童生徒に対する評価が多様な方法で行われ，知識･技能，態度と価値観，情意を評価している。より多くの評価情報を収集し，児童生徒の学習を改善し，支援している。

日本の学校評価ではデータの収集と集計などに多大な労力と資金がかかるという負担の問題があるが，その問題解決にはITを利用して，教師，保護者, および児童生徒がいつでも入力できる香港の「学校評価システム」のような評価データ集計ツールが必要である。評価項目と結果は学校自己評価の基礎データとして，文部科学省，地方教育委員会が平均値データを提示しなければ, 無意味なデータになってしまう。2010年に改訂した「学校評価ガイドライン」では文部科学省初等中等教育局に置かれた「学校の第三者評価のガイドラインの策定等に関する調査研究協力者会議」での議論を踏まえ，学校の第三者評価の在り方に関する記述を充実させた。しかしながら，このガイドラインは学校自己評価，学校関係者評価，第三者評価という「誰が」評価を行うかという評価主体と対象の問題を重点的に記しているものの，結果的に，学校の自己評価はわずか7ページの概説を示しただけである。特に，学校関係者評価と第三者評価の概念の明確化とその重要性の説明が目立っている。むろん，外部評価は重要であるが，評価の主体と対象を明確にしても，学校評価の内容や指標が疎かにされているのではないだろうか。この点では，香港の「指標2015」では明確に評価の枠組みと内容が示されており，日本に示唆するところが多い。

第三に，香港の小学校では共同で学習授業案づくりと授業準備，同僚の授業評価（教育課程指針2014に明記されている）が盛んに行われている。教師が反省型実践者になるために校内で学習研究会やサークルをつくって，教師の専門性向上を促進している。他の学校，大学と連携をし，新しい教材，授業方法，カリキュラム開発を行っている。校外では，教育局と大学が多様な研修プログラムを提供している。また，広範囲に他の学校の教師との交流研修会でカリキュラム開発と授業の経験の交流をしている。このように，香港教育局は多様な方法で学校内と学校外で教師の専門性向上への意識を強化させ，教師の専門性向上の協働文化を形成させている。

【注】

＊1　文部科学省「OECD 生徒の学習到達度調査（PISA）」http://www.mext.go.jp/b_menu/toukei/001/index28.htm（2018/02/28 最終確認）。

＊2　経済協力開発機構（OECD）（編著），渡辺　良（監訳）『PISA から見る，できる国・頑張る国 2：未来志向の教育を目指す 日本』2012 年，明石書店，228-229 頁。

＊3　文部科学省委託学力調査を活用した専門的な課題分析に関する調査研究業務『PISA（OECD 生徒の学習到達度調査）における上位国・地域の教育制度に関する調査研究報告書』三菱総合研究所，2015 年，19 頁。

＊4　中国大陸と香港特別行政区（本文では「香港」と略記）では「SBCD: School-Based Curriculum Development（学校に基礎をおくカリキュラム開発）」のことを「校本課程開発」と訳す。その概念の発展と実践に関しては，田中統治 趙炳輝 野澤有希（翻訳）「中国における『校本課程開発』概念の発展と実践」『教育学系論集』第 36 巻，筑波大学人間系教育学域，2012 年，55-65 頁を参照されたい。

＊5　香港教育課程発展議会『学習を学ぶ：教育課程発展方向』2001 年，1-4 頁。http://www.edb.gov.hk/tc/curriculum-development/cs-curriculum-doc-report（2018/02/28 最終確認）

＊6　香港教育統籌委員会『生涯学習　全人発展：香港教育制度改革建議』2000 年 9 月

＊7　同上報告書，摘要 ii，iii。

＊8　同上報告書，6-7 頁。

＊9　同上報告書，60-61 頁。

＊10　関之英「香港小学校国語教師に対する校本課程開発の調査研究」教育曙光，第 59 巻第 1 期，2011 年，66-78 頁。

＊11　香港教育課程発展議会『小学常識科課程ガイドライン』2011 年，12 頁。

＊12　野澤有希「香港の校本課程開発における校長の意思決定に関する事例研究：CIPP モデルの視点を手がかりとして」『カリキュラム研究』第 23 号，カリキュラム学会，2014 年，5 頁。

＊13　香港教育課程発展議会『小学常識科課程ガイドライン』2011 年，12 頁。

＊14　日本大百科全書による。

＊15　『基礎教育課程指針』2014 年，16 頁。

＊16　香港教育局ホームページ http://www.edb.gov.hk（2018/02/28 最終確認）香港のカリキュラム全体構造図により筆者が作成した。

＊17　香港教育局ホームページ http://www.edb.gov.hk/tc/curriculum-development/major-level-of-edu/life-wide-learning/index.html（2018/02/28 最終確認）

＊18　香港教育課程発展議会『学習を学ぶ：教育課程発展方向』2001 年，84 頁。

＊19　李偉成 余慧明 許景輝『カリキュラムリーダーシップと学校発展』学術専門図書センター，2008 年，4 頁。

＊20　香港教育課程発展議会「基礎教育課程指針：焦点化・深化・持続」，2014 年，10-11 頁。

＊21　馮施鈺珩編「香港の校本課程設計」『課程理論と設計』香港保良局教育検討会，1994

年，137-141 頁。

＊22　羅厚輝『課程開発の基礎理論』山東教育出版社，2002 年，206-218 頁。

＊23　李偉成「課程リーダーの任務と要求」李偉成 余慧明 許景輝『課程領導と学校発展』香港課程発展と領導学会 学術専業図書，2008 年，27-40 頁。

＊24　香港教育局ホームページ http://www.edb.gov.hk/tc/edu-system/primary-secondary/applicable-to-primary-secondary/sbss/school-based-curriculum-secondary/principle/definition.html（2018/02/28 最終確認）

＊25　教育局校本専門支援組 校長支援ネットワーク http://www.edb.gov.hk/tc/edu-system/primary-secondary/applicable-to-primary-secondary/sbss/sbps/principal-support-network-psn/（2018/02/28 最終確認）

＊26　顔明仁『戦後香港教育』（教育リーダーと変革シリーズ）Division 出版，2010 年，55，272 頁。

＊27　香港教育局「校本支援服務（2013-2014 年）小学校，中学校および特殊教育」2013 年 4 月 9 日教育局通函（第 33/2013 号）。

＊28　香港教育局質保証と校本課程支援部「評価指標」（小・中学校・特別学校適用），2015 年。

＊29　有本昌弘「わが国義務教育への質保証概念導入の意義と課題」『国立教育政策研究所紀要』第 134 集，2005 年，81-104 頁。

＊30　香港教育局の統計（2015 年）によると，香港の小学校は 528 校がある。公立小学校（34 校）が直接教育局により管理される。他の資助小学校（435 校）は経費が政府から支出されるが，学校管理委員会（地域の有識者，保護者，校長，副校長，教師代表など）により管理される。その他，直接資助小学校と私立小学校が含まれている。http://www.edb.gov.hk/index.aspx?nodelID=1038&langno=2（2018/02/28 最終確認）

＊31　香港教育局ホームページ http://www.edb.gov.hk/attachment/sc/sch-admin/sch-quality-assurance/sda/esr/esr-info_for_sch_2016_sc.pdf（2018/02/28 最終確認）

＊32　教育統籌委員会『香港教育制度改革建議書』2000 年。

＊33　同上建議書，60 頁。

＊34　葉建源 黄家楽編著『全香港系統学習評価（TSA）評論文集』香港教育専門家協会 香港数学教育学会，2013 年，1-42 頁。

＊35　同上「評価指標」（小・中学校・特別学校適用）2015 年，28-29 頁。

＊36　香港教育局ホームページ http://www.edb.gov.hk/sc/sch-admin/sch-quality-assurance/performance-indicators/apaso2/apaso1reference.html（2018/02/28 最終確認）

＊37　香港教育局ホームページ http://www.edb.gov.hk/sc/sch-admin/sch-quality-assurance/performance-indicators/shs/index.html（2018/02/28 最終確認）

＊38　校長と教師専門性向上委員会（The Committee on Professional Development of teacher and Principals）http://cotap.hk/index.php/cn/（2018/02/28 最終確認）

＊39　香港教育課程発展議会「基礎教育課程指針：焦点化・深化・持続」2014 年，第 1 章 10 項。

＊40 香港校長教員研修システムが整備されている。教育局の研修案内として，ホームページに掲示されている。校長と教師が学校種，費用，内容，参加対象などの項目で検索できる。https://tcs.edb.gov.hk/tcs/publicCalendar/start.htm?desk Lang=zh (2018/02/28 最終確認)。

＊41 香港天水囲循道衛理小学校「学校 2015-2016 年度教育計画」による。

＊42 文部省『カリキュラム開発の課題（カリキュラム開発に関する国際セミナー報告書）』1975 年，15-27 頁。

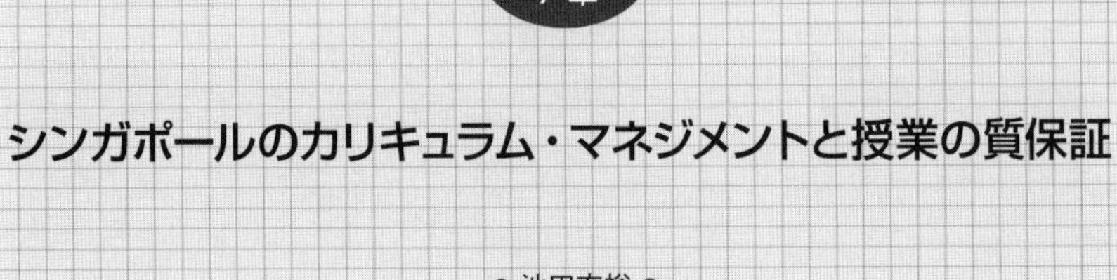

7章

シンガポールのカリキュラム・マネジメントと授業の質保証

● 池田充裕 ●

1. シンガポールの高学力を支える基盤

シンガポールはこれまでも国際学力テストや国際科学オリンピック，世界大学ランキングなどで卓越した成績を収め，その教育は海外からも注目されている。最新の「国際数学・理科教育動向調査」(TIMSS 2015) においても，Grade 4（小学校4年生）と Grade 8（中学校2年生）の数学・理科の成績で首位を独占し，改めてその基礎学力の高さを誇示するとともに，15歳児（高校1年生）を対象とした「OECD 学習到達度調査」の直近の結果（PISA 2015）でも，科学的リテラシー，数学的リテラシー，読解力の3分野すべてでトップとなった。シンガポールの教育はこれまで苛烈な試験制度について語られることが多かったが，今回の TIMSS と PISA の結果から同国の生徒は基礎学力の面だけでなく，問題分析力や知識活用力，思考力といった21世紀型の学力でも世界の頂点に立っていることが明らかとなった。

OECD のシュライヒャー（Schleicher, A.）教育・技術局長は，シンガポールの高い学力を支える要因として，「全ての生徒に高い期待値を課す“厳しさ”。絞り込まれた学習内容で達せられる“学びの深さ”。有意義な学習活動を周到に用意し実践する“首尾一貫性”」[*1] の3つを挙げている。換言すれば，1点目が世界でも最高度の教育水準を設定し，厳格な修了試験を課す教育制度，2点目が明確な学力観に基づくカリキュラム計画・開発，3点目は効果が実証された教育プログラムや教授法を国全体で統一的に実施する指導体制に関する部分となるだろう。シュライヒャー局長はまたその教育について，「数学では全てを学ばせようとはせず，数学者のように考えることを求めている。同国の生徒は理科の知識で世界トップであるだけでなく，科学者のように考える思考力の面でも際立っている」と述べ，それは“最低限の装備しかない”（stripped down）カリキュラムにおいて，「内容をより少なくすることで，より深く学ぶことができるという重要な効果的要素によってもたらされた」とも評している。

以下，本章においても，シンガポールの高学力と授業の質を支える基盤として，①“実力主義”の教育制度と試験制度，②“能力志向”の教育観への転換と試験制度改革，③カリキュラム改革の実際と“カリキュラム2015”の特徴，④カリキュラム革新と授業改善の取り組み，⑤学校評価と教員評価の5点から述べてみたい。

2. “実力主義”の教育制度と修了・選抜試験制度

(1)“実力主義”の教育制度

図7-1が現在のシンガポールの教育制度である。その特徴は小学校卒業試験（Primary School Leaving Examination: PSLE）や普通教育修了資格（General Certificate of Education: GCE）試験といった修了試験を各教育段階で課し，その達成度に応じて能力別のコースや教育機関に振り分ける（streaming）という点にある。

同国が1959年に内政自治権を獲得した当時，学校系統は民族別・教授言語別に分立し，教育内容や試験水準もそれぞれに異なっていた。だが1963年に小学6年－中学4年－大学準備教育2年に教育年限が統一されると，各教育段階の最終年には，PSLEやGCEの普通（Ordinary: O）レベル試験，上級（Advanced: A）レベル試験といった修了試験が課せられ

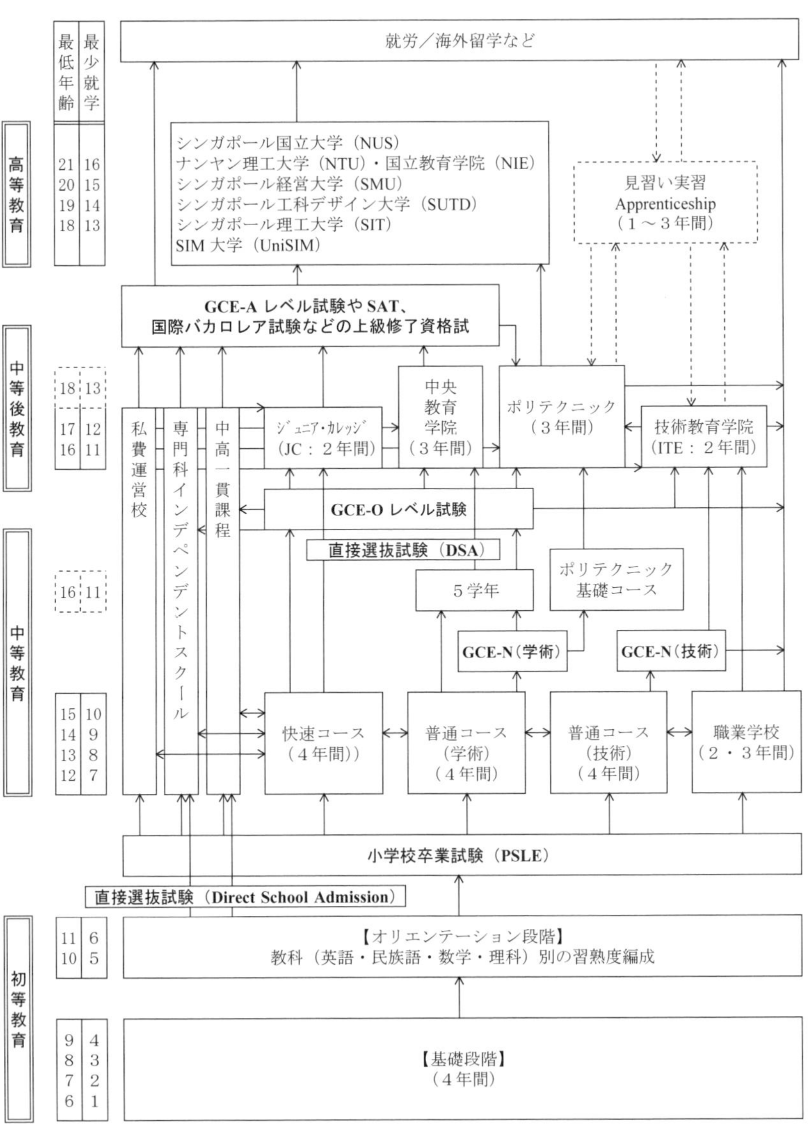

図 7-1　シンガポールの教育制度（2017 年現在）

るようになった。また1966年からは共通語とされた英語と自身の民族母語（華語，マレー語，タミル語）の2つの言語の習得をめざす二言語教育が開始された。

しかし単線型の教育制度と共通の修了試験，そして学習負担の大きい二言語教育は，多様な民族的・言語的背景を持つ児童生徒の学習ニーズや言語環境に対応できず，多くの留年者や不合格者を生み出すこととなった。このため政府・教育省は，1978年にゴー・ケンスイ（Goh Keng-Swee：呉慶瑞）副首相兼国防相（当時）をチーフとする教育研究チームを立ち上げ，翌79年に同チームが提出した報告書*2の勧告内容に基づいて，新しい教育制度を導入した。そこではPSLEやGCE試験などの成績によって児童生徒を能力別コースに振り分けて，コース別に学習習熟度や言語能力に応じたカリキュラムを編成し，教育的な損耗の少ない二言語教育を実現することが期待された。このような“実力主義”（meritocracy）の教育制度は，図7-1の通り今日においてもその骨格は堅持されている。民族的な出自に拠らず，小国の限られた人的資源を合理的に選抜・育成し，一律の国家試験によって全員に公平な機会を提供して，個人の実力（merit）を基準に各人の将来を決定するという制度原理は，すべての民族や文化を公平に扱うシンガポールの“多人種主義”（multi-racialism）の理念にも適い，国家全体に利益をもたらすものとして正当化されている*3。

結果として新しい教育制度は目覚ましい成果を上げ，例えば中途退学率については小学校で29%から8%に，中学校では36%から6%へと激減し*4，PSLEの合格率は1981年と1991年の比較で56%から86%に，またGCE-Oレベル試験の3教科合格率も40%から65%へと上昇した*5。しかし，新制度の導入当初から批判も絶えず，特に小学3年次までの成績で児童を能力別に振り分けて，低学力コースの児童には中等教育への進学機会を与えずに，職業産業訓練局（Vocational and Industrial Training Board: VITB）の施設で職業教育を施すといった過酷な対応については，児童生徒の人間性や人間関係を歪め，また教員の学習指導や生徒指導をかえって困難にさせるなど，弊害も多く指摘された。このため1991年に教育制度の見直しが行われ，小学3年終了時に行われていた能力別コースへの振り分けは小学4年に繰り上げられ，原則としてすべての児童が中学校に進学できるように改められた。

また，教育省は1987年に英国のパブリック・スクールをモデルとしたインデペンデント・スクール（Independent School）を中等教育段階に導入し，英華学校やラッフルズ学院といった伝統エリート校を相次いで認可した[*6]。インデペンデント・スクールには授業料等の財源収入や経費運用，教員人事，カリキュラム編成などに関する裁量権が与えられたが，高額な授業料や強固で閉鎖的な同窓会組織は，エリート主義（elitism）として批判を受けることにもなった[*7]。その後，教育省は1994年から一般の公立学校についても，質の高い教育プログラムを提供する場合には，オートノマス・スクール（Autonomous School）として認可し，運用のための特別補助金を支給することとした。つまり，インデペンデント・スクール並の質の高い教育を手頃なコストで提供する学校を増やすことで，インデペンデント・スクールへの批判をかわすとともに，オートノマス・スクールの認可をめぐって公立学校間での競争を促し，中等教育全体の質の向上を図ろうとしたのである[*8]。

(2) 修了・選抜試験制度による学力スタンダードの維持・徹底

実力主義の教育制度を支えてきたのが，各教育段階での修了認定や入学者の選抜にあたって用いられる試験制度である。PSLEやGCE試験といった各試験の基準・内容は，シンガポール試験・評価局（Singapore Examinations and Assessment Board: SEAB）が教育省と協議の上，決定し，試験シラバスとして公開されている。またGCEについては，SEABがケンブリッジ大学国際試験局（CIE）と協同して試験問題の開発や運用を行うとともに，英国入試機構（UCAS）などを通じてマレーシア，ブルネイ，香港などの英連邦諸国で教育修了資格としての認可を受け，その国際通用性が担保されている。

PSLEの試験科目は，英語，民族母語，数学，理科の4教科で，英語と民族母語についてはOral，listening，Writingの各試験も用意される。試験は8～10月期に3か月間にわたって実施され，結果は11月下旬に学校を通して通知される。児童や保護者はPSLEの結果を受けて，入学を希望する中学校の昨年度のカットオフ・ポイントや通学距離，希望する特別プログラムなどを考慮して，1週間以内に希望する学校を6位まで選び，インターネットや学校を通して申請する。教育省のコンピュータは各中学校の定員枠を踏まえながら，PSLEの得点結果や通学距離といった条件から，児童の進学先を機械的に割り振り，その結果はインターネットや携帯電話のメッセージ・サービスなどを通じて12月下旬に保護者に通知される。この一連のプロセスはS1ポスティング制と呼ばれている。

PSLEの筆記試験では，知識理解の定着をみる正誤選択問題だけでなく，児童の思考力や知識活用力を問う問題も多く見られる[*9]。例えば英語では，作文問題として短編漫画やイラストを読んだ上で，主人公の立場に立ってe-mailや説明文を書くといった問題や，“Challenge”“Secret”“Good Manners in Public”といった概念について150字以上で説明するといった問題が出される。理科では，「砂漠に生きるラクダにとって，脚が長いことはどのようなメリットがあるか？」「プールから上がった後に風が吹くと，なぜ余計に寒く感じるのか？」「車椅子の電動昇降機は下がる時よりも昇る時のほうがなぜエネルギーを多く消費するのか？」といったオープン・エンド形式の問題を1時間45分以内に30題以上，英語で回答しなければならない。

中等教育段階で実施されるGCE-Oレベル試験では，民族母語が必修となり，その他の試験科目については履修した課程の内容や進学希望先の学校や学科の要件等により異なる。ジュニア・カレッジ（JC）やポリテクニック，技術教育学院（Institute of Technical Education: ITE）の入学者の選抜は，合同選抜方式（Joint Admission Exercise: JAE）で行われる。これらの教育機関への進学を希望する生徒は，1月中旬に国民登録識別番号（NRIC）とJAE個人識別番号（JAE PIN）をJAEの申請サイトに入力し，希望する校種・コースについて12位まで申請する。その後

PSLE 改革の波紋

2016年7月，教育省は2021年度から，PSLEの判定結果を，得点換算による偏差値から到達度（Achievement Level: AL）の得点域方式に変更すると発表した。具体的には表のように，各教科の得点結果を8つのALで表記し，ALの総合ポイントで中学校の各コースに配分する。例えば，英語83点＝AL3，民族母語87点＝AL2，数学72点＝AL5，理科81点＝AL3であった児童はALの総合ポイントが13となり，快速コースに進むことができる。

この変更について教育省は，「児童が1点刻みの競争から解放され，試験や成績へのプレッシャーが弱まる」「相対評価から絶対評価への移行により，競争心が軽減される」「同点群が多くなり，中学校側での足切りが減少する」「保護者や児童が中学校を選択するにあたって，得点よりも学校の特色，子どもの能力や人間性，興味や意欲など学力以外の選択要素がより重視される」といったメリットを挙げている。

ALの得点範囲

AL	PSLEの得点
1	90点以上
2	85～89
3	80～84
4	75～79
5	65～74
6	45～64
7	20～44
8	20点未満

しかし得点域方式への変更によって，PSLEのプレッシャーが弱まるという教育省の見解には，わずかな点差でALのポイントが変わってしまう可能性もあるわけで，異論も多い。またALの得点幅が，AL1は10点幅であるのに対して，AL2～AL4は5点刻み，AL6は20点幅，AL7に至っては25点もの幅があるということも様々な憶測を呼んでいる。つまり上位層や下位層では，学力や潜在能力がある程度固定化されているという見地から，学習面よりも人間性や学習姿勢などの内面の指導に重点を置く一方，数の多い中位層に対してはこれまで通り競争心や緊張感を煽って，学力の維持・向上を図るという意図があるのではないかともいわれている。

（Ministry of Education, 2016）

中学校の各コースのAL総合点

中学校のコース	AL総合点
快速コース	4-20
快速／普通（学術）発展コース	21-22
普通（学術）コース	23-24
普通(学術)／普通(技術）発展コース	25
普通（技術）コース	26-30

はPSLEと同じように教育省のコンピュータがNRICとJAE PINから，データベース内にある志願者のGCE-Oレベル試験の得点と正課併行活動（Co-Curricular Activity: CCA）の成績を抽出し，希望校種・コースと全体の志願者データとを照合して，配属校・コースを決定し，1月下旬に結果を個人や学校に通知する。

Oレベル試験ともなると，英語の試験では穴埋め式の正誤判定問題はなくなり，「学校教育における保護者と教員の連携について」「“過去を振り返らず，未来だけを見るべきだ”という意見をどう思うか」「新人のバス運転手」といったトピックについてのエッセイの記述や，長文読解の問題のみとなる。数学や理科についてもより高度な解の公式や因果関係の記述が求められるようになる[*10]。

このようにPSLEやGCE-Oレベル試験では，児童生徒の基礎学力とともに，分析力や思考力，発想力などを丁寧に把握する一方で，入学者の選抜にあたっては，修了試験の得点やその他の条件を数値化し，コンピュータが判定を行う。文字通り“機械的”なこの手法は,「中央配分方式（Central Posting Exercise: CPE）」と呼ばれ，実力主義の象徴ともいわれている。

3. “能力志向”の教育観への転換と修了・選抜試験制度の改革

(1) “能力志向”をめざす教育改革

1980年代から90年代前半までに採られた実力主義の教育制度や試験制度は,今日のシンガポールの高い学力を支える基盤を形成したと評される。実際，1995年に公表された第1回TIMSSの結果で，同国はGrade 4の算数・理科，Grade 8の理科で世界1位となった。この時期には職業技術教育の高度化も図られ，小卒の低学力児を受け入れていたVITB施設は先述の教育制度の見直しに伴って，1991年にITEに改組された。ITEは中卒者により高度な技術教育を提供し，最先端の技術を持つ海外企業の誘致や産業の高度化に貢献した。

しかし1990年代後半に入ると世界経済はグローバルな知識経済へと移行し，シンガポールもそれまでの資本・技術集約型の経済から知識・革新志向型の経済への転換が求められるようになった。このような経済環境の変化に応じて，教育政策にパラダイム転換をもたらしたのが，1997年にゴー・チョクトン（Goh Chok-Tong／呉作棟）首相（当時）が発表した新しい国家ビジョン「考える学校，学ぶ国家（Thinking School, Learning Nation: TSLN）」である。ゴー首相はその演説[*11]の中で，「21世紀において国家の富は国民の学習能力に依存するようになるだろう。想像力や，新しい技術やアイディアを探究し，応用できる能力こそが経済成長を支える重要な資源となる。国家の富を決定づけるのは国民の総合的な学習力になる」と唱えた。そしてこれからの学校教育は現在の学力を維持しながら，児童生徒の創造的な思考力やコミュニケーション能力，自己学習力を伸ばし，国民意識教育（National Education: NE）によって国家やコミュニティへの貢献意欲を高めるとともに，国や社会もあらゆるレベルで常に革新を図り，生涯学習を国民文化として根付かせなければならないと結論づけた。

TSLNに基づく具体的な指導指針として，教育省は1998年に「教育到達目標（Desired Outcomes of Education: DOE）」を公表し，各校はDOEの達成をめざして，独自の経営改革や授業改善に取り組むこととなった[*12]。学校経営の自律性を高めるために，2002年には「学校区（School Cluster）」制が導入され，全国の小中学校やジュニア・カレッジは十数校ずつの単位で学校区に編入された。学校区では，校長職にあった者の中から学校区長（Cluster Superintendent）が選任され，教職員人事の管理，教員研修の実施，予算の運用，カリキュラムの履行や成績状況の確認，使用する教科書・教材の決定，学校評価や教員評価の実施，教材や施設・設備等の共同管理・運用などの権限が与えられた[*13]。

カリキュラム改革としては，1997年に先述の国民意識教育が初等・中等教育段階で推進され，社会科や公民・道徳科などでは体験学習（Learning Journey）が展開され，コミュニティ参加プログラム（Community

表 7-1　各教育段階での「教育到達目標（DOE)」(2009 年版)

・自信のある個人（Confident person）…強い倫理観，適応力･困難克服力（resilient），自己省察，見識ある判断，自立的・批判的思考力，効果的なコミュニケーション力 ・自己学習者（Self-directed learner）…自身の学びを振り返り，省察する責任感 ・積極的な貢献者（Active contributor）…チーム内での効果的な協働，イニシアチブの発揮，リスク判断，革新力，卓越した結果を求める努力心 ・思いやりのある市民（Concerned citizen）…シンガポールへの愛着心，強い市民意識，広い見識，自分の周囲の人々の生活をより良くするために積極的に活動		
小学校卒業者 DOE	中学校卒業者 DOE	JC・ITE・ ポリテクニック卒業者 DOE
・善悪を区別できる ・自分の強さと成長できる領域を知る ・他者と協働・共有し，他者を思いやることができる ・物事に対して生き生きと好奇心を抱く ・自分で考え，自信を持って表現できる ・仕事に誇りを持つ ・健康的な生活習慣と芸術への愛好心を持つ ・シンガポールを知り，愛する	・道徳的な誠実さを持つ ・自分の能力を信じ，変化に対応できる ・チームの中で働き，他者に共感できる ・創造的で探究心を持つ ・多様な意見を尊重し，効果的にコミュニケーションを取ることができる ・自身の学習に責任を持つ ・運動を楽しみ，芸術に親しむ ・シンガポールを信じ，国を取り巻く諸課題を理解する	・正義のために立ち上がる道徳的勇気を持つ ・不運に直面しても立ち直る ・文化を超えて協調し，社会的な責任感を持つことができる ・革新的で創業精神に富む ・批判的に思考し，粘り強くコミュニケーションを取ることができる ・卓越さを追求する ・健康的な生活を求め，審美眼を持つ ・シンガポール人としての誇りを持ち，自国と世界との関係を理解する

Involvement Programme: CIP）やサービス・ラーニングが必修となった。同年には第 1 次「IT 教育マスタープラン（Masterplan for IT in Education)」も始まり，ICT を用いた自己学習や協同学習が実践され，現在まで 4 期にわたって継続されている。2000 年には創造的思考力やコミュニケーション能力を育むために，後述の「プロジェクト・ワーク」が各教育段階で採り入れられ，2005 年からはいくつかの大学での選抜試験で課せられるようになった。

初等教育段階では，小学 5・6 年次に置かれていた EM1，EM2，EM3 の 3 つの能力別コースのうち，上・中級の EM1 と EM2 が 2004 年に統合され，2008 年には EM3 も廃止された。これ以降，5・6 年の児童は通常クラスに在籍したまま，教科ごとに標準や基礎といった習熟度別コース

(subject-based banding) を選択・履修するようになった。また，1998年に英語力の低い児童のための「学習支援プログラム」，2007年には同様の「数学学習支援プログラム」が放課後に開かれ，再雇用された元職教員などがその指導を担当した[*14]。

中等教育段階では，2004年から中高一貫の「統合プログラム (Integrated Programme: IP)」校の設置が始まり，同校の生徒はGCE-Oレベル試験の準備学習から解放されて，自身の関心のある分野の学習を深めながら，JCに進むことが可能となった。また同年にはスポーツ専科のインデペンデント・スクールも開設され，その後，数理科 (2005)，芸術 (2008)，科学技術 (2010) のインデペンデント・スクールも相次いで開かれ，各分野で秀でた能力を持つ生徒に特別な教育プログラムが提供された。一方で，2004年には民族母語の学習が困難な生徒のために“B”課程が置かれ，民族母語の成績が振るわないことで進路選択の機会が制限されないようにする措置が執られた。2007年にはPSLEの合格基準に達せず，普通中学校での学習が困難とされた生徒を対象とした職業中学校が開設され，当該校の生徒はGCEの取得をめざさずに，就労に直結する実践的な職能資格の取得をもってITEへの進学が勧められた[*15]。

このようにTSLNはその後のシンガポールの教育に幅広い変革をもたらした。これについては，人的配分・投資における費用対効果を重視し，試験や能力別コースを駆使して教育制度全体の効率を高めようとした“効率志向の教育 (Efficiency-Driven Education)”から，すべての児童生徒の個性や資質を平等に価値あるものと捉えて，その能力を最大限に引き出そうとする“能力志向の教育 (Ability-Driven Education: ADE)”への転換とも表現される[*16]。ADEの潮流に応じて，2000年以降の同国の教育改革においては，学校制度やカリキュラムに柔軟性を持たせて，より多くの選択・進学の機会を児童生徒に提供して，その能力を伸ばし，また教員の専門職性を高めることで，学校ベースでの自律的な学校経営や授業改善を促すことが基本的な方針となった。

(2) 修了・選抜試験制度の改革

ADEの進展によって学校種やカリキュラムが多様化したことを受けて，2004年から個々の能力・資質を多面的に評価する「直接選抜試験（Direct School Admission: DSA）」の導入が中学校やジュニア・カレッジで始まった[*17]。DSAでの入学者の選抜にあたっては，IP校や専科のインデペンデント・スクールでは全定員でのDSA合格者の受け入れが認められているが，それ以外の学校種ではインデペンデント・スクール20%，オートノマス校10%，運動や芸術などの特定の領域で実績のある普通中学校（Niche Programme School）[*18] 5%，普通ジュニア・カレッジ10%といった入学上限枠が設けられてきた。しかし後述（コラム9参照）のような問題が指摘されてきたことから，スポーツや芸術といった学業以外の領域で秀でた人材に幅広く学校選択の機会を提供するために，2018年度入試からはすべての中学校でDSA合格者を20%まで受け入れることが可能となった[*19]。

実際の中学校でのDSAでは，7～8月に面接や小論文，認知テスト，実技試験，テスト・キャンプ活動などの多彩な選考試験が実施されている。その後，10月にウェイティング・リスト入りの内定通知を受けた保護者は3校までを上限に，インターネットで電子申請を行う。11月下旬にPSLEの得点結果とともにDSAによる配属校決定通知を受け取るが，配属先がなかった場合には通常のS1ポスティングに申請することになる。

2007年にはポリテクニックでもDSAが導入され，学校ごとの選抜（DPA）で2.5%，ポリテクニック合同での特別選抜（JPSAE）で5%までの定員を直接選抜試験で確保することが認められた。2017年度入学者選抜からは，DPAとJPSAEは「早期選抜入試（EAE）」に統合され，その入学定員枠は各ポリテクニックで12.5%へと拡大された。EAEではGCE-Oレベル試験の前に，面接やポートフォリオ，適性試験などを用いて受験生の適性を評価し，入学者の決定を行う[*20]。

シンガポール国立大学やナンヤン理工大学などの国立大学は，以前は

直接選抜試験（DSA）の問題点

中学校やジュニア・カレッジ（JC）のDSAについては，今般その問題点も指摘されるようになった。

1つ目は，保護者の経済的負担や子どもの学習負担の増加である。DSA受験をめざす家庭では人物考査で少しでも有利になるようにと，幼少期からサッカーやアーチェリーといったスポーツ教室，創作ダンスや陶芸などの芸術教室に通わせ，競技会や品評会での賞獲りレースも過熱気味となっている（Straits Times, 2016.2.23）。通常教科の勉学だけでなく，これらの趣味性の高い活動の教育負担は大きく，高所得家庭の子どもほどDSAに有利と見なされている。国会でも与党議員がDSAに関して，「教育における実力主義の原則が歪み，家庭環境によって子どもの将来が決定される状況（parentocracy）が進展していることは，もはや公然の秘密だ」と訴える事態ともなった（Straits Times, 2016.1.28）。

2つ目には，優秀生徒の“青田買い”の問題である。本来DSAは，個人の能力・資質，関心・意欲などを多面的に評価し，多様な人材が優秀校に集うようにと採られた措置である。しかし実際の選抜試験では認知テストや学業内申点の利用といった学力評価に偏りがちで，修了試験前に優秀な児童生徒を確保しようという動きにつながった。このため教育省は2016年に，DSAではあくまでも個人の特別な能力・資質や学業以外の実績，特別な領域への関心や学習意欲の面から評価・選抜を行うようにと通達を出すに至った（Channelnewsasia, 2016.4.8）。

GCE-A レベル試験や CCA の成績に基づいて，共通の選考基準を用いた合同選抜試験を行っていた。しかし 2004 年からは基準枠を維持しつつも別々に入学審査を実施し，定員枠の 10％は各大学独自の基準で審査（Discretionary Admissions Scheme: DAS）を行うことが認められた。現在は大学本部と各学部で審査の権限を分担し，特に学部での 2 次審査では，面接や学業以外でのポートフォリオの照会など様々な基準や方法を用いて選考が行われている[*21]。また 2017 年度の入学者選抜から DAS の入学定員枠は 15％に拡大され，高等教育においても人物重視の選抜が広がっている。

4. ジュニア・カレッジ・カリキュラムの改革と「カリキュラム 2015」の特徴

(1) JC カリキュラムの改革

前述の通りシンガポールの教育では，旧宗主国の英国の教育修了資格である GCE を用いて，中等教育段階の教育課程や修了試験を編成している。例えば後期中等教育段階の JC やポリテクニックは中学校終了時の GCE-O レベル試験の成績を，また大学は JC 終了時の GCE-A レベル試験の成績を参照して，個別に入学希望者の能力・適性を評価し，選抜を行っている。

大学への入学にあたっても同国には日本や中国のような合否を決するための統一的な入学試験制度はなく，希望する大学や学部に進学できるかどうかは，GCE-A レベル試験の成績（到達度）によって決まる。このため JC のカリキュラムでは A レベル試験のシラバスの範囲や内容がそのまま用いられており，2 年間の在籍中，JC の生徒は修了試験の対策学習に多くの時間を費やしてきた。しかし英国と同じように，修了資格試験に基づく教育はその学習内容が限定され，専門分化が早すぎることが指摘されていた。

このため 2002 年に，ターマン・シャンムガラトナム（Tharman Shanmugaratnam）通産・教育上級国務相（当時。副首相兼経済・社会

表 7-2　ジュニア・カレッジ・カリキュラムの構成

<table>
<tr><td colspan="6">科目レベルの構成</td></tr>
<tr><td colspan="2">H1（基礎）レベル
H2 と同じレベル内容。
1 単位時間は H2 の半分
1 単位 = 135 時間</td><td colspan="2">H2（GCE-A）レベル
GCE-A レベル相当の内容
1 単位 = 270 時間</td><td colspan="2">H3（上級）レベル
研究調査などを通して，発展的な内容を学修
1 単位 = 270 時間</td></tr>
<tr><td colspan="6">科目領域と履修要件</td></tr>
<tr><td colspan="3">知識技能…総合論文（GP）、プロジェクト・ワーク（PW），知と探究（KI）</td><td colspan="3">PW を H1 レベル +（GP を H1 レベルまたは KI を H2 レベル）</td></tr>
<tr><td colspan="3">言語科目…民族語（MTL），第三言語</td><td colspan="3">少なくとも 1 つを H1 レベル</td></tr>
<tr><td colspan="3">数理科目…生物，化学，物理，数学，上級数学，コンピュータ，会計原理</td><td colspan="3" rowspan="2">・3 つの H2 レベル科目 + 1 つの H1 レベル科目（3H2 + 1H1）を履修
・3H2 + 1H1 のうち，少なくとも 1 つは異なる領域から選ぶ
（例）理数系の履修…物理 H2，化学 H2，数学 H2，経済 H1
（例）人文系の履修…経済 H2，歴史 H2，数学 H2，音楽 H1</td></tr>
<tr><td colspan="3">人文・芸術科目…芸術，経済，地理，歴史，英語学，英文学，中国研究，華語総合研究，翻訳（華語），中国語・中国文学，マレー語・マレー文学，タミル語・タミル文学，音楽，演劇・ドラマ研究，ビジネス経営，フランス語，ドイツ語，日本語</td></tr>
</table>

政策調整大臣）が議長を務めた「ジュニア・カレッジ／後期中等教育に関する検討委員会（Junior College/Upper Secondary Education Review Committee: JC 委員会）」において，JC や中等教育の改革に向けた提言がまとめられた。そこでは JC のカリキュラムをより学際的で柔軟な構成に改め，探究型の科目を加えることで，コミュニケーション能力，批判的思考力，創造力，探究心，革新性，課題解決力，生涯学習力などの育成を図ることがめざされた。現在の JC のカリキュラムはこの方針に基づき，表 7-2 のように構成されている*[22]。

現在 JC の各教科は H1（標準レベル），H2（GCE-A レベル），H3（上級レベル）の 3 つで構成され，生徒は A レベル試験に向けて，H2 レベルを 3 つ，H1 レベルを 1 つ選択（3H2+1H1）し，このうち少なくとも 1 つは異なる領域コースの教科を含めて履修する。また，必修科目としてプロジェクト・ワークと民族母語を H1 レベルで学び，H1 レベルの「総合論文

(General Paper)」か H2 レベルの「知と探究（Knowledge and Inquiry)」のいずれかを選択履修する。

(2)「カリキュラム 2015」の特徴

ジュニア・カレッジ・カリキュラムの改革を受けて，教育省は 2008 年に学校関係者を加えた「カリキュラム 2015 委員会（C2015 Committee)」を設置し，新しいカリキュラム計画の検討を開始した。2010 年 3 月に発表された「カリキュラム 2015 (C2015)」においては前述の DOE とともに，21 世紀に求められるコンピテンシーとその育成に向けたカリキュラム・フレームワークを図 7-2 のように示している[*23]。

C2015 フレームワークの中心にあるのが，自他の尊重（Respect），責任感（Responsibility），誠実さ（Integrity），思いやり（Care），困難克服力(Resilience)，協調性（Harmony）など，その周囲のコンピテンシーを支える中核的価値観(Core Values)である。その周囲の円が表しているのが，

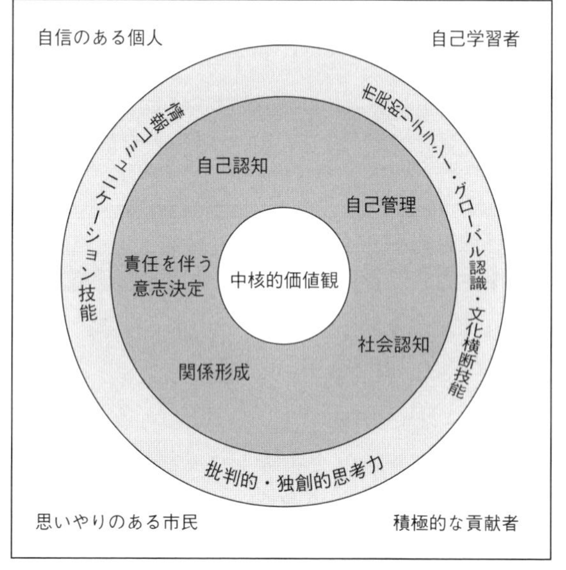

図 7-2 「カリキュラム 2015」のフレームワーク

好ましい人間関係を築き，状況の変化に対応するために必要となる社会的・情動的な能力，いわゆる“ソフト・スキル”である。さらにその外円には，“市民的リテラシー・グローバル認識・文化横断技能”，“批判的・独創的思考力”，“情報コミュニケーション技能”といった21世紀型のコンピテンシーが配されている。このようにC2015においては，基礎学力の維持とシンガポールに根ざした市民意識や多文化主義を強調するとともに，21世紀型のコンピテンシーを各教科・活動でバランス良く展開することがめざされている。

C2015委員会と併行して設けられた初等教育改革実行委員会（Primary Education Review and Implementation Committee）は，2009年にその報告書*24を提出し，児童の探究心や好奇心，コミュニケーション能力や自己学習力を育成するために，学びの楽しさやプロセスを重視した授業づくりや児童の全面発達を重視した評価の実施といった方針を打ち出した。具体的には，初等1・2年に週2時間のアクティブ・ラーニング活動（Programme for Active Learning: PAL）が新設され，初等3～6年でもPALやCCAが選択必修となった。また初等1・2年では期末試験（相対評価）が廃止され，すべての小学校に学業成績とともに，ルーブリック評価やポートフォリオを用いて児童の心身の発達をきめ細かに評価する総合評価（Holistic Assessment）を導入した。保護者には総合発達レポート（Holistic Development Report）が配布され，三者面談の実施などによって児童のより良い学びや生活に向けて教員と保護者との連携が図られている。

5. カリキュラム革新と授業改善の取り組み

（1）カリキュラム革新に関する取り組み

JCカリキュラムの改革やC2015の源流ともなったのが，2004年の建国記念式典でリー・シェンロン（Lee Hsien-Loong／李昇龍）首相が打ち出した「教えを少なく，学びを多く（Teach Less, Learn More: TLLM ／少教多学)」の方針である。「私たちはシラバスの内容を削減すべきだ。これによって子どもたちへのプレッシャーを緩め，暗記学習を減らし，彼らに探究や発見のためのゆとりを与えることができる。また教員もゆとりを得ることで，考え，振り返り，子どもたちに最善の方法を見つけ出して，質の高い結果を導くことができる。私たちは子どもたちに教えることを少なくし，彼らがより学ぶようにしていかなければならない。成績は重要であり，試験に合格する努力は怠ってはならない。だが成績だけが人生の全てではない。学校で学ぶべき人生の事柄は他にもある」*25。

この方針に従って，既存の教科内容の 10 ～ 20%が削減され，児童生徒の状況に合わせて学校が自身の裁量で教育活動を展開する「ゆとりの時間(white space)」が設けられた。また学校教員数を全体で 1 割増やし，教員一人当たり週 2 時間の教材研究時間が確保され，2006 年には初等 1・2 年次での 30 人学級が実現した。学校職員の充実も図られ，発達障害児担当の専門員やスクール・カウンセラーが 2008 年までにすべての小中学校に配置された*26。施設面でも様々な学習活動・形態に柔軟に対応できるように，2005 年から教室のパーテーション化やマルチ機能スペースの設置といった学校施設の多目的化（Flexible School Infrastructure: FlexSI）のために多額の資金が投入されてきた*27。

2005 年に教育省は TLLM 普及のための制度的枠組みを検討するため，TLLM 実施委員会を組織し，学校ベースのカリキュラム革新（School-based Curriculum Innovation: SCI）の指針として，教授法（Pedagogy），学習体験（Experience of Learning），環境構成（Tone of Environment），評価（Assessment），学習内容（Learning Content）の 5 領域から成る学習者中心（Student-centredness）の「PETALS フレームワーク」を発表した*28。翌 2006 年には「カリキュラム開発・計画局（Curriculum Planning & Development Division)」*29 内に「カリキュラム政策・教授法担当室」を新設し，29 の指定校とともに PETALS の 5 領域について SCI の実践研究を行った。その結果を受けて同担当室は 2008 年に，カリキュラム・デザインや教授・評価法に関する専門家の派遣，教員の国内・海外研修，補助金支給などで構成される「TLLM Ignite！パッケージ」を導入し，その指定を受けた100校がSCIに取り組み，その成果は全国の学校や教員の間で共有されて，SCIの実践・普及が進んだ*[30]。

TLLM以降，この他にも以下のような授業改善やカリキュラム革新に関する委員会設置や先導的プロジェクトの試行・導入が相次いだ*[31]。

・アクティブ・ラーニングと個別学習に関する研究プロジェクトを開始（2004年）
・魅力的で効果的な授業づくり研究（Strategies for Engaged and Effective Development: SEED）を全小学校で実施（2005年）
・華語カリキュラム改革・教授法改革委員会が報告書を提出（2004年）。華語版（SEED-CL）開始（2005年）
・マレー語・タミル語カリキュラム改革・教授法改革委員会が報告書を提出（2005年）
・英語カリキュラム改革・教授法改革委員会が報告書を提出（2006年）。英語版SEED（SEED-EL）開始（2006年）
・英語学習・読書改善プログラムの試行開始（2006年）

このようにシンガポールではSCIや授業改善に向けて，教育省が多くの人材や資金を学校に投入し，専門家や教員による現場での検証作業を経て，効果的な授業プログラムが開発・導入されてきた。この点について，2005年に日本を訪問した先述のシャンムガラトナム教育相は，当時の日本の“ゆとり教育”改革の実情を検分し，次のような示唆を得たという。「日本でもカリキュラム内容や授業時間を削減し，“総合的な学習の時間”を導入するといった大きな改革を進めている。しかしトップダウンによる改革は現場で成果を上げていない。多くの学校指導者や教育界はこの改革に不満を述べながら，国際学力ランキングで日本が滑り落ちていくのを眺めている。日本には優秀な教員がたくさんいる。だが現場への支援はほとんどなく，教員は上からのお仕着せの改革をやらされている。現場は冷め切っており，教師に主導権はほとんどない。日本の経験から私たちは多くのことを学べる。…同じ学校は一つとしてなく，子どもたちの関心や学び方は多様であることを認識しなければならない。…私たちの小学校ではSEEDなど現場ベースでの授業改善の試みを数多く実施している。中学校には効果的に子どもたちが学べるように，カリキュラムをカスタマイズし，多彩な教科を揃えている。…教育省の役割は“現場主導での改善を促すために，トップダウンの支援を行う（top-down support for bottom-up initiatives)”ことである。…私たちの教員や学校指導者はより多くの支援を受けるだろう。子どもたちにはより多くの選択肢が与えられるだろう。大切なのはこの2点である」*32。

(2) 授業改善に関する取り組み

シンガポールでは，教育省や国立教育学院（National Institute of Education: NIE）が教員研修などを通じて新しい教授法の導入や開発に携わるほか，学校内にも学年別や教科別に学習サークルや実践コミュニティといった授業改善のための組織が存在し，授業研究（Lesson Study: LS）やアクション・リサーチ（Action Research: AR）といった現場ベースでの授業改善に取り組んでいた。1998年には教員ネットワークも組織され，学習サークル間での情報交換，フォーラムやワークショップの開催，共同ARなどの研究活動などが行われてきた。

教育省はTLLMの流れを受けて，このような一連の授業改善の取り組みを強化するために，2009年から教員による職能向上組織「専門職学習コミュニティ（Professional Learning Community: PLC)」の導入を開始し，51校でPLCの試行を始めた。また教育省はPLCによる授業改善を継続的・組織的に支援するために，教員ネットワークと教育省の訓練・開発局を統合して，2010年に「シンガポール教員アカデミー（Academy of Singapore Teachers: AST)」を設立した。ASTはPLCの普及に向けて，各校を支援するほか，PLC ネットワークを組織し，PLC 間の情報交換や交流を進め，教授法や評価法，優れた指導案や教材の研究・共有化に取り組んでいる。またASTは全国規模での教科指導研究班，生徒指導や発達障害，ICTなどの専門領域研究班を組織し，各領域での研究と成果の共有を進めている*33。

筆者は授業改善に関する調査のために，2014年にシンガポール南西部クレメンティ地区にある政府立校のペイトン小学校（Pei Tong Primary School）を訪問した。同校では2011年にPLCを導入し，学年単位や教科単位でPLCを組織し，すべての教員が最低1つのLSやARに参加して，毎週水曜にその報告会を開き，結果の分析や改善点の検討，実践技法の共有を進めたという。各PCLには各校の上級教員（Senior Teacher）や指導教員（Lead Teacher）も参加し，時にはNIEから指導員を招いて，教員の実践力の向上のために指導に当たった。年度末には，LSやARに関する校内発表会を開き，異なるPLC間でそのプロセスや結果を共有したとのことであった。教員の業績評価においては，学級経営や授業実践，生徒指導などとともに，PLC等の研修活動への参加度や意欲もその評価の対象となっている。

先述のルーブリックやポートフォリオなどを用いた総合評価の導入・実施にあたっても，PLC内で意見交換が図られた。以前は筆記試験の結果を基に，成績評価を行い，保護者への通知を行っていたが，現在では，例えば英語については，プレゼンテーション，スピーキング，ライティングなどの各領域のスキルについて，ルーブリック形式でそれぞれの到達度を示し，保護者に通知している。保護者の反応も，子どもの学業状況やそれぞれのスキルの達成度を具体的に把握でき，家庭での学習指導にも役立つということで，好評とのことであった*34。

6. 特色ある学校づくりと教員の資質向上

(1) 特色ある学校づくりと認証制度*[35]

シンガポールでは1992年から2004年までの間，GCE-O／Aレベル試験の成績を基に，中学校とJCの「学校ランキング」を新聞や教育省のウェブサイトで公表していた。英国のリーグテーブル方式を参考にした同ランキングでは，中学校ではOレベル試験の平均得点から特別・快速コースの上位50校と普通コースの上位40校が，またJCではAレベル試験の成績ですべてのJCがそれぞれ順位づけられた。教育省はその目的について，上位校の学業成績を提示して，各校のアカウンタビリティの向上を促し，保護者や児童生徒に学校選択にあたっての情報を提供するためと説明した。

しかしランキング外に置かれた中・低位校では，生徒の学習意欲や教員のモラールの低下が見られるようになり，その弊害も指摘されるようになった。このため教育省はGCE試験の成績に加えて，1995年からは「学校経営力指標（Performance Indicators for School Management: PRISM）」や生徒のフィットネス･テストの合格率，肥満率も公表するようになった。PRISMとは，PSLEやOレベル試験の入学時の得点に基づいて，卒業時の成績を予測し，実際に卒業時に受けたO/Aレベル試験の成績と照合して算出した成績伸び率のことである。PRISMの平均点が上位となった中学校やJCはバリュー・アディッド校（Value-added school）に認定され，教育省から報賞金が与えられた。

学校評価に関しても，教育省は英国の学校査察制度をモデルにした「学校評価システム（School Appraisal System: SAS）」を1980年に導入し，学校の自己評価と教育省査察チームによる外部評価を開始した。教育の質と学力水準の向上をめざしたSASの実施によって，世界トップレベルの学力の基礎が築かれたと評価される一方，その行き過ぎが今日の学業成績の偏重をもたらし，学校経営の自主性を損ねたとも指摘されている*[36]。

教育省はSASの結果を踏まえて，学校のアカウンタビリティ向上を目的に，1998年に欧州品質管理財団（European Foundation for Quality Management: EFQM）とシンガポール生産性・規格庁（Singapore Productivity and Standard Board）から顧問を迎えて，「学校エクセレント・モデル（School Excellent Model: SEM）」を開発した。SEMは1999年の試行を経て，2000年から実施に移され，まず志願した50校が自己評価報告書を提出し，教育省担当官やポリテクニック，ITEなどの学校関係者，企業代表らの外部評価チームを受け入れた。現在，外部評価は国内すべての学校で6年に1回実施されている。また各校の校長は，教職員や児童生徒へのインタビュー，保護者アンケートなど学校関係者による評価の結果とともに，教員の業績評価や授業実践などに関する自己評価報告書を毎年教育省に提出する。

1998年に教育省はSEMの実施に合わせて，「学校褒賞マスタープラン（Masterplan of Award: MoA）」も導入した。MoAでは最も栄誉ある最優秀校賞を頂点とし，成績伸長度や非学業分野（芸術，スポーツ，制服活動，フィットネス）で優秀な成績を収めた学校には，達成賞や連続達成賞が授けられた。このほか“経営効率”（経営戦略，外部団体との連携など），“全人教育”（生徒指導，価値教育など），“人材管理”（教職員の管理，職能向上など），“教授・学習”（革新的な教授法など）といった分野で卓越した業績を上げた学校にはベスト・プラクティス賞も用意された。

一方で教育省は「考える学校，学ぶ国家」や「教えを少なく，学びを多く」の方針に合わせて，2004年に先述の学校ランキングを廃止し，学業分野と非学業分野の両面での全人教育を奨励するために，新たに「学校達成度テーブル（School Achievement Table: SAT）」を導入した。学校ランキングでは，中学校についてはOレベル試験の上位校の成績を公表していたが，SATでは成績平均点が近似する学校を9つの学校群に分けて，各校の位置が学業成績群（academic band）で示された。これに合わせてMoAでも，人格形成優秀賞や地域連携賞（PARents, Teachers and NEighbourhood Resources in Synergy: PARTNERS）*37，特別賞といった学業成績以外の褒賞分野が拡大された。また各校の学業成績群とMoAの受賞歴が教育省のウェブサイト上で公開され，保護者らは学校選択にあたって，各校の特色をインタラクティブに把握できるようになった。

そして2012年に教育省は2013年度をもってSATによる学業成績群の公開を停止し，MoAについても学業成績に関連した賞をすべて廃止するとの方針を発表した。2014年からは，“教授・学習”“全人教育”“職能開発・福利厚生”“人間性・市民性”“地域連携”の5つの領域のベスト・プラクティス賞からなる認証制度へと簡素化されている*[38]。

(2) 教員の職能向上を促す教員評価スキーム

2001年に教育省は教員の資質・能力の向上を図るために，「教員職能開発・キャリア計画（Education Service Professional Development and Career Plan: Edu-Pac)」を導入した。Edu-Pacは，①キャリア・トラック構造，②職位（position）・職級（grade）制度，③「業績向上管理システム（Enhanced Performance Management System: EPMS」の3つで構成されている。

すべての教員はEdu-Pacに基づき，教職に就いて3年目までに，ティーチング・トラック，管理職（Leadership）トラック，上級専門官（Senior Specialist）トラックのいずれかに所属し，毎年評価を受ける。また職級については図7-3のように，一般教育公務員職（General Education Officer: GEO），上級教育公務員職（Senior Education Officer: SEO），高級公務員（Superscale）の3つに大別され，高級公務員以上が管理職に該当する*[39]。

教育省はEdu-Pacの導入に合わせて，教員の資質・能力の適性を見きわめ，またその向上を支援するために，2005年から上述のEPMSの運用を開始した*[41]。EPMSでは，①業務計画，②業務指導，③業績評価の3つのプロセスが実施される。業務計画では，年度開始時にすべての教員が，学習・生徒指導や校内業務における改善目標，研修等での職能向上に関する目標，また個人的な成長目標といった年間計画を定める。その際，各教

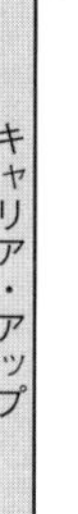

ティーチング・トラック	管理職トラック	上級専門官トラック
	教育長官（Superscale C）	
	局長（Super-scale E, E1, D）	主席専門官（Superscale E1, D）
	副局長／学校区長／校長（Superscale G, F, E）	主任専門官（Superscale F, E）
主任マスター教員（Superscale H）	校長（Superscale H, G）	指導専門官（Superscale H, G）
マスター教員（SEO 1A2）	副校長（SEO 1A2）	上級専門官 2（SEO 1A2）
指導教員（SEO 1A1）	部局長（SEO 1A1）	上級専門官 1（SEO 1A1）
上級教員（SEO 1）	教科主任／学年主任（SEO 1）	
一般教員（GEO 1A1 ～ 1A3/2A1 ～ 2A3）		
一般教員（GEO 1 / 2）		
新任教員		

出典：Lee Ong Kim, 2009；Ministry of Education, 2007 より[*40]

図 7-3　Edu-Pac における各トラックの職階構造

員にはその上役の教員がレポーティング・オフィサー（Reporting Office: RO）として付き，年間を通して担当教員の業務指導を行うとともに，年度半ばに両者で業務の進捗状況を確認し，達成不十分な事項があれば目標達成に向けて改善策を検討する。そして年度末には担当教員との面接を踏まえて，RO は年度当初に策定した業務計画がどの程度達成されたのか業績評価を行う。

RO による各教員への業務指導や業績評価では，教育省が定めた教員コンピテンシーモデルが用いられる。ティーチング・トラックについては,「子どもの全面発達の促進（Nurturing the whole child)」が中核的コンピテンシーとなり，この達成に向けて,「知識の開発」「信頼の獲得」「他者との協働」「自身と他者の理解」の 4 つの領域（cluster）が設定される。各領域内には“教科知識の習得”“創造的な授業づくり”“保護者との連携”といった 13 のコンピテンシーが設けられ，さらに各コンピテンシーには 5 段階の業務指標（Performance Indicator）が示される。高い職級にある

表 7-3 「知識の開発」領域での「教科知識の習得」コンピテンシー達成のための指標

マスター教員	（レベル 5）リーダーシップを発揮し，提供する…自身の担当教科分野や教育全般における知識を探求し，広める。
指導教員	（レベル 4）革新的なアプローチを開発する…教育制度の将来のニーズに向けて現在通用しているアプローチや新しいアプローチについて深く理解する。教育制度にインパクトを与えるアプローチを開発する。
上級教員	（レベル 3）最新動向や新事実の知識を授業に採り入れる…自身の担当教科分野の最新動向や新事実の知識を授業で用いる。効果や妥当性を判定するためのデータやフィードバックを得るために計画的に時間を確保する。
一般教員（GEO 1A1 ～ 1A3/2A1 ～ 2A3）	（レベル 2）自身の担当教科分野の最新動向や新事実について，絶えず知識を更新する…自身の担当教科分野で扱う現在の知識内容や発展的な知識内容を積極的に習得する。
一般教員（GEO 1 / 2）	（レベル 1）教科分野の知識を保持し，教育上の論点を認識する…自身の担当する教科分野やこれに関連した教育上の論点に強い関心を持つ。

教員はより高いレベルでの目標の達成が期待され，例えば「知識の開発」領域の“教科知識の習得”で期待される各職級での達成指標は表 7-3 の通りとなる[*42]。

一連の評価プロセスは，指定の評価シートをもとに進められ，RO とその担当教員の間で評価内容を確認した後，その内容は校長，副校長，教科主任によって検討され，A ～ D のランクで評定が下される。その後，学校区長と学校長で当該校の教員評価結果の全体的な検証を行い，各教員の総合評価としてのランクが決定される。評価結果は，次年度のボーナス支給額や昇格等の人事の決定，教員の職能成長の計画立案に用いられる。

このように稠密な教員評価スキームと厳格なその履行によって，教員の質の向上が組織的・継続的に図られ，また国全体での統一的で革新的なカリキュラムの導入や授業改善の取り組みが可能となっている。

7. 総括：シンガポールの特徴とわが国の今後への示唆

小国のシンガポールは国際的・地域的な政治状況や経済環境の変化に脆

弱である。しかし国家としてのスケールの小ささや脆弱さゆえに，政府・教育省は実力主義に基づく人材育成の切迫性を説き，教育省と学校は緊密な連携体制を構築し，革新的な教育プログラムの速やかな導入・普及が可能ともなった。国内の小中学校とJCの数は360校余りしかなく，教員の多くは国内唯一の教員養成機関であるNIEの卒業生（同窓生）であり，教育省の業務もその多くが学校教員の出向者によって支えられている。先述の「ボトムアップ・イニシアティブのためのトップダウン（top-down support for bottom-up initiatives)」といった文脈も，このような同国の特殊な社会環境を踏まえて理解する必要がある。

そのうえで，同国の教育から日本が得られる示唆を考えた場合，冒頭で紹介したシュライヒャー氏の指摘はやはり有益である。1つは学習評価，学校評価，教員評価など国全体の教育システムに明確な達成基準と厳格な評価スキームを設けていることである。教育省や管理職は絶えず評価を行い，卓越した業績を収めた学校や教員にはインセンティブを与え，全体での改善を促している。2つ目にはTLLMやカリキュラム2015の事例のように，新しい教授法の導入やカリキュラム改革の際には，その実現のために必要となる資金や人材を十分に投入し，幾度もの検証作業を経て，目標達成の可能性を追究していることである。「シンガポールは高い基準や目標を設定し，どのようにそれを達成するのかという点について，個々の教員に任せきりにしない。カリキュラム開発には重大な関心が払われ，教員にはそれを教えるための十分な研修が用意される」[*43]。3つ目はPLCの導入事例が典型であるように，教員の経験や意見を尊重しつつ，教育システム全体に一貫性が保たれるように，教育省がリーダーシップを発揮して，次の政策を果断に進める点である。これを支えているのが，「教育省，NIE，学校の主な指導者が責任とアカウンタビリティを共有する緊密に連携したシステムである。その連携の強さは，政策を実施するための実効性を伴った計画がなければ，その政策は発表されないということでもわかる」[*44]。TIMSSやPISAで示された同国の卓越した教育成果はこのような基盤によって支えられている。

【注】

＊1 *Straits Times*. Pisa and the creativity puzzle, 25 Dec 2016.

＊2 Ministry of Education. (1979) *Report on the Ministry of Education 1978*. Singapore: Ministry of Education.

＊3 Stewart, I. (2012) Singapore: Thinking ahead. OECD. *Strong Performers and Successful Reformers in Education: Lesson form PISA for Japan*. OECD publication. p.125. 日本語版は，池田充裕訳（2012）「シンガポール：将来を見据えた教育」渡辺良監訳『PISAから見る，できる国・頑張る国２：未来志向の教育を目指す：日本』明石書店，169 頁。

＊4 Wong, S.T. (1988) *Singapore's New Education System: Education Reform for National Development*. Singapore: Institute of Southeast Asian Studies. p.28.

＊5 Ministry of Education. (1991) *Report of Review Committee: Improving Primary School Education*. Singapore: Ministry of Education. p. i.

＊6 Principals' Report. (1987) *Towards Excellence in Schools*. Singapore: Ministry of Education.

＊7 Tan, J. (1993) Independent schools in Singapore: Implications for social and educational inequalities. *International Journal of Educational Development*, 13 (3), 239-251.

＊8 池田充裕（1994）「シンガポールにおける教育政策の動向とその特質：Independent School と Autonomous School の事例を踏まえて」日本教育行政学会年報・20，216-230 頁。

＊9 Singapore Examinations and Assessment Board. (2016). *PSLE Examination questions 2014-2016*. Singapore: EPH.

＊10 University of Cambridge Local Examinations Syndicate. (2016) *Joint Examination for the School Certificate and General Certificate of Education Ordinary Level: English Language 2012-2016*. Singapore: Dyna Publisher.

＊11 Goh, C. T. (1997) Shaping our future: Thinking schools, learning nation. *Speeches*. Singapore: Ministry of Education, 2 Jun 1997.

＊12 Tan, J. (2013) Aims of schooling for the Twenty-First century: The desired outcomes of education. in Z. Deng, S. Gopinathan, & C. K. -E. Lee (eds.). *Globalization and the Singapore Curriculum: From Policy to Classroom*. Singapore: Springer. pp. 33-47.

＊13 Teo, C. H. (1997) Improving school management through school clusters. *Speeches*. Singapore: Ministry of Education, 11 Jul 1997. 学校区は 1997 年から試験的な導入が始まり，2002 年からすべての学校が編入された。

＊14 Kang, T. (2012) Providing for Needy Students: Policies and Initiatives. in W. Choy, & C. Tan (eds.). *Education Reform in Singapore: Critical Perspectives*. Singapore: Pearson, pp.60-61.

＊15 2007 年に Northlight School, 2009 年に Assumption Pathways School が設立された。

Northlight School については，Leong, L. (2009) The story of Northlight: A school of opportunities and possibilities, Part I. Retrieved 16 Feb 2016, from Civil Service College website: https://www.cscollege.gov.sg/Knowledge/Pages/The-Story-of-Northlight-A-School-of-Opportunities-and-Possibilities.aspx を参照。

＊16 Teo, C. H. (2001) Making an ability driven education happen. *Speeches.* Singapore: Ministry of Education, 15 Mar 2001.

＊17 Ministry of Education, Greater flexibility in the school admission system, *Press Releases*, 17 Mar 2004, Singapore: Ministry of Education.

＊18 2005 年から教育省は，各校が多彩なプログラムを提供し，特色ある活動を積極的に展開することを目指して，小学校に「学校を基盤とした卓越プログラム」(Programme for School-Based Excellence)，中学校に「特色あるプログラム」(Niche Programme）を導入した。教育省はチームワークや責任感，創造力の育成，スポーツや芸術などの分野で成果を上げた小中学校を同プログラムの実践校として認定し，特別補助金を提供している。

＊19 *Straits Times.* Parliament: DSA scheme for pupils to enter secondary 1 directly to expanded. 7 Mar 2017.

＊20 Ministry of Education. Expansion of aptitude-based admissions for students pursuing higher education, *Press Release.* Singapore: Ministry of Education, 08 Apr 2016.

＊21 University Admission Committee. (2004) *Towards a Flexible and Differentiated University Admission System,* Singapore: Ministry of Education.

＊22 Ministry of Education. (2005) *Report of the Junior College/Upper Secondary Education Review Committee.* Singapore: Ministry of Education. pp.11-13.

＊23 Ministry of Education. (2010) *Nurturing our Young for the Future: Competencies for the 21st Century.* Singapore: Ministry of Education.

＊24 Ministry of Education. (2009) *Report of the Primary Education Review and Implementation (PERI) Committee.* Singapore: Ministry of Education.

＊25 Lee, H. L. (2004) Our future of opportunity and promise. *Singapore Government Press Release.* Singapore: Ministry of Information, Communications and the Arts. 22 Aug 2004. Retrieved from http://www.nas.gov.sg/archivesonline/speeches/view-html?filename=2004083101.htm。なお，カリキュラム基準となるシラバス（syllabus）は，教育省が策定・発行し，各教科の目的や改訂のポイント，各学年の学習目標や内容，教授・学習方法，評価方法などを細かく定めている。シラバスや検定教科書リストは同省のウェブサイトで公開されている。

＊26 Ministry of Education. (2004) MOE gives more resources to support teaching, *Press Releases.* 29 Sep 2004. Singapore: Ministry of Education.

＊27 Ministry of Education. (2005) Flexible school design concepts to support teaching and learning, *Press Releases.* 29 Dec 2005. Singapore: Ministry of Education.

＊28 Ministry of Education. (2007) *PETALS Primer.* Singapore: Curriculum Planning and Development Division, Ministry of Education.

＊29 「カリキュラム開発・計画局」は英語や数学といった主要教科のシラバスの作成や授業効果の検証，教材開発を担当する。また，「人間性開発カリキュラム局（Student Development Curriculum Division）」は，芸術科目や体育，人格形成・シチズンシップ教育（Character and Citizenship Education: CCE），生徒・進路指導（Education and Career Guidance: ECG）などのシラバスを策定する。「カリキュラム政策室（Curriculum Policy Office）」は，NIE や SEAB と連携して調査・研究を進めるとともに，現場教員や保護者，企業等の各種団体の代表者も加わった専門の審議会の設置・運営を行い，中長期的なカリキュラム政策の立案を担う。

＊30 Teo, J. E., Deng, Z., Lee, C. K. -E., & Lim-Ratnam, C. (2013) Teach Less, Learn More: Lost in Translation. in Z. Deng, S. Gopinathan, & C. K. -E. Lee (eds.). *op cit.*, pp.99-117.

＊31 Silver, R. E., Curdt-Christiansen, X., Wright, S., & Stinson, M. (2013) Working through the layers: Curriculum implementation in language education, in Z. Deng, S. Gopinathan, & C. K. -E. Lee (eds.). *Ibid.*, pp.151-167.

＊32 Shanmugaratnam, T. (2005) Achieving quality: Bottom up initiative, top down support. *Speeches*. Singapore: Ministry of Education. 22 Sep 2005.

＊33 Hairon S. (2012). Professional Learning Communities in Singapore Schools: Potentialities and Issues. in W. Choy, & C. Tan, *op cit.*, pp.149-164.

＊34 池田充裕・金井里弥（2015）「シンガポールにおける学校改善の現状：教員の職能開発と教員評価及び学校評価の実施について」研究代表者：小川佳万「アジアにおける学校改善と教師教育改革に関する国際比較研究」（平成 24 ～平成 26 年度科学研究費補助金・基盤研究（B））最終報告書，24-53 頁。

＊35 Liew,W. M. (2013) Performing Schools, Performing Teachers. in J.Tan, (ed.), *Education in Singapore: Taking Stock, Looking Forward.* Singapore: Pearson, pp.123-151.

＊36 Ministry of Education. (2004) *The Quality Journey of Singapore Schools.* Paper prepared for the 3rd APEC Education Ministerial Meeting, 29-30 Apr 2004 in Chile.

＊37 Khong, L. Y. L. (2013) Stakeholder-school partnerships: Tapping into a strategic advantage for the next decade. in J. Tan (ed.), *op cit.*, pp.113-122.

＊38 Ministry of Education. (2012) MOE removes secondary school banding and revamps school awards. *Press Releases,* 12 Sep 2012, Singapore: Ministry of Education.

＊39 Steiner. L. (2010) *Using Competency-Based Evaluation to Driven Teacher Excellence: Lesson from Singapore.* Public Impact.

＊40 Lee Ong Kim, (2009) Performance Management System :Teacher Evaluation in Singapore, PPT material in OECD-MEXICO JOINT Workshop.

Ministry of Education, (2007) MOE unveils "GROW 2.0" Package to further strengthen Teacher Development and Recognition and Philosophy for Educational Leadership, *Press Release*, 28 Dec 2007.

＊41 Liew,W. M. (2013) Tan, J. (ed.), *op cit.*, pp.130-131.

＊42 Ministry of Education. (no data). *Teaching Field of Excellence: Role Profile, Competency, Development Advisor*. Singapore: Ministry of Education. p.32. 詳細については，池田・金井（2015）（＊34で前掲）を参照のこと。

＊43 Stewart, I. (2012) *op cit.*, p.124.

＊44 Stewart, I. (2012) *Ibid.*, p.119.

【コラム文献】

Ministry of Education. (2016) Changes to PSLE scoring and secondary one posting. *Press Release*. Singapore: Ministry of Education, 13 Jul 2016.

Straits Times. Fairly diverse group gains direct school admission, about 60% live in HDB flats: MOE, 23 Feb 2016.

Straits Times, 3 unhealthy trends plaguing education: Denise Phua, 28 Jan 2016.

Channelnewsasia. Direct Schools Admission scheme will be reviewed: MOE, 08 Apr 2016.

索引

人名索引

ア行

カ行

サ行

タ行

ナ行

ハ行

ラ行

事項索引

ア行

カ行

サ行

タ行

ナ行

ハ行

マ行

ヤ行

ラ行

A～Z

● 編者紹介

原田信之（はらだ・のぶゆき）

1963年　岡山県生まれ

〔現職〕

名古屋市立大学大学院人間文化研究科　教授（博士・教育学）

〔研究滞在〕

ロータリー財団奨学生（1991-92年オルデンブルク大学），ドイツ学術交流会（DAAD）客員研究員（1994年エッセン総合大学，2000-01年ヒルデスハイム大学），オルデンブルク大学招聘客員教授（2004-05年），ハレ大学招聘客員教授（2010年）。

〔主要著訳書〕

『学習に何が最も効果的か』ジョン・ハッティ著（訳者代表）あいり出版　2017年
『ドイツの協同学習と汎用的能力の育成』あいり出版　2016年（日本学校教育学会賞受賞）
『ドイツ教授学へのメタ分析研究の受容』（共編著）デザインエッグ社 2015年
Handbuch Didaktik des Sachunterrichts（分担）Verlag Julius Klinkhardt 2015
『気付きの質を高める生活科指導法』（共編著）東洋館出版社　2011年
『ドイツの統合教科カリキュラム改革』ミネルヴァ書房　2010年
『リニューアル総合的な学習の時間』（共編著）北大路書房　2009年
Unterrichten professionalisieren（分担）Cornelsen Verlag Scriptor 2009
『総合的な学習の時間』（編著）ぎょうせい　2008年
『確かな学力と豊かな学力』（編著）ミネルヴァ書房　2007年
Sachunterricht in Praxis und Forschung（分担）Klinkhardt 2005
『授業方法・技術と実践理念』（編訳）北大路書房　2004年
Grundschule: Sich Lernen leisten（分担）Luchterhand 2000
『21世紀の学校をひらくトピック別総合学習』（共編著）北大路書房　1999年
『子どもが生きている授業』（共編著）北大路書房　1994年　　他多数

● 執筆者一覧（執筆順）

原田　信之〈編者〉	名古屋市立大学大学院人間文化研究科	はじめに，3章
田村　知子	大阪教育大学大学院連合教職実践研究科	序章
森　　久佳	大阪市立大学大学院文学研究科	1章
冨田　福代	岐阜聖徳学園大学大学院国際文化研究科	2章
細尾　萌子	立命館大学文学部	4章
渡邊　あや	津田塾大学学芸学部	5章
野澤　有希	上越教育大学大学院学校教育研究科	6章
池田　充裕	山梨県立大学人間福祉学部	7章

カリキュラム・マネジメントと授業の質保証
―各国の事例の比較から―

2018年6月10日　初版第1刷印刷　　定価はカバーに表示
2018年6月20日　初版第1刷発行　　してあります。

編著者　原　田　信　之
発行所　㈱北大路書房
〒603-8303　京都市北区紫野十二坊町12-8
電　話　(075) 431-0361㈹
F A X　(075) 431-9393
振　替　01050-4-2083

編集・制作　本づくり工房　T.M.H.
装丁　野田　和浩
印刷・製本　創栄図書印刷（株）
ISBN 978-4-7628-3024-2　　Printed in Japan © 2018
検印省略　落丁・乱丁本はお取替えいたします。

21世紀型スキル
学びと評価の新たなかたち

P. グリフィン，B. マクゴー，E. ケア　編
三宅なほみ　監訳
益川弘如，望月俊男　編訳

A5判　288頁　本体2700円＋税
ISBN978-4-7628-2857-7

生涯に渡る学習や自らの賢さを育て続ける力の育成が希求され，その教育と評価を考える国際プロジェクトが進行している。本書は，創造性，批判的思考，メタ認知，コミュニケーション，コラボレーション，ICTリテラシー等の4カテゴリー，10スキルについて詳説。日本でどう取り組んでいくべきかの書き下ろし2章を付加。

21世紀の学習者と教育の４つの次元
知識，スキル，人間性，そしてメタ学習

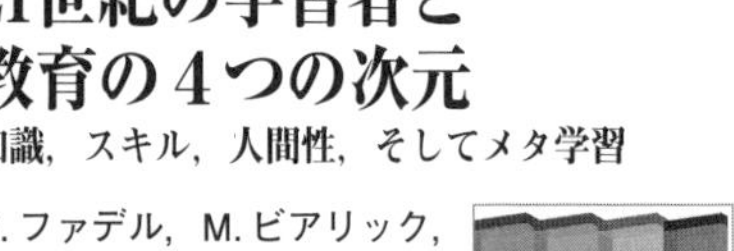
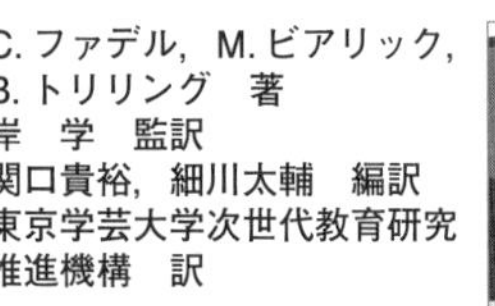

C. ファデル，M. ビアリック，B. トリリング　著
岸　学　監訳
関口貴裕，細川太輔　編訳
東京学芸大学次世代教育研究推進機構　訳

A5判　196頁　本体2200円＋税
ISBN978-4-7628-2944-4

知識だけでなく，スキル（創造性・批判的思考…）や人間性（マインドフルネス・好奇心・勇気・レジリエンス・倫理…），そしてメタ学習（学び方を学ぶ），といった4つを関連させて育成していくことの重要性を提案。OECDの次期コンピテンシーの検討に刺激を与える。日本や世界の教育改革の方向性を理解するのにも最適。

情報時代の学校をデザインする
学習者中心の教育に変える６つのアイデア

C. M. ライゲルース，J. R. カノップ　著
稲垣 忠，中嶌康二，野田啓子，細井洋実，林 向達　共訳

A5判　192頁　本体2200円＋税
ISBN978-4-7628-3007-5

工業化から情報化への移行に合わせた教育の変化の必要性は，くり返し叫ばれてきた課題である。本書では，インストラクショナルデザインの第一人者である著者が，教育現場での取組みの中からパラダイム転換を起こす原則や方法を紡ぎ出し，変化に対する混乱や葛藤を乗り越える術を提案。ピーター・センゲらの諸理論も付録に収録。

パワフル・ラーニング
社会に開かれた学びと理解をつくる

L. ダーリング-ハモンド　編著
深見俊崇　編訳

A5判　272頁　本体2600円＋税
ISBN978-4-7628-2970-3

主体的・対話的で深い学びのために，基礎技能や事実の記憶という受動的で機械的な学習ではなく，批判的思考，知識の転移・活用といったパワフル・ラーニングが求められる。その授業デザインを，PBL学習，協同学習，パフォーマンス評価で解説。教室の内外でいかに「柔軟な問題解決者」になれるかについての知見を紹介。